dtv

Euripides

Die großen Stücke

Übertragen von Raoul Schrott

Mit einem Nachwort
von Oliver Lubrich

Ausführliche Informationen über
unsere Autorinnen und Autoren und ihre Bücher
finden Sie unter www.dtv.de

Neuübersetzung
© der deutschsprachigen Ausgabe:
2021 dtv Verlagsgesellschaft mbH & Co. KG, München
Die ›Bakchen‹ erschienen 1999
beim Carl Hanser Verlag München Wien.
Gesetzt aus der Stempel Garamond
Satz: Satz für Satz, Wangen im Allgäu
Druck und Bindung: CPI books GmbH, Leck
Gedruckt auf säurefreiem, chlorfrei gebleichtem Papier
Printed in Germany · ISBN 978-3-423-28231-4

INHALT

Alkestis — 7

Bakchen — 93

Orestie
    Erstes Stück: Elektra — 195
    Zweites Stück: Orestes — 275

Nachwort — 379

Übersetzung der Passagen
aus den Bakchen — 406

ALKESTIS

Schauspieler

Apollon
Thanatos
Chor mit Sprechern A, B und C
Dienerin
Alkestis
Admetus
ihr Sohn Eumelos und ihre Tochter Periméle
Pheres
Herakles
Diener

I

Apollon
tritt auf mit bogen und köcher

Apollon

Ah – haus des Admetus, diese bühne, die welt bedeutet, alpha und omega –
hier fristete ich meine tage, liess mich dazu herab als niederster aller freien
am tisch weit unter dem salz zu sitzen, um mit der milch und dem brot
eines gemeinen leibeigenen vorliebzunehmen – ich, Apollon, ein gott!
Niemals hätt ich herabkommen dürfen und dann noch so lang bleiben –
schuld daran ist Zeus. Er brachte meinen sohn ums leben – Asklepios
diesen wunderheiler, der selbst sterbende dem tod entreissen konnte
indem er herzen verpflanzte – weshalb Zeus bald ausholte und ihm
einen blitz in die brust fahren liess. Im zorn darüber rächte ich mich
an seinen handlangern, den Kyklopen, die ihm die blitze schmieden
und tötete sie – was mich der ach so erhabene Zeus büssen liess.
Unter seinem zwang musste ich mich bei diesen menschen hier
für einen hungerlohn verdingen: er verpflanzte nunmehr mich.
in dieses land, um für den hausherrn die rinderherden zu huten –
so hab ich Admetus' hof samt allem hab und gut bestens beschützt.
Er ist kein übler mensch; was die einhaltung der heiligen riten betrifft
ist er ein pedant. So etwas gefällt uns göttern – genauso wie dass er sich
fremden gegenüber mehr als korrekt verhält: er behandelte mich besser
als er es hätte müssen. Den blutzoll, den Admetus dem schicksal schuldet
versuchte ich deshalb herabzusetzen – sein leben hab ich bewahrt bis jetzt.
Dank des verstandes, den man mir zugutehält, brachte ich Zeus' tochter
Tyche dazu, ihre tückische art für einmal nicht allzu offen zu zeigen –
sie ist ja die gesetzgeberin der welt, die über das los eines jeden
zu entscheiden hat. Diese sachwalterin des schicksals behauptete

dann zwar, ich hätte sie so geblendet, dass sie nicht mehr wusste
ob es hier nun eine komödie oder ein trauerspiel aufzuführen gäbe –
dabei schlug ich ihr bloss für beide seiten profitable konditionen vor.
Ich überredete sie, Admetus' anstehenden tod noch einmal zu stunden
wenn er dafür einen anderen lebenden durch die falltür den mächten
dort unten in der finsternis zuführt – denn manchmal gibt das schicksal
in seinem blinden kalkulieren sich auch mit einem strohmann zufrieden.
An seiner krankheit zum tode laborierend, machte dieser mensch darauf
die runde unter all jenen, die etwas von ihm hielten, und prüfte ihr herz –
doch ob sein vater oder seine gebrechliche mutter, keiner war gewillt
ihm sein blut zu geben und zu Hades hinab ins ewige dunkel zu gehen
um an Admetus' stelle zu sterben, niemand – ausser Alkestis, seine frau.
Ihr hilft er jetzt aus dem haus und versucht ihr dabei eine stütze zu sein –
noch aber klammert sie sich fest an dieser welt. Zu schwach geworden
die beine sie nicht mehr tragen, hält er sie mit einem arm um die hüfte
während sie ihre seele langsam herauswürgt: denn nun ist der morgen da
den Tyche für sie festgesetzt hat – der tag, an dem sie aus dem leben tritt.
Ich muss ebenfalls dieses haus lassen, an das ich mich inzwischen gewöhnte –
tod ist der makel an den menschen: ich will davon nicht beschmutzt werden.

Aber da ist er schon – ich seh ihn auftreten dahinten, diesen herrn der toten
pünktlich auf die minute, als hätte er bloss darauf gelauert, sie hinabzuführen
in die häuser der erde, als könnte ers nicht abwarten, bis der vorhang fällt.

II

Thanatos
tritt auf

Thanatos

Oh – Apollon? Was machst *du* beim palast?? Der gott des lichts
die stimme der vernunft – du leibhaftige fackel des fortschritts!
Weshalb schleichst du herum? Wem stellst du einen hinterhalt?
Wes gesetz brichst du wieder, welche abmachung unterläufst du
welche natürliche grenze überschreitest du, um an dich zu reissen
was deines nicht ist? Willst du mich da unten denn schon wieder
um die angestammten rechte bringen? Dass deine arglistigkeiten
Admetus' tod verhindern und das schicksal übervorteilen konnten
reicht dir wohl noch nicht – jetzt stehst du hier auch noch wache
mit pfeilen bewaffnet, um dich vor Alkestis zu stellen? Und das
obwohl sie ihr leben verpfändet hat? Als preis für das ihres gatten?

Apollon

Immer mit der ruhe. Mir geht es um gerechtigkeit –
es gibt gute gründe, um mit dir in aller offenheit zu verhandeln.

Thanatos

Wenn es dir nun bloss um gerechtigkeit geht –
aus welchem grund zeigst du mir dann ganz offen deine waffen?

Apollon

Den bogen trag ich seit eh und je – wie du wohl weisst.

Thanatos

Genauso wie ich wohl weiss, dass du seit jahr und tag
diesem haus versicherst, dass die naturgesetze hier nichts gelten.

Apollon

Ich will es nur einem mann, den ich mag, vergelten
dass er mich hier gut aufnahm. Und weil ich durch Asklepios weiss
wie es ist, wenn sich jemand aufopfert. Ich teile Admetus' schmerz.

Thanatos

Deshalb willst du mir nun das zweite opfer nehmen?

Apollon

Habe ich dir etwa das *erste* genommen? Mit gewalt??

Thanatos

Warum ist Admetus dann, diese trauergestalt
noch immer nicht unter erde – wo er längst hingehört?

Apollon

Weil er dir *die* frau zum tausch gab
die du dir nun holen willst.

Thanatos

Eben dieses handels wegen bin ich da:
ich hole mir was mir zusteht und bringe sie in die stadt der toten.

Apollon

Nimm sie und geh. Ich kann dich wohl nicht überreden –

Thanatos

Um was zu tun? Den zu töten, den ich töten muss??
Aber sicher – das ist ja das geschäft, mit dem ich mein brot verdiene.

Apollon

Nein. Ich meine, den todestag jener hinauszuschieben
die ohnehin viel zu schnell die brotfladen der toten essen müssen.

Thanatos

Ich habe schon verstanden, was du meinst –
ich seh genau, worauf du abzielst.

Apollon

Heisst das, du siehst vielleicht irgendeine möglichkeit
wie Alkestis in den genuss eines privilegierten alters kommen kann?

Thanatos

Nein. Die sehe ich nicht. Schliesslich will auch ich
nach möglichkeit in den genuss meiner alten privilegien kommen.

Apollon

Aber dir kann es doch egal sein, ob sie alt oder jung ist
wenn sie stirbt – du holst dir doch von ihr nicht mehr als eine seele.

Thanatos

Nicht nur. Je jünger sie ist, desto mehr hab ich davon –
umso besser steh ich da. Ich bin dann grösser. Gewaltiger und höher.

Apollon

Ich versichere dir – erhöht sich ihre lebenserwartung
wird man bei Alkestis' mausoleum für reiche grabbeigaben sorgen:
ein bonus, von dem du nur profitieren kannst.

Thanatos

Du redest wie ein politiker
der einer volksversammlung einen gesetzeszusatz mundig macht
von dem dann einzig und allein die reichen profitieren können.

                          APOLLON

Hört, hört! Ich wusste zwar, dass der tod sich gerne
als populist sieht – nicht aber, dass er auch ein richtiger sophist ist.

                          THANATOS

Und du ein zyniker. Wer immer es sich leisten kann
der sorge gegen den tod vor. O goldenes lebensalter – zu verkaufen!

                          APOLLON

Du willst mir also nicht diesen winzigen gefallen tun?

                          THANATOS

Ganz sicher nicht. Du weisst ja – so bin ich nun mal.

                          APOLLON

Ja – verhasst bei den menschen und verachtet von uns.

                          THANATOS *lacht*

Ich bin keiner von euch – du einfaltspinsel.
Mich hat noch niemand einen gott geschimpft – meine macht
ist von ganz anderer art.

                          APOLLON

Es gibt noch andere mächte.

                          THANATOS

Hört, hört! Damit meinst du wohl die macht
der illusion, der die menschen gern erliegen – und ihr götter
ihr seid wohl die grösste.

                          APOLLON

Selbst du wirst noch deinen meister finden – hier
und heute – warte nur ab …

Thanatos

Es ist das prinzip, um das es hier und heute geht.

Apollon

Gleich was für ein prinzipienreiter du auch bist –
du wirst noch klein beigeben. Da ist bereits einer unterwegs
den man hinauf in die winterharten felder des nordens schickte
um sich ein rossgespann zu holen – der hier aber anderes einfährt.
Einen, den dieses haus auf seiner durchreise – ganz im unterschied
zu dir – willkommen heissen wird. Er wird dir die frau Admetus'
abspenstig machen; und du wirst nichts dagegen tun können
nur leeres stroh dreschen und keinen dank ernten – bloss hass.

geht ab

Thanatos

Red soviel du willst – deine orakelsprüche sind so leer wie der wind:
deine saat wird nicht aufgehen. Denn die frau wird hinab in das haus
des Hades gehen – und ich werd meines priesterlichen amtes walten
um mit der klinge den ritus zu beginnen und ihr opfer zu besiegeln.
Ich schneide ihr die locken ab und übergebe sie dem heiligen feuer
um sie dann kahlköpfig den mächten unter der erde vorzuführen.

geht ab ins haus

III

der CHOR
mit seinen drei sprechern
A, B und C tritt auf
um die trauerklagen anzustimmen

A

Weshalb herrscht in Admetus' haus nur mehr stille?
Ist das die rücksichtsvolle ruhe an einem krankenlager?
Haben wir hier jetzt um Alkestis zu trauern – oder nicht?

B

Warum kommt keiner heraus, um uns mitzuteilen
ob wir die klagen anstimmen sollen – wie es brauch ist?
Müssen wir nun den tod der herrin des hauses beweinen –

C

Oder lebt sie noch und sieht das licht – unsere Alkestis
Pelias' tochter, von der ich wie jeder andere hier weiss
dass kein mann je eine bessere frau zur gattin erhielt.

CHOR

Hört man etwa stöhnen und seufzen
das dumpfe pochen geballter fäuste
die sich auf brust und kopf schlagen
das durch das haus gellende schrillen
von zungen, die in klage ausbrechen
weinen – oder auch nur einen schrei
der zeigt, dass alles endlich vorbei ist?

B

Nicht einmal eine dienerin schicken sie uns heraus.

CHOR

> Oh gott Apollon, du heiler, erscheine
> inmitten der wogen des schicksals
> und bewahre uns vor dem untergang:
> lass den sturmwind sich wieder legen
> stille die auf unser land brechende see!

A

Es wäre hier gewiss nicht so ruhig, wenn sie wirklich tot wär.

C

Sie muss aber jetzt gestorben sein.

B

Ihre leiche wurde sicher noch nicht aus dem haus getragen.

A

Wie kommst du drauf? Ich zumindest wär mir nicht so sicher.

B

Wie hätte Admetus denn seine gattin zu grabe tragen sollen?
Ganz allein? Ohne unser trauergeleit??

CHOR

> Keine haarlocke hängt überm tor
> die strähne, die man sich abschert
> um dem toten trauer zu bezeigen –
> kein becken mit klarem wasser
> frischem wasser aus der quelle
> wurde uns hingestellt wie sonst

vor ein haus in dem jemand starb
um sich hernach wieder den tod
von den händen waschen zu können –

Man hört auch nicht das klatschen
mit dem die jungen frauen sich
auf die nackten brüste schlagen.

C

Und doch ist heut der tag, an dem alle versammelt sein müssten ...

A

Was willst du damit sagen??

B

Der tag, der ihr festgesetzt wurde; der tag, an dem sie hinab
in das dunkel der erde gehen muss.

C

Schon der gedanke daran – er trifft einen ins mark, nicht wahr?

A

Jedem anständigen menschen geht es doch ans herz
wenn eine vornehme familie wie diese vom gewicht des schicksals
erdrückt und völlig aufgerieben wird.

Chor

Selbst wenn man nun ein schiff
zu den fernsten orakeln schickte
zum Apollontempel in Lykien –
oder durch ein sandmeer reiste
zu Zeus Ammon in der oase Siwa:
nirgendwo auf dieser weiten welt

       bei keinem, fände man rat oder hilfe
       um dieser vom unglück gezeichneten
       die seele zu retten – das schicksal bricht
       über sie herein, so schier wie eine welle.

          B

In allen ecken der erde hat Admetus nach hilfe gesucht –

          A

doch keiner konnte Alkestis helfen.

          C

Gegen die tücken des schicksals, da hilft nun mal nichts.

         Chor

       Zu welchem gott sich da noch wenden
       auf wessen altar da denn noch opfern
       wenn Thanatos, der priester der toten
       sich erst einer seele bemächtigt hat?
       Kennen wir einen? Gibt es einen?

          C

Doch – einen einzigen gab es: Apollons sohn Asklepios.
Wäre er noch am leben, hätte er sie vor dem dunkel gerettet
und Alkestis gesund gebetet.

          B

Seine heilkunst erweckte schliesslich jedoch gier in ihm:
gold überredete ihn, einen, den der tod bereits gepackt hatte
wieder auferstehen zu lassen.

          A

Dafür streckte ihn Zeus nieder – als wäre er eifersüchtig
auf eine macht, die nicht einmal solch ein gott wie er besitzt.

IV

eine DIENERIN
tritt auf

B

Aber da kommt eine dienerin, augen schwarz geweint.

A

Gute frau – dass man für seinen hausherren so mitzittert
ist völlig normal. Nun hör aber bitte auf zu weinen und sag:
ist Alkestis noch am leben? Oder ist sie schon gestorben?

DIENERIN

Sie lebt – und war dennoch schon lange tot.

C

Wie kann sie denn tot und gleichzeitig am leben sein?

DIENERIN

Ihr kennt wohl das haus und seinen herren nicht.
Aber jetzt kann sie es einfach nicht mehr länger ertragen.
Ihre arme hängen schlaff herab, vornüber gebückt, kopf
wie auf einen altar gelegt, mund weit offen, presst sie
das leben aus sich heraus – während er sie aufrecht hält.

C

Ach – unser armer herr! Was für ein guter ehemann –
und dann so eine frau zu verlieren! Seine ganze stütze!

DIENERIN

Wie gut sie wirklich ist, weiss er gar nicht.
Ich glaube, er erfasst überhaupt nicht, was da geschieht –
er wird es erst begreifen, wenn ers am eignen leibe spürt.

B

Es gibt also gar keine möglichkeit mehr, sie zu retten?

DIENERIN

Es ist zu spät. Sie trug diesen tag seit langem
mit sich herum – und irgendwie wirkt sie beinah erleichtert.

A

Heisst das, dass nun alles getan wird – wie es sich gehört?

DIENERIN

Das totenkleid, in dem ihr gatte sie bestatten wird
liegt samt all dem schmuck und den grabbeigaben für sie bereit.

A

Dann kannst du ihr ausrichten, dass ihr tod ihr ehre machen wird:
von allen frauen, die es auf der welt geben mag, ist sie weitaus die beste!

DIENERIN

Natürlich ist sie die beste! Das hat nie jemand in frage gestellt.
Oder kennt ihr etwa eine, die ihrem mann eine loyalere frau gewesen wäre?
Keine gattin hat mehr als sie bewiesen, dass sie den bund der ehe heiligt –
denn welche frau sonst ginge für ihren mann freiwillig in den tod??
Die ganze stadt weiss, was sie für ihn alles auf sich genommen hat –
aber erst wie sie die letzten stunden verbrachte, zeigt ihren charakter.

Heut, am tag ihres angekündigten todes, dem morgen ihres sterbens
ging sie beim ersten licht hinaus, um im fluss zu baden; sie tauchte

ihren so fahlen weissen körper in seinen klaren und breiten strom –
dann legte sie den schmuck um, den sie aus der zedergetäfelten
schatzkammer geholt hatte, und zog sich die schwere robe an
in der sie aufgebahrt werden wollte. Ruhige entschlossenheit
in ihrem gesicht, schritt sie darauf in die mitte des hauses
zum feuer, das nie ausgeht, die glut in die tiefe brennend
der rauch hoch zum himmel steigend, und betete am altar:
    Hestia, herrin! Da ich heute unter die erde gehe
    knie ich jetzt ein allerletztes mal vor dir und flehe:
    nimm dich meiner kinder an, die nun waisen werden.
    Ich kann ihnen weder eine braut noch einen bräutigam
    mehr erwählen und ihnen auch keine hochzeit ausrichten:
    darum lass meinen sohn einmal eine liebevolle frau finden
    und meine tochter einen ehemann, der sie in ehren hält –
    damit sie nicht wie ihre mutter schon zeit ihres lebens
    in ihrem haus erstickt, um so hinzusiechen wie ich …
    Schenk ihnen, anders als mir, alles glück dieser welt!

Danach trat sie auch vor all die anderen ältäre im innenhof
schmückte sie mit immergrüner myrte, duftenden zweigen
voller heller blüten, die sie selbst vom ast gebrochen hatte
und betete – doch ohne dass ihr ein laut über die lippen kam.
Keine träne lief ihr über die wange – ihr antlitz blieb bleich
wie es war – regungslos; nichts darin verriet ihr seelenleid.
    Dann jedoch lief sie plötzlich in ihr schlafzimmer
warf sich auf das lager und verkrampfte sich dort weinend:
    Dieses bett hier sah, dass ich meinem mann zuerst
    die jungfräulichkeit, schliesslich das leben opferte.
    Dennoch hasse ich ihn nicht – ich habe ihn geliebt
    obwohl mich diese ehe mit ihm gebrochen hat …
    Die schönste tochter meines vaters war ich einmal;
    er wollte mich keinem lassen: Admetus hielt zwar
    um meine hand an, erhielt sie aber nur dank Apollon

diesem gott, der ihm schon damals so gewogen war.
Dafür aber fand ich am abend meines hochzeitstags
die kammer voller schlangen, schwarz sich ringelnd.
Bis der tod euch scheidet – ja; dieses schwurs wegen
werde ich meinen gatten nicht verraten und sterben.
Bald wird eine andere frau auf diesen laken liegen
und mit ihm fröhlich ihre zukunftspläne schmieden:
weniger aufrecht als ich, dafür aber wohl glücklicher.

Sie sank auf den boden herab auf die knie, küsste das ehebett
und weinte so bitter, finger in den leinenen überwurf gekrallt
dass es dunkel vor nass wurde. Als ihr die tränen ausblieben
riss sie sich wieder los, stand auf, versuchte ein paar schritte
taumelnd und den kopf auf der brust, sah zurück, drehte um
und begrub ihr gesicht erneut im lager. So ging es wieder
und wieder – und ihre kinder, an ihre robe geklammert
weinten mit ihr. Sie nahm jedes von ihnen in den arm
drückte es an sich und küsste es, um ihnen zu sagen
dass sie nun sterben werde.
                      Und überall im hause
zeigten auch wir diener anteil an ihrem schicksal
und weinten. Alkestis, sie reichte jedem von uns
ihre rechte hand – und da war keiner, für den sie
nicht ein nettes wort fand und bei ihm nachfragte:
selbst den niedersten noch zeigte sich ihre gütige art.

Ein schatten liegt jetzt über dem haus des Admetus.
Hätte *er* sich seinem tod gestellt, hätte er es längst
hinter sich – dafür aber ein ehrenhaftes andenken
bei seinen mitmenschen hinterlassen. So jedoch
rennt er seinem schicksal feig davon. Ein mann
der seinen posten im stich lässt, wird nur ein leben
in schande führen, um am ende trotzdem zu sterben –

wie auch Admetus von nun an gequält werden wird
von seinem gewissen. Die erinnerung daran, sag ich
sie wird ihn bis an das ende seines lebens foltern.

> CHOR
>
> Ja jammert er denn jetzt schon über sein los?
> Schlimmer trifft ihn wohl, dass er seine frau verliert!

> DIENERIN

Ja – weinen, das kann er. Doch sein verlust
ist grösser, als er weiss – blind und taub wie er sich stellt
dem unausweichlichen gegenüber. Er umschlingt sie
und bettelt sie hilflos an, *ihn* nicht im stich zu lassen
und das unmögliche zu versuchen – während Alkestis
dahinschwindet und das leben langsam aus ihr weicht.
Er hält sie in armen – aber sie ist bereits totes gewicht
die augen in die höhlen gesunken. Das blut kaum noch
fliessend, die haut kalt, ringt sie nach luft und ruft dann
nach licht – mehr licht! die sonne! Sie will nur ins freie
getragen werden, um einen letzten blick, den allerletzten
auf die sonne zu erlangen.
          Admetus jedoch will, dass ihr
seine trauer mit ihm teilt. Nicht jeder mag meinen herrn
genug, um ihm in dieser bitteren zeit zur seite zu stehen –
ihr aber – ihr seid nun schon seit langem seine freunde.

geht ab

A

Im ganzen gesehen, ist das leben eines jeden eine tragödie –
einzeln besehen jedoch, ist das leben eines jeden eine komödie:
wie lächerlich ist doch der mensch – auch wenn ers selber nicht
zum lachen findet.

B

Doch erst seine tragik macht den menschen besser als er ist
denn gleich was ihm widerfährt – er gibt sein streben nicht auf:
er findet seine würde, indem er unterliegt – und glaubt dennoch
er kann obsiegen.

C

Seine komik aber liegt im streben danach, was nicht sein kann –
sie verlacht jede kreatur, die glaubt, sie könne zum gott werden –
denn in wahrheit ist er beides – und hat doch nichts von allem:
reinstes mittelmass.

Chor

Ja ist denn gar keine erlösung von diesem leid denkbar?
Gibts denn wirklich keinen ausweg mehr für Admetus?

A

Wenn ihm jetzt keiner zuhilfe kommt
scheren wir uns besser das haar vom kopf
und legen uns die schwarzen mäntel um.

B

Es ist doch alles längst klar, völlig klar.

C

Beten wir trotzdem noch zu den göttern –
denn die macht der götter ist unermesslich.

B

Mächtiger als sie jedoch ist das schicksal:
es bleibt so unergründlich – wie ewig stumm.

C

Obwohl es uns jedes wort in den mund legt.

Chor

Apollon, gott und heiler, spende unserm Admetus trost –
du hast ihm schon in der vergangenheit zweimal geholfen.
Nun erschein ein drittes mal und erlöse ihn von diesem tod.
der blutgier des Hades in seiner stadt der lebenden toten!

A

Welch schreckliches leid du erdulden musst, mit dem tod
deiner gattin jetzt – du, Admetus, der einzige sohn des Pheres!

B

Es ist schlimm – man möchte sich die kehle aufschlitzen
oder ein seil um den hals schlingen und sich dann aufhängen
um vor einem leeren himmel röchelnd im wind zu baumeln.

C

Du siehst deine frau, das liebste, das du auf der welt hast
heute sterben – ein leichnam dort bei den fliegen im schatten.

A

Es stirbt eine solch vornehme frau auf schreckliche weise.

C

Doch noch weit mehr, als sie selbst darunter zu leiden hat
lässt sie alle rings um sich leiden – sie zerstört damit das leben
all derer, die in diesem haus und der stadt hier zurückbleiben.

B

Ist das wirklich liebe? Oder nimmt sie jetzt dafür rache?
Sagt nicht, dass eine ehe mehr freuden bringt als schmerzen.

A

Jedenfalls nicht, wenn man sieht, wie es Admetus geht:
nach ihrem tod wird sein leben nicht mehr lebenswert sein.

CHOR

> Schaut doch, schaut doch – da kommt sie!
> Sie kommt heraus – und mit ihr ihr mann!
> Weint, weint – und trauert um diese frau
> die nun in das kalte dunkel der erde geht!

V

ALKESTIS
kommt aus dem haus,
von ADMETUS gestützt
daneben ihr kleiner sohn EUMELUS
und ihre tochter PERIMÉLE

ALKESTIS

Die sonne! Wie es blendet, das licht …
Hier in der wärme zu stehen
die wolken zu sehen
ihren endlosen zug nach westen
als würde alles noch vor mir liegen –
doch nun zirkeln die cirren wie möwen
um die mitte des himmels
in einem immer schneller werdenden wirbel –
mir schwindelts.

ADMETUS

Die sonne schaut auf uns herab
auf dich und mich, aber sie erblickt nur
zwei winzige figuren.
Die götter starren uns an mit harten augen
um sich an unseren leiden zu weiden –
obwohl wir ihnen nichts getan haben
wofür du jetzt sterben müsstest.

ALKESTIS

Die sonne zu schauen –
und wär es nur ein einziges mal gewesen

um dann dorthin zurückzukehren, woher man kam:
selbst in einem doppelt so langen leben
sähe man nichts heiligeres.
Es wird alles plötzlich so weit um mich –
da ist die erde, die dächer der häuser, iolkos im osten
wo ich geboren bin und meine jugend verbrachte –
bevor ich hier zur frau gemacht wurde.

ADMETUS

Richte dich wieder auf; gib nicht auf –
lass mich nicht allein.
Du musst nicht sterben – wenn du zu den göttern betest,
zeigen sie vielleicht mitleid mit uns.

ALKESTIS

Und da ist ein kahn – da: ich sehe ihn!
Den träge dahinziehenden strom, sein sumpfiges ufer
wasser breit und flach wie ein see
spiegelnd hell –
der fährmann hat die ruder schon beiseite gelegt
und schiebt seinen nachen mit der stange durchs schilf.
Er ruft nach mir – hörst du?
Worauf wartest du? Du hältst mich auf! Komm!
Er winkt mich her – siehst du es nicht?

ADMETUS

Beacht ihn nicht. Bete.
Bete mit mir. Bete mit mir.

ALKESTIS

Ich spür eine hand nach mir greifen –
sie zieht mich fort – merkst du es nicht?
Das ist einer, der mich am arm nimmt

um mich zu den hallen unter der erde zu geleiten –
und jetzt schaut er mir ins gesicht!
Er hat grosse dunkle brauen
schwarz glänzende augen
einen toten blick
und auf seinem rücken, da sind –
das ist der geflügelte gott, der mich zu Hades bringt.

zu ADMETUS, der sie zu sich zieht:

Was tust du da? Lass los –
da – ich sehe schon den weg hinunter.

ADMETUS

Wenn du diesen weg nimmst
ziehst du uns alle mit dir
alle, die dich lieben –
vor allem jedoch mich und die kinder.

ALKESTIS

Lasst mich los – ihr alle!
Nehmt eure hände weg. Redet mich nicht an.
Ich will mich hinlegen. Ruhen.
Bin schwer, so schwer.
Ich trage meine last schon viel zu lange –
das gewicht erdrückt mich.
Doch jetzt ist es nicht mehr weit –
da ist Hades' bronzene schwelle
und das tor in die nacht.
Kinder – meine kinder!
Ihr habt nun keine mutter mehr.
Werft euer glück nicht fort –
lebt gut. Lebt in dieser sonne.
Lebt wohl!

Admetus

Nein – kein bitteres lebt gut,
lebt wohl!
Was du sagst, ist ein grösserer fluch als der tod.
Um gottes willen – ich bitte dich:
sei nicht so hartherzig!
Lass mich nicht im stich –
Denk doch an unsere kinder!
Willst du sie wirklich zu waisen machen?
Steh auf! Auch wenn du dich gehen lässt –
ich lass dich nicht einfach so gehen!
Stirbst du, weiss ich nicht weiter –
du hältst alles in deiner hand, leben und tod –
ich lebe und sterbe mit dir!
Deine liebe – sie war mir heilig!

Alkestis

Du siehst, wies um mich steht – Admetus.
Jetzt wo ich sterbe, will ich dir sagen, was meine wünsche sind.
Ich hab dich und deine wünsche stets vor meine eigenen gestellt –
und dies bis zum bitteren ende.
So behalt also weiter dein leben – um den preis des meinen.
Stück um stück bin ich gestorben –
der tod war das einzige, das mir jemals wirklich frei stand.
Ich hätte jeden mann bekommen können, den ich wollte
und vielleicht in einem anderen haus glücklich werden können –
aber ich hab mich dafür entschieden, an deiner seite zu bleiben:
ich wollte die kinder nicht ohne ihren vater lassen.
Dafür habe ich auf meine jugend verzichtet
auf das erfüllte leben, auf das ich sonst anrecht gehabt hätte.
Darin unterscheide ich mich auch von deinen eltern –
die liessen dich im stich: obwohl es sie in ihrem alter
weit weniger gekostet hätte, für ihren sohn zu sterben –

ein solcher tod hätte ihnen sogar noch ruhm und ehre eingebracht.
Aber ich kann sie verstehen: du bist ihr einziger sohn;
und nach deinem tod konnten sie nicht mehr hoffen
einen anderen zu zeugen, der sie auf ihre alten tage versorgen könnte:
wir sind ja alle ersetzbar – bloss du offenbar nicht.
Hätten sie sich geopfert, hätte unsre ehe bis ans lebensende bestanden
müsstest du nicht als einsamer mann um deine frau trauern
und deine kinder nun alleine grossziehen – ich weiss.
Und auch die götter wissen, warum. Darum nimms hin. Es ist wie es ist.
Doch dafür, was ich für dich erlitten habe –
dafür schuldest du mir dank.
Deshalb verlange ich von dir – bild dir aber nicht ein, dass das
was du für mich tun musst, nur annähernd aufwiegt, was ich für dich tat:
denn nichts ist so kostbar wie ein leben:
was ich will, ist das mindeste, das mir zusteht –
das wirst selbst du zugeben müssen.
Du wirst meinen beiden kindern nicht weniger liebe zeigen als ich –
und dich bemühen, ein guter vater zu sein.
Deshalb will ich, dass keine andere frau jemals meine stelle einnimmt.
Ich will die einzige sein – hörst du?
Versprich mir, dass meine kinder dieses haus einmal erben –
ich möchte nicht, dass du nach meinem tod wieder heiratest
und sie eine stiefmutter bekommen
die bloss auf ihre vornehme abstammung neidisch wäre
und ihre eifersucht an ihnen auslässt
indem sie sie schlägt – es sind ja deine kinder so gut wie meine.
Das will ich nicht haben, Admetus – hast du verstanden?
Eine stiefmutter wird stets zum racheengel
an den kindern aus der ersten ehe –
keine viper könnte giftiger und heimtückischer sein.
Eumelos, der hält das vielleicht aus – er kommt ja nach dir;
Periméle aber? Wie sollte sie ihr glück finden – wo sie doch bald
aus dem mädchenalter heraus ist?

Eine neue frau an deiner seite wäre eine züngelnde schlange
glatt und falsch – sie verspritzt ihr schleichendes gift
und setzt die schlimmsten gerüchte über sie in die welt
sodass sie keinen mann mehr findet;
oder aber sie schlägt mit ihrem giftzahn zu
dass Periméles ehe schon vor ihrer blüte zu verfaulen beginnt.

zu PERIMÉLE

Denn ich werde dir ja nicht mehr den hochzeitsschleier zurechtzupfen
und dir bei der geburt dann die hand halten;
ich werde nicht mehr da sein, wenn du mich am meisten brauchst:
ich sterbe – und es wird keine stunde mehr dauern
bis man auf mich die nachreden hält.
Du, Admetus, kannst dich rühmen, eine gute frau geheiratet zu haben –
und ihr, meine kinder, die beste aller mütter gehabt zu haben.
Den toten nur gutes: darum lebt wohl.
Lebt gut – und seid glücklich.

CHOR

Du kannst beruhigt sein: wir sprechen in seinem namen.
Admetus ist ein guter mann – er tut, was du von ihm verlangst.

ADMETUS

Ich verspreche es dir – ja, ich werde tun, was du sagst:
du musst dir keine sorgen machen.
Ich hab dir meinen namen gegeben – und ein leben im wohlstand dazu;
du bist meine frau und wirst selbst noch im tod meinen namen tragen.
Keine andere wird je deinen platz einnehmen können
und mich ihren gatten nennen –
es gibt für mich keine frau, die schöner wäre als du
oder aus einem besseren haus kommt.
Und die kinder, die ich von dir habe, genügen mir –
ich bete zu den göttern, dass ich in ihnen weiterleben darf

sie mir viel freude bereiten und im alter dann meine liebe vergelten:
jetzt, wo mir deine liebe versagt bleibt.
Trauern werde ich um dich, Alkestis – nicht nur ein volles jahr lang
nein, den rest meines lebens – und alles leid stoisch ertragen.
Jetzt, wo mir auch vater und mutter ihre zuneigung versagt haben
sind sie mir zum feind im eigenen haus geworden:
ich empfind nur mehr hass und verachtung für sie.
Es war doch alles bloss ein lippenbekenntnis:
sie liebten mich nur mit worten, nicht mit taten.
Du aber gabst dein kostbares leben im tauschhandel gegen das meine:
dafür steh ich in deiner schuld – ja, ja!
Darum habe ich allen grund zu klagen –
jetzt, wo ich eine frau wie dich verliere.
All die grossen einladungen, die wir gaben, und das leben, mit dem sie
unser haus erfüllten – sie wird es nun nicht mehr geben.
Ich werde nie mehr für unsere gäste spielen
und in der ausgelassensten stimmung
unsere alten lieder für sie singen.
Mir ist das leben vergällt – alle lust;
es ist so leer und tot wie meine sammlung alter flöten an der wand –
all diese stücke aus lotusholz, auf denen niemand mehr spielen wird:
du hast mir die ganze freude daran genommen.
Ich werde einen unserer bildhauer bitten
einen torso von dir anzufertigen, um ihn neben mir ins bett zu legen.
Aus stein soll er dich meisseln – vielleicht darf ich dich dann ja endlich
im arm halten und mit dir reden, deinen namen flüstern.
Und jetzt kannst dus nicht mehr erwarten, zum tod ins boot zu steigen:
War denn unsere ehe wirklich nicht mehr als ein leck geschlagenes schiff
bei der wir die brackige bilge über bord schöpften
um es flott zu halten – nur um es nun jetzt untergehen zu sehen?
Doch vielleicht erscheinst du mir ja in meinen träumen
so weiss und marmorn wie unsere statuen –
als die illusion einer besseren gegenwart?

Soll sie mir trost schenken, solange sie währt.
Ach – besässe ich doch Orpheus' seltene gabe
der mit seiner stimme selbst steine zum leben erwecken konnte
um dich aus deinem schattenreich zu holen –
mich hätte weder ein Cerberos noch dein fährmann Charon dort
abhalten können, um dich aus diesem dunkel ins licht zu holen!
Aber so hat es ja nicht sein sollen.
Darum wart da unten auf mich, bis auch ich dann sterben werde:
richte doch dort das haus für uns ein!
Ich werde unsere kinder bitten, mich neben dir
in deinem zedernsarg zu beerdigen, auf ewig umfangen vom tod.
Verstehst du denn nicht, dass ich mich von dir nie trennen wollte?
Nie trennen konnte? Weil mein leben nur mit dir wahr gewesen ist?

CHOR

Du bist nicht allein. Wir werden deinen schmerz mit dir teilen –
als freunde für einen freund. Alle zusammen trauern wir um Alkestis.

ALKESTIS

Meine kinder – ihr habt es nun gehört:
euer vater hat mir versprochen, sich keine andere frau zu nehmen
die euch zur stiefmutter wird und uns alle nur entehrt.

ADMETUS

Ja – das habe ich versprochen; ich werde wort halten.

ALKESTIS

Damit übergebe ich meine kinder nun in deine obhut.

ADMETUS

Ich werde deinen letzten willen respektieren.

Alkestis

Du musst meine stelle einnehmen, so gut du es kannst.

Admetus

Das ist meine pflicht – aber du weisst
dass ihnen nichts und niemand die mutter ersetzen kann.

Alkestis

Meine kinder – verzeiht mir, dass ich in den tod gehe –
jetzt, wo ihr mich doch am bittersten nötig habt.

Admetus

Wie soll ich nur weiterleben, wenn du tot bist –
völlig allein und von dir im stich gelassen?

Alkestis

Die zeit wird alles heilen – die toten, sie bedeuten nichts:
sie existieren nur als leere inmitten der lebenden.

Admetus

Aber ich hab dir doch dein leben zu erfüllen versucht –
ich gab dir alles, was ich besass; mein ganzes herz.
Warum nimmst du es denn selbst jetzt nicht an?
Du hast doch gehört – ich tu alles, was du willst!
In gottes namen, so nimm mich doch!
Oder nimm mich mit dir.

Alkestis

Deinetwegen zu sterben genügt:
das ist bereits ein tod zu viel.

Admetus

Oh gott – wie kannst du nur so eine kalte seele haben.

ALKESTIS

Ah – es tropft schon herab und fliesst mir über die lider;
es rinnt mir in die augen, schwarz – und schwer wie quecksilber.

ADMETUS

Warum willst du nur die wahrheit nicht hören?
Mein leben ist zu ende ohne dich – ohne dich bin ich nichts!

ALKESTIS

Die wahrheit ist, dass ich nichts bin, niemand –
ich hab nie gelebt.

ADMETUS

So schau doch – da sind deine kinder!
verlass wenigstens sie nicht! Leb weiter – für sie!
Vermag denn gar nichts mehr einen lebenswillen in dir zu wecken?

ALKESTIS

Sie waren das einzige, was mich so lang am leben hielt;
aber jetzt – lebt wohl, meine kinder.

ADMETUS

Schau sie an – schau ihnen ins gesicht!

ALKESTIS

Ich sehe – nichts – mehr.

ADMETUS

Geh nicht! Gib uns nicht auf! Gib uns doch noch einmal –

ALKESTIS

Lebt gut. Lebt wohl.

ADMETUS

Das ist mein tod.

CHOR

Admetus' frau ist gestorben. Alkestis ist nicht mehr.

EUMELOS

Mutter, mutter! Schaut –
ihre augen! Und wie sie die arme ausstreckt!
Wie schlaff sind deine hände!
Mutter – so sag doch etwas! Ich bin es –
hörst du mich nicht? Ich knie doch vor dir!
Ich bin es, dein Meli!

küsst sie

ADMETUS

Sie hört dich nicht, Eumelos –
sie sieht uns nicht mehr.

PERIMÉLE *zu* EUMELOS

Unsere mutter hat uns verlassen –
sie sieht die sonne nicht mehr –
sie lässt uns als waisen zurück.
Ich bin noch zu jung, um schon allein ins leben zu gehen –
aber es kommt jetzt auf mich zu.

Euch hielt der wunsch zusammen, gemeinsam alt zu werden.
Doch jetzt, wo sie von uns geht
bricht alles über uns zusammen.

CHOR

Du musst nun dieses unglück zu ertragen versuchen – Admetus!
Du bist nicht der erste, der seine frau verloren hat –
und du wirst auch nicht der letzte sein. Denk dran:
unser tod ist der preis, den wir für das leben zahlen.
Wir schulden ihn den göttern: selbst du, nicht wahr – Admetus?

ADMETUS

Ich hab es kommen gesehen und seit jahr und tag darunter gelitten.
Doch jetzt ist nicht der moment, sich gehen zu lassen:
jemand muss sich um ihr begräbnis kümmern.

zum CHOR

Ich danke auch euch allen sehr, dass ihr so frühzeitig gekommen seid –
und da ihr hier versammelt steht, bitte ich euch
kein lamento anzustimmen und kein einziges trankopfer darzubringen:
wir werden dem unerbittlichen gott der toten ein dankeslied singen –
ihm den chor seines sieges ins gesicht schmettern.

Den knechten aber, die bei mir angestellt sind –
allen, die mein brot essen, denen befehle ich
am trauergeleit für die leiche meiner frau teilzunehmen:
sie sollen sich die köpfe scheren und die schwarzen mäntel anziehen.
Holt meinen wagen, schirrt das gespann an
und schneidet auch den pferden die lange mähne ab:
ich will in der ganzen stadt keinen ton hören, weder flöten noch leiern –
und dies ganze zwölf monate lang.
Noch nie ist jemand zu grabe getragen worden, der mehr geliebt wurde
der mehr ehre verdient hätte: ich schulde ihr alles –
denn nicht sie hat sich das leben genommen
und gab es mir – ich war es, der es nahm.

ALKESTIS *wird ins haus getragen;* ADMETUS *geht ab*

VI

Chor

O tochter des Pelias
mögest du die stadt der toten bald erreichen
um in Hades' dunklem haus aufgenommen zu werden
möge er dir darin den rang zuweisen, der dir gebührt.

O tochter des Pelias
gehab dich wohl auf der reise in die unterwelt;
auf welchem fluss wird Charon dich zu Hades bringen?
auf welchem der vier ströme wirst du zu ihm geführt?

Der fluss des hasses
die Styx, entspringt mit alles zersetzenden fluten
im grau der gebirge, sammelt sich und stürzt schliesslich
als wasserfall durch ein schwalgloch hinab in den grund.

Der fluss des vergessens
der Lethe, mit dem silbern sich spiegelnden wasser
er mäandert träge und breit in immer engeren schleifen:
wen er benetzt, verliert alle erinnerungen an sein leben.

Der fluss der tränen
der Kokytos, auch er führt seine fracht im kreise
unter die erde, ohne sich mit den anderen zu vermischen:
und wen er benetzt, erinnert sich auf ewig an sein leben.

Der fluss des feuers
der Phlegeton, führt kein wasser – er wälzt sich

voller siedendem schlamm und glühenden steinen hinab
flammend rot wie kochendes blut und alles verbrennend.

Sie alle winden sich
wie schlangen um die totenstadt, sie alle münden
in den see Acheron, an dessen ufer hohe mauern aufragen:
einlass beim tor findet nur, wer seine vergehen zuvor büsste –
einlass beim tor findet nur, wer seine reinigung zuvor erfuhr.

O tochter des Pelias
du gingst ins dunkel hinab, ohne dich umzudrehen
deine augen einzig noch auf die klaffende leere gerichtet:
dein tod, er war gross – du hast uns alle mit ihm beschämt.

O tochter des Pelias
du gingst mit einem schritt für immer aus der sonne;
wär es nur in unserer macht, dich zurückzubringen ins licht!
So jedoch werden in hinkunft chöre dein schicksal besingen
und dichter sogar stücke über dich schreiben, im ganzen land.

O tocher des Pelias
möge die erde leicht auf dich in deinem grab fallen
moge dein mann seine versprechen an dich nicht brechen
seine kinder nicht darunter leiden und sich an ihm rächen.

Admetus' mutter und vater
sie weigerten sich, für ihren sohn in den tod zu gehen
und zu seiner geisel zu werden.

Die tochter des Pelias aber
sie gab sich in der blüte des lebens hin für ihren mann.
Denn das ist das los jeder liebe und der sinn jeder ehe –
durchs leben zu gehen und die last des anderen zu tragen.

VII

Herakles
tritt auf

Herakles

Hallo! Seid mir gegrüsst, ihr bürger.
Wozu dieser volksauflauf? Sagt mir – Admetus:
wo ist der? Ist er da?

A

Herakles! Was machst du …?
Natürlich ist Admetus da – er ist drinnen im haus.
Was bringt dich denn hierher??

Herakles

Hat sich das noch nicht bis zu euch herumgesprochen?
Ich soll Eurystheus, dem herrscher von Mykene, die arbeit erledigen …

B zum Chor tuschelnd

Ja – als strafe dafür, dass Herakles seine frau
und seine drei kinder erschlagen hat.

C

Und woher kommst du gerade? Du riechst etwas … streng.

Herakles

Na – ich hab die vögel vom Stymphalischen See vertrieben
diesem stinkenden sumpf. Und den Augiasstall ausgemistet –
den ganzen dreck, den ein haufen ochsen jahrelang angehäuft haben.

B

Und vor welchen karren hat dich Eurystheus jetzt gespannt?
Welches joch hat er dir auferlegt?

HERAKLES

Ich soll hinauf in den norden –
der Thraker Diomedes hat dort vier pferde:
die soll ich zähmen und anschirren.

C

Du weisst wohl nicht, womit du es da zu tun kriegst!
Hast du denn nicht gehört, was man dort unter gastfreundschaft versteht?

HERAKLES

Nein – da oben war ich noch nie.

C

Diomedes wirft jeden fremden, der sich zu ihm verirrt
seinen stuten zum frass vor – die sind derart wild
dass man sie an ihre eisernen krippen gekettet hat:

B

Ohne einen kampf wirst du da nicht davonkommen.

HERAKLES

Was solls? Ich komm auch um meine zwölf arbeiten nicht herum.

CHOR

Entweder du tötest ihn und kommst zurück –
oder aber du stirbst und wirst dort begraben.

HERAKLES

Das ist nicht das erste mal, dass ich mein leben aufs spiel setze.

A

Selbst wenn du Diomedes besiegen kannst –
was bringt es dir denn ein?

HERAKLES

Was die mir *einbringen*? Ich bin doch kein rosstäuscher!
Ich muss bloss Diomedes' vier pferde nach Mykene bringen.
Dafür soll ich einmal unsterblich werden – hat es geheissen.

B

Ihnen zaumzeug anzulegen, das wird nicht leicht werden.

HERAKLES

Wieso – glaubt ihr etwa auch noch, dass die feuer spucken??

C

Nein – aber die reissen dich mit ihren zähnen in stücke;
die fressen nämlich nur menschenfleisch.

HERAKLES

Erzählt keine märchen – nur löwen gehen auf menschen los.

C

Du wirst schon sehen – ihre krippen, die sind von blut ganz schmierig.

HERAKLES

Schon gut.
Aber jetzt sagt – der mann, der sich solche pferde hält, wie ihr behauptet:
was ist denn das für einer?

CHOR

Er ist ein sohn des kriegsgottes Ares.
Und er befehligt ein heer von söldnern
die allesamt rundschilde aus gold tragen.

Herakles

Ewig das gleiche – warum erwischt es dauernd mich?
Ich habe ja wirklich grosses glück mit all meinen arbeiten: obwohl –
andere, die ich kenne, rollen auch ihren stein steil den berg hinauf.
Ich muss anscheinend gegen jeden einzelnen sohn ins feld ziehen
den Ares jemals gezeugt hat: zuerst musste ich mit Lykaon kämpfen
der sich mir in den weg stellte, als die in Mykene lust bekamen
auf einen korb voll goldener äpfel; dann gegen diesen Kyknos
der sich einbildete, all die armen tröpfe ausrauben zu können
die nach Delphi pilgern, um dort für ein orakel zu zahlen –
und jetzt auch noch diesen Diomedes. Na – was solls.
Deswegen aber macht mir keiner angst und bang:
ich lass mich von niemandem ins bockshorn jagen.

Chor

Da – schau. Da ist der herr des hauses:
Admetus kommt gerade aus dem tor.

*Admetus kommt, sein haar geschoren
von dienern umgeben*

Admetus

Sei mir gegrüsst, Herakles –
du spross des Zeus und sohn der Alkmene.

Herakles

Auch dir einen guten tag!
Was für ein segen, dich nach all den jahren
so gesund und am leben zu sehen, Admetus!

Admetus

Ja – was für ein segen …

Aber ich danke dir für deine netten worte –
ich weiss, du meinst es gut.

HERAKLES

Was ziehst du dann für eine miene?
Du wirkst irgendwie – schuldbewusst.
Und was ist mit deinen haaren?
Ja – wird, werden wohl alle nicht jünger ...

ADMETUS

Ich habe heute einen toten zu bestatten.

HERAKLES

Ist vielleicht etwas mit deinen kindern?
Der himmel bewahre mich davor, so etwas auch nur anzusprechen –
das wär ein schlechtes omen!

ADMETUS

Nein – gott sei dank sind beide wohlauf.

HERAKLES

Ich verstehe – deine eltern? Es tut mir leid um sie –
aber sie hatten ja nun wirklich ein langes und erfülltes leben;
hoffentlich ging es schnell und schmerzlos.

ADMETUS

Meinem vater und meiner mutter geht es gut.
Die sind gesünder, als man meinen möchte.

HERAKLES

O gott – doch nicht deine frau, die Alkestis?
Die ist doch noch so jung!

ADMETUS

Was sie betrifft, kann ich dir zwei antworten geben.

HERAKLES

Heisst das nun, sie ist tot – oder am leben?

ADMETUS

Genau das ist es: sie ist beides.
Sie lebt – ohne am leben zu sein.

HERAKLES

Jetzt versteh ich nichts mehr. Du sprichst in rätseln.

ADMETUS

Ja hast du denn nicht gehört, was ihr schicksal sein soll?

HERAKLES

Ah richtig – ich erinnere mich. Es stimmt also –
es hiess, sie habe eingewilligt, an deiner stelle in den tod zu gehen.

ADMETUS

Wie könnte ich dann also behaupten, sie wär noch am leben?

HERAKLES

Das bedeutet doch nicht
dass du deine frau schon jetzt beklagen musst!
Wenn sie einmal stirbt, ist das noch früh genug.
Wozu sich das leben, das einem bleibt, mit solchen gedanken vergällen?
Der tod kann doch jeden augenblick an deine tür klopfen –
bis dahin aber ist jede minute kostbar.
Darum ignorier ihn. Erst wenn er vor dir steht – dann weine.
Aber nicht vorher!

Admetus

Schlimmer als zu wissen, dass man stirbt
ist zu wissen, *wann* man stirbt.
Wer seinen sterbetag kennt, ist schon zu lebzeiten tot –
der braucht gar nicht erst zu sterben
weil aus ihm ein wandelnder toter wird.
Er *ist* einfach nicht mehr.

Herakles

Zwischen sein und nicht sein
sehen die meisten aber noch einen unterschied …
nicht zuletzt, was einen gesunden appetit betrifft.

Admetus

Das kannst du gern so sehen, wenn du willst –
ich sehe das anders.

Herakles

Nun gut – aber sag endlich: um welchen freund trauerst du?
Wer ist denn nun gestorben?

Admetus

Eine frau. Wir haben von einer frau geredet.

Herakles

Eine fremde? Oder war es eine aus deiner familie?

Admetus

Eine – fremde. Sie war zwar nicht mit mir verwandt –
aber sie war doch eng an dieses haus gebunden.

Herakles

Ja wie nun – hat sie etwa in diesem haus ihr leben eingebüsst?

Admetus

Sie lebte hier – als waise; nachdem ihr vater gestorben war.

Herakles macht anstalten zu gehen

Oh – mein herzlichstes beileid.
Ich wünschte nur, ich wäre ein andermal gekommen –
wenn du nicht so trauern musst.
Ich verstehe voll und ganz.

Admetus scharf

Was verstehst du? Was meinst du damit?
Willst du damit auf irgend etwas bestimmtes anspielen?
Und wohin willst du denn jetzt?

Herakles

Ich geh jetzt besser. Da ist noch einer im norden
der mir seine gastfreundschaft erweisen will.

Admetus

Das erlaube ich nicht – das kommt nicht infrage.
Du kannst doch nicht einfach meine gastfreundschaft ausschlagen!
Mein haus steht dir offen – du bist hier immer willkommen.

Herakles

In einem haus, das tote zu beklagen hat, sind gäste nur lästig –
das weiss ich selbst am besten.

Admetus

Die toten kümmert das nicht mehr –
das leben muss weitergehen.
Darum komm mit ins haus – ich bitte dich.

Herakles

Sich als gast feiern zu lassen
während der hausherr trauer trägt –
so etwas tut man nicht; das ist für keinen angenehm.

Admetus

Das zimmer für unsere besucher liegt im anbau –
da bist du ganz ungestört.

Herakles

Nein – lass mich lieber weiterziehen.
Ich werde mich ein andermal für deine liebenswürdigkeit revanchieren!

Admetus

Willst du mich beschämen?
Ich lasse nicht zu, dass du bei jemand anderem logierst.

zu einem Diener

Du – bring Herakles in den flügel für unsere gäste.
Sieh zu, dass in seinem zimmer alles in ordnung ist.
Mach das feuer im kamin an – es ist ein kalter wintertag.
Dann servierst du ihm essen; ein held wie er wird hunger haben –
und vergiss nicht den wein.
Schliess auch die hoftür gut – hörst du?
Ich will nicht, dass unsere trauer
und die schrillenden zungen der klageweiber drinnen
unserem gast den appetit verderben.
Er soll sich bei uns ganz wie zuhause fühlen.

Herakles geht mit dem Diener ab

CHOR

Warum hast du das gemacht – Admetus?
Jetzt wo so ein unglück dich erdrückt
da nimmst du es auch noch auf dich
dass ein gast dem haus zur last fällt?
Bist du denn noch bei trost – Admetus?

ADMETUS

Ihr pocht doch sonst so auf sitte und anstand.
Wäret ihr spiesser vielleicht zufrieden gewesen
wenn ich ihm die tür vor der nase zuschlage??
Das hätte meine last auch nicht leichter gemacht – im gegenteil:
solch eine unhöflichkeit wäre unverzeihlich gewesen.
Das wäre mir ein wahrer trost gewesen
dass man mich und mein haus fremdenfeindlich nennt.
Auch deswegen, weil mir Herakles stets seine gastfreundschaft erwies
wenn ich ihn und seine familie in Argos besuchte –
so etwas verpflichtet.

CHOR

Wenn Herakles so ein alter freund von dir ist
warum hast du ihm dann nicht erzählt
dass deine frau gerade gestorben ist?

ADMETUS

Wenn er wüsste, was heut geschehen ist
hätte er seinen fuss nicht über meine schwelle gesetzt.
Mag sein, dass euch mein verhalten taktlos erscheint –
aber wer mich dafür kritisiert, der misst die pflichten eines hausherrn
bloss an seinen eigenen, ganz privaten vorstellungen.
Soll man dies haus etwa meiden, als hätt ich aussatz?
Nein – solange ich herr in meinem eigenen haus bin
wird hier kein fremder abgewiesen und kein freund zu tode gekränkt.

VIII

Chor

Gastfreundschaft ist die tugend eines freien mannes
eine pflicht, die jedem herren heilig sein muss.
Man weiss nie, wer plötzlich an der tür klopft –
das schicksal hat stets etwas ungelegenes, zufälliges.
Doch was einem zufällt, das muss man nehmen
und die gelegenheit ergreifen, so sie sich bietet –
gleich was uns zustösst: es stösst auch neue türen auf.

Sogar Apollon kam, um unter diesem dach zu leben
und liess sich dazu herab, als schafhirt zu dienen.
Er vertauschte seine göttliche lyra mit einer flöte
und dieser harte harsche karst erschien uns als idylle –
der tod gezähmt, kaum dass man ihn spielen hörte.
Nicht einmal Orpheus' stimme war derart begnadet:
auch ihm tat die unterwelt sich auf, als er die frau verlor.

Unter der schirmherrschaft Admetus' wurden wir reich:
im westen brachte die fischzucht im Bobaissee
mehr ein als je zuvor – die stuten auf den weiden
im norden warfen mehr fohlen, als wir zählen konnten
die handelshäfen im osten quollen über vor gütern
und die weizenernten im süden brachen alle rekorde –
alle profitierten wir von ihm: er segnete uns mit glück.

Darum muss Admetus leben: deshalb darf er nicht sterben;
dank ihm hält Apollon seine hand über unser land.
Und jetzt heisst er erneut einen gast willkommen

obwohl man ihm in dieser stunde die frau von der seite riss.
Er ehrt die pflicht der gastfreundschaft über alles –
doch dieses übermass zeigt uns sein wahres ich:
solch ein freigebiges und grosses herz will belohnt werden.

IX

*Admetus tritt auf,
seine diener Alkestis' leichnam
auf der bahre tragend*

Admetus

Dass ihr hier seid, liebe nachbarn, zeigt, dass ihr es gut meint.
Alkestis' leichnam ist gewaschen, gesalbt und eingekleidet –
ihre sterbliche hülle werden meine diener nun
auf ihrem rücken zu grabe tragen.
Jetzt, wo sie auf ihre letzte reise geht, wollt ihr
wie es brauch ist, Alkestis euren segen geben?

Chor

Schau, Admetus – da kommt dein vater;
im arm seine grabbeigaben für Alkestis
all die geschenke an den gott der toten.

*Pheres
tritt auf*

Pheres

Ach mein sohn – was für ein schrecklicher tag.
Lass mich dir mein innigstes beileid ausdrücken.
Du hast eine frau verloren, die so vorbildlich wie bescheiden war –
das steht völlig ausser frage.
Ein solcher verlust ist kaum zu ertragen – doch gerade deswegen:
ertrag es wie ein mann.
Hier – nimm den schmuck deiner mutter; er soll sie im tod zieren;
es ist unsere pflicht, ihren leichnam zu ehren –

sie starb, um dein leben, deine seele zu retten.
Doch dabei bewahrte Alkestis auch mich davor
meine alten tage in trauer zubringen zu müssen
und nach dem ableben meines einzigen sohnes
den alterssitz zu verlieren, abgeschoben zu werden
und krank und vergesslich dahinzuvegetieren.
Durch ihr freigebiges und selbstloses opfer
verlieh sie nicht nur dem leben, sondern uns so gut wie den frauen
eine neue würde – sie erlöste uns alle.
Deshalb leb wohl, Alkestis – mögest du
im haus des Hades deinen frieden finden.
Du hast dich für Admetus aufgespart –
und damit auch mir den grabstein erspart.
Betrachte es wie ich, mein sohn – denn als realist muss man sagen:
mit einer solchen frau macht die ehe
sich für einen mann bezahlt – sonst wäre sie ein schlechtes geschäft.
Zumindest das soll dir trost spenden.
Sie schenkte dir ihr ganzes leben – darum beschenken wir sie jetzt.

ADMETUS

Du bist mir bei diesem begräbnis nicht willkommen.
Du und deine rechnungen – ich zähle dich nicht zu meinen freunden.
Nimm deinen ganzen plunder und geh – geschenke sind bloss so gut
wie der, der sie schenkt: das grab meiner Alkestis kommt bestens
ohne deine beigaben aus – sie hat schon genügend von mir erhalten.
Als ich zum tode verurteilt wurde, hätte ich dein mitgefühl gebraucht –
aber auch da sagtest du nur: stirb – sei ein mann – hör auf zu jammern.
Und meine mutter schrie hysterisch: was erwartest du denn von uns?
Was bettelst du uns um dein leben? Haben wir dir nicht genug getan?
Das war die elternliebe, die ihr eurem einzigen sohn bezeugt habt –
im stich gelassen habt ihr mich – und eine andere dafür sterben lassen
obwohl sie noch jung war – und ihr alt, mit einem bein bereits im grab.
Und nun wagst du es, hier vor mir deine krokodilstränen zu weinen?

Mein vater willst du sein?? Und sie, die vorgibt, meine mutter zu sein ist es auch nur dem namen nach. Da fällt es mir leichter, zu glauben irgendeiner deiner sklaven hätte mich gezeugt und mich als bastard deiner frau untergeschoben … Du hattest ja bereits die gelegenheit zu zeigen, wer du bist. Und ich habs gesehen: eure zahnlosen mäuler nach dem bisschen luft hechelnd, das euch noch bleibt, haferschleim übers kinn rinnend, ohne noch etwas zu schmecken – aber voller gier auf den nächsten löffel brei. Ich und euer sohn? Dass ich nicht lache! Das band zwischen kindern und eltern ist kaum mehr als ein vertrag den man zwar mit blut unterzeichnet – aber den ihr sofort aufkündigt wenn es euch passt. Wie schäbig seid ihr – und wie bodenlos feige! Denn als es dann darum ging, deine letzten paar tage einzutauschen gegen das leben deines einzigen sohns, da fehlte dir der mut dazu – du egoist hast das lieber einer fremden überlassen – und sie ist es Alkestis, die versucht hat – so gut es ging – eure stelle einzunehmen. Wo ist sie denn, meine mutter? Warum lässt sie sich nicht blicken? Du heuchler – statt dich heulend über Alkestis' leichnam zu werfen hättest du ruhm und glorie erringen und als mann handeln können wärest du für dein haus gestorben. Was hättest du gross verloren? Ein leben, das ohnehin nicht mehr lebenswert ist – dir bleibt ja nicht mehr lang. Dabei hast du alles genossen, was man sich zu seinem glück bloss wünschen kann: Alkestis' und meines aber hast du damit zerstört – denn wir hatten unser leben noch vor uns. Du hast dein leben lang in saus und braus gelebt – du machtmensch hast ja dieses gut samt allem land bereits in der jugend übernommen. Und ich stand dir zur seite – du hast in mir auch deinen erben gefunden; du brauchtest also nie fürchten, dass nach deinem tod der palast verwaist und von den nachbarn geplündert wird. Du kannst auch nicht behaupten ich hätte den tod verdient, weil ich dir auf deine alten tage nicht mehr gebührend achtung bezeugt hätte – ich habe dich mehr als respektiert: euch galt meine ganze liebe! Aber wie habt ihr es mir zurückgezahlt!! Drum sag ich dir – am besten, du zeugst schnellstens einen andern sohn der dich tattergreis durchfüttert und dir ein dach über dem kopf bietet

bis du stirbst – um *dich* dann aufzubahren und zu grabe zu tragen!
Ich werd keinen finger rühren, um dir die letzte ehre zu erweisen –
denn wäre es nach dir gegangen, dann wäre ich ja längst schon tot –
wer könnt dich also noch davor bewahren, vor die hunde zu gehen?
Nicht dir verdanke ich es, dass ich überhaupt noch die sonne sehe
sondern dem gott des lichtes – *ihm* schulde ich deshalb loyalität.
Da tut jeder greis so, als würde er seine gebrechlichkeit verfluchen
und darum beten, in frieden einzuschlafen, bevor die blase auslässt
er windeln tragen muss und dement wird – kaum jedoch merkt er
dass es ans sterben geht, hängt er plötzlich an seinem bisschen leben:
kein wort mehr von der bürde des alters – lieber tanzt er noch am grab!

Chor

Hört auf, ihr beiden! Es ist doch alles schon schlimm genug!
Bring jetzt nicht auch noch deinen vater gegen dich auf, Admetus!

Pheres

Was für ein rededurchfall! Greinst und plärrst vor dich hin
wie damals, als wir dir noch die windeln ausräumen mussten. Denkst du
ich lass mich von dir einfach vor unsren nachbarn zusammenstauchen?
Ja wen glaubst du denn, hast du da vor dir stehen – du rotzlöffel du?
Irgendeinen deiner tagelöhner, dem du so übers maul fahren kannst?
Ich bin auch keiner deiner bastarde, die du überall in die welt setzt:
unsre familie ist von altem rang und namen – wir waren immer schon
anständige leute. Aber wenn ich dich so höre, fang ich zu zweifeln an
ob du auch wirklich mein sohn bist. So kommst du mir nicht davon –
dein schmerz in allen ehren: aber diesen rundumschlag büsst du mir!
Lauf nicht davon – sieh mich an: ich rede mit dir! Ich bin dein vater
ich erzog dich in der erwartung, einen würdigen nachfolger zu haben –
aber das heisst nicht, dass ich auch verpflichtet bin, für dich zu sterben.
Zumindest hat noch niemand je von dem brauch gehört – weder hier
noch irgendwo sonst – dass väter für ihre söhne mit dem tod bezahlen.
Dir gehört dein leben ganz allein – du hast es selber zu verantworten

in guten wie in schlechten zeiten. Was dir zusteht, hast du bekommen –
ich hab dir meinen gesamten besitz schon zu lebzeiten überschrieben –
gleich wie ich ihn einst von meinem vater erhielt. Was willst du mehr?
Ich habe mir nichts vorzuwerfen – es wurde alles redlich abgerechnet.
Ich hab dich um nichts gebracht: brauchst dich also nicht umbringen –
und ich mich nicht für dich. Geniess dein leben – wie ich das meine.
Tot sein werd ich noch lang genug – drum will ich das bisschen zeit
das mir noch bleibt auch auskosten: das macht es nur umso süsser.
Oder wolltest *du* etwa in den sauren apfel beissen? Ah – nein, nein:
gedreht und gewendet hast du dich wie ein wurm im faulen mark
um deinem schicksal zu entkommen. Dein leben ist nur geliehen –
und um deine zeit zu stunden, hast du auch deine frau umgebracht!
Und da willst du mich erpressen – und nennst mich einen feigling?
Du jammerlappen bist doch wertlos – hast weniger mut als ein weib:
und für solch einen feinen kerl wie dich gab Alkestis ihr leben her?
Schande über dich! Aber eines muss man dir lassen – schlau bist du.
Denn du hast ja nun einen weg gefunden, um unsterblich zu werden:
musst ja bloss wieder die nächste heiraten und sie dann dazu bringen
für dich in den tod zu gehen. Was brauchst du dafür also noch eltern?
Sei bloss still, du – und versteck dich weiter hinter ihrem rockzipfel.
Genauso wie du dein leben liebst, liebt auch jeder andere das seine:
deine beleidigungen wirst du abstottern bis auf heller und pfennig
und den zins obendrauf – denn die wahrheit wird dich viel kosten.

CHOR

Welche flut von unflätigkeiten ergiesst sich da über uns!
Hört endlich auf, ihr beiden – Pheres: sei du wenigstens klüger!

ADMETUS

Lasst ihn doch weiterreden. Ich habe alles gesagt
was zu sagen ist. Die wahrheit ist den menschen zuzumuten –
wenn er sie nicht hören will, hätte er besser schweigen sollen.

PHERES

Eine zumutung wärs gewesen, für so einen zu sterben.

ADMETUS

Ob ein alter mann stirbt oder ein junger mensch
wie ich – das ist nun einmal nicht das gleiche.

PHERES

Wir haben alle nur ein und dasselbe leben – nicht zwei.

ADMETUS

Na – dann hoff ich nur, dass du dich selber überlebst
und älter wirst als jeder gott – bis das jüngste gericht für dich anbricht.

PHERES

Du verfluchst deinen vater?? Was habe ich dir bloss getan?

ADMETUS

Was regst du dich auf? Du hast es doch drauf angelegt
ewig zu leben – um jeden preis.

PHERES

Das sagst du? Du tragst heute eine frau aus dem haus
die für dein leben bezahlt hat.

ADMETUS

Ihr grab ist das mahnmal deiner feigheit.

PHERES

Ging sie etwa wegen mir in den tod? Ich habe sie nicht
auf dem gewissen – oder willst du etwa auch das noch behaupten?

Admetus

Warte nur – eines tages wirst selbst du noch einmal
auf meine hilfe angewiesen sein.

Pheres

Heirat doch eine nach der anderen – damit sie der reihe nach
für dich über die klinge springen.

Admetus

Weil sie mehr mut haben als du – die fürchten sich nicht
vor dem dunkel der erde.

Pheres

Weil sie in deinem schatten stehen und gar nicht merken
wie hell die sonne scheint. Ah – wie ist es süss, das licht, so süss, süss.

Admetus

Und du nennst dich einen mann? Nur ein schwächling
bettelt so um jede minute – und macht sich damit lächerlich vor allen.

Pheres

Lach nur – aber wenigstens ist es nicht mein leichnam
den du heute zu grabe tragen wirst.

Admetus

Auch du wirst einmal sterben – aber an deinem grab
wird man dann keine lobreden halten: nur schlechtes wird man dir
nachsagen, du ehrloser kerl.

Pheres

Was kümmert mich das, wenn ich tot bin?

Admetus

Ja – alten männern fehlt es eben völlig
an jedem verständnis für ehrgefühl.

Pheres

Während deine frau zwar viel auf ehre gab und ihre gefühle
stets offen auslebte. Dafür aber hatte sie keinen verstand – denn sonst
hätte sie sich nicht für dich aufgeopfert.

Admetus

Geh jetzt endlich. Ich will sie zur letzen ruhe betten.

Pheres

Ich gehe: ja – damit sie von ihrem mörder auch noch
unter die erde gebracht werden kann. Ihre familie aber wird dich
zur rechenschaft ziehen – dessen sei dir gewiss: ihr bruder Akastus
lässt das nicht auf sich sitzen. Er wird an dir blutrache nehmen –
für das, was du seiner schwester angetan hast.

geht ab, während Admetus *ihm nachschreit*

Admetus

Scher dich weg – und kriech zu deiner frau ins bett!
Von mir aus werdet steinalt – aber da wird niemand mehr sein
der euch pflegt – ihr habt keinen sohn mehr – euch wirds gehen
wie allen kinderlosen eltern – das habt ihr euch selbst zuzuschreiben!
Ihr kommt mir nicht mehr in mein haus!
Wenn es möglich wär, würd ich euch als eltern öffentlich verstossen
und vor gericht durchsetzen, dass man dich als erblasser
rückwirkend enterbt und für unmündig erklärt!

Doch was uns jetzt betrifft, meine freunde –
kümmert euch nicht um den scherbenhaufen, den der da hinterlässt:
was geschehen ist, ist schon schlimm genug.
Darum schritt für schritt –
lasst uns Alkestis' hinterlassenschaft regeln
vorher aber alles für ihren scheiterhaufen bereitstellen.

Chor

Leb wohl, Alkestis, leb gut.
Wir werden uns deiner standhaftigkeit ewiglich erinnern
deiner vorbildlichen treue –
möge Hades, dessen hand dich hinab ins dunkel zerrte
dir auch dort sein haus lassen
und du an der seite seiner gattin Persephone thronen!

Admetus geht mit dem Chor ab

X

Diener
tritt auf

Diener

Ich hab schon einiges gesehen –
es schneien ja dauernd gäste aus aller herren länder hier herein
die ich hinten wie vorne bedienen muss und bei laune halten –
aber einen schlimmeren gast als den hab ich noch nie im haus gehabt!
Das beginnt schon damit, dass er meinen herrn in trauer sah
und darum seine einladung niemals annehmen hätte dürfen –
aber was tut er? Spaziert einfach ungeniert durch die tür
und macht es sich gemütlich, als wär er hier daheim.
Bei tisch dann, wo ich ihm alles auftrage – begnügt er sich vielleicht
höflich und bescheiden mit dem, was ich ihm vorsetze?
Weil er weiss, wies um uns steht??
Natürlich nicht! Da fehlt noch dies und das – dauernd fällt ihm was ein
für das er mich in die küche schickt.
Nicht mal die portionen sind ihm gross genug – der frisst sich voll
und will dann noch nachschlag. Den wein kippt er weg, als wärs wasser
und schreit schon nach dem nächsten krug – nur den besten soll ich ihm
aus dem keller holen und dazu einen goldenen becher.
Ich sags euch – ein ganzes gelage allein für ihn!
Und jetzt, wo ihm langsam warm wird und ihm der alkohol zu kopf steigt –
was tut er da? Setzt sich einen lorbeerkranz aufs haupt
und beginnt loszugrölen – völlig tontaub noch dazu!
Vor der kakophonie hab ich schliesslich die flucht ergriffen –
das hält man im kopf nicht aus: der da drinnen singt aus voller kehle
völlig unbekümmert um die trauerstille –
während wir uns in den dienerquartieren die augen um die herrin ausweinen.

Aber wir sollen ihn mit unserem schmerz bloss nicht belästigen –
hat uns der hausherr aufgetragen.
So muss ich einen bewirten, der frisst und säuft wie ein prolet
und von tischmanieren noch nichts gehört hat –
während Alkestis aus dem haus getragen wird
ohne dass ich ihr das letzte geleit geben kann, die hand zum totengruss erhoben
oder in die trauerlieder einstimmen darf …
Ah Alkestis – sie war für uns alle wie eine mutter:
wie werden wir sie vermissen!
Sie stellte sich stets vor uns, wenn der hausherr mal wieder am toben war;
es gab keinen bessern fürsprecher als sie – sie allein hielt das haus zusammen …
Kurz: dieser gast, der da hereingeplatzt ist, der ist das letzte!
Ich mach nicht mehr länger mit – ich kündige!

HERAKLES
tritt auf

HERAKLES

He – du! Was gaffst du, so grimmig und von oben herab?
Was soll die leichenbittermiene? Bezahlt man dich griesgram etwa dafür
dass du löcher in die luft starrst? Steh nicht rum –
und lass endlich dein arrogantes getue.
Behandelt man so etwa einen gast??
Ich bin ein alter freund deines herrn –
drum kannst du ruhig etwas leutseliger sein –
selbst wenn wir nie zusammen schweine gehütet haben.
Warum so mürrisch? Schlägt dir der tod einer fremden wirklich derart aufs gemüt
Aber ich weiss schon – du schlaukopf giesst dir hier heimlich einen hinter die binde
Weshalb auch nicht … Komm her: du kannst von mir noch vieles lernen.
Mein freund! Wurdest du jemals eingeweiht in die natur und das wesen
des sterblichen lebens – das leid von uns menschen?
Natürlich nicht – wer hätte dir wohl solche einsichten verschaffen können?
Darum hör gut zu:

(skandiert)

    Alle menschen müssen einmal sterben –
    nur deshalb wandeln wir hier auf erden;
    dagegen helfen auch keine beschwerden
    wir müssen alle damit alleine fertigwerden.
    Keiner kann sagen, ob er den morgigen tag noch erlebt
    weil über uns allen das schwert des Damokles schwebt.
    Egal, wonach man auch strebt –
    das schicksal hat muster gewebt –

(Tonwechsel)

die man nunmal nicht deuten kann …
Da ist nichts zu verstehen – da hilft auch das grösste genie nicht:
man muss es nehmen, wie es kommt.
So – jetzt kennst du das letzte und tiefste geheimnis: profitier also davon.
Prost! Kopf hoch – und runter damit!
Stossen wir an – ich bringe den trinkspruch aus:

(singt)

    Auf dass uns das hier und heute gehört –
    denn morgen gehört alles dem zufall!
    Deshalb verbring jeden tag, als ob es dein letzter wär!

Dein leben jedoch weihe vor allem einem: der besten und schönsten göttin.
Ja – der einen und einzigen: Aphrodite! Denn sie und ihre weiber –
die lächeln uns ewig, so süss mit ihren rosigen lippen
oben wie unten – wenn du verstehst, was ich meine …
Um was anderes geht es im leben nicht. Darum vergiss alle sorgen und nöte –
tu, was ich dir sage, lass dich von mir überzeugen, wenn du meinen rat gut findest –
aber wie solltest du das nicht ….Also sag schon, wo sind sie?
Bei trauerfeiern macht man doch immer die lustigsten bekanntschaften –
und das hier ist doch sicher eine schöne leiche.
Habt ihr hier nicht wenigstens ein paar hübsche dienerinnen dazu?

Denn so allein zu trinken …
Nun komm – du melancholiker, gib dir einen ruck –
lass dich nicht kleinkriegen.
Setz meinen kranz auf und nimm einen schluck!
Ich seh ja, bei dir ist geistig grad flaute – aber ich bring dich wieder auf kurs:
ein hauch von Bacchus und du segelst wieder flott aus deinem stillen ozean
in einen hafen, wo uns häuser der freude erwarten –
oder habt ihr etwa so was nicht in eurer stadt?
Na – dann bleibt uns wohl nur der wein.
Sein rot ist die beste kur gegen das grau des lebens.
Du und ich, weisst du – wir sind ja sterbliche.
Darum benehmen wir uns auch besser als solche!
Was all die sophisten jedoch betrifft, diese haarspalter –
weisst du, was die uns können?? Das sind doch keine menschen!
meiner meinung nach – wenn du sie hören willst – wissen die ja gar nicht
was wahres leben ist – das ist und bleibt für die doch das reinste elend:
nichts als saure trauben nämlich! Zumindest vertragen die nichts.

Diener

Ja, ja – das wissen wir. Aber ein solcher trauertag wie der heutige
der verträgt sich eben nicht mit der ausgelassenen stimmung eines bacchanals.
Wir haben anderes im kopf.

Herakles

Jetzt nimm es dir doch nicht so zu herzen. Die frau
die gestorben ist, gehört doch nicht zur familie. Und dein hausherr
der lebt ja noch – dem geht es doch bestens!

Diener

Lebt noch? Was sagt ihr da? Ja – wisst ihr denn nicht
was heute geschehen ist?

HERAKLES

Doch – sicher. Oder hat mich dein herr etwa
an der nase herumgeführt?

DIENER

Zumindest ging er mit seiner gastfreundschaft zu weit –
viel zu weit.

HERAKLES

Hätte ich seine einladung ausschlagen sollen?
Und mir asche aufs haupt streuen – bloss wegen irgendeiner fremden??

DIENER

Eine fremde – ja, das war sie wohl.
Viel zu fremd für dieses leben.

HERAKLES

Kanns sein, dass Admetus mir etwas verheimlicht hat?

DIENER

Viel spass jedenfalls noch. Das unglück unseres herrn
geht wohl nur uns was an.

HERAKLES

Das verheisst nichts gutes – so klingt keiner
der über etwas redet, was ihn nichts angeht.

DIENER

Nein. Sonst würde mich so ein weinschlauch wie du
auch nicht stören.

HERAKLES

Vergreif dich nicht im ton. Sag – warum wohl sollte mich

ein alter freund wie Admetus in solch eine peinliche lage bringen?
Das ist ja schrecklich.

DIENER

Sie kamen zur falschen zeit; in solch einer situation
heisst man einen gast bei sich einfach nicht willkommen.
Das ganze haus trauert. Wir tragen schwarz –
und wie sie gesehen haben, haben wir uns alle die haare geschoren.

HERAKLES

Red endlich – wer ist denn gestorben?
Eines von Admetus' kindern? Oder sein alter vater?

DIENER

Nein – seine gattin ist gestorben. Alkestis.

HERAKLES

Seine frau ist tot? Und mir sagt man,
ich soll mich hier ganz wie zuhause fühlen??

DIENER

Ja – er schämte sich, sie wegzuschicken.
Offensichtlich erschien ihm das zu unhöflich.

HERAKLES

Ah – der arme! Was macht er da mit …
Solch eine frau zu verlieren … was das bedeutet, weiss ich selbst nur zu gut.

DIENER

Wir alle machen etwas mit – nicht nur sie hat ihr leben verloren:
wir alle mit ihr!

Herakles

Dabei habe ich doch seine verweinten augen gesehen
den geschorenen kopf – seine ganze irgendwie abwesende art …
Er redete ja bloss vom begräbnis einer fremden
als gehörte die gar nicht zu diesem eigenartigen haushalt hier –
und ich hab ihm geglaubt! Dabei spürte ich doch, dass da etwas war …
Und ich grober kerl stolpere trotz meiner vorahnung mitten in einen trauerzug
um mich zu betrinken – während bei meinem alten freund
gerade der tod ins leben tritt?
Völlig unwürdig hab ich mich benommen – sieh mich nur an:
da steh ich mit kranz auf dem kopf und vollem glas in der hand.
Du aber – warum hast du nichts gesagt? Und mich damit zum narren gemacht??
Ich gehe. Wo ist er? Wo findet das begräbnis statt?

Diener

Geradewegs zur stadt hinaus – auf der ausfallstrasse nach norden:
das grabmal aus poliertem marmor ist von weitem schon zu sehen.

Diener
geht ab

Herakles

Die frau ist eben erst gestorben – vielleicht kann ich sie retten.
Diesen freundschaftsdienst bin ich Admetus schuldig:
und durch mein rücksichtsloses benehmen doppelt;
darum hol ich ihm seine Alkestis wieder ins haus.
Was solls – kommt zu meinen zwölf arbeiten halt noch eine dreizehnte hinzu:
ich werds ihnen schon zeigen, dass jemand, der das herz am rechten fleck hat
und zupacken kann, mehr bewirkt als alles sophistische gerede.
Zumindest versuchen muss ichs – hab ja schliesslich auch einen ruf zu verlieren.
Der schwarzgeflügelte herr der toten wird sicher zu ihrem grab kommen
um das blut der opfer zu trinken, die man dort schächtet.
Ich geh hin, leg mich in den hinterhalt und wart –

bis ich ihn seh, wie er sich über Admetus' frau bückt
um ihr einen kalten kuss auf die trockenen lippen zu drücken.
Dann spring ich aus meinem versteck hervor und pack ihn:
ein arm um die rippen dieser dürren gestalt, der andere um seine kehle
bis sein brustkorb kracht und er nach luft japst. Ich ringe ihn nieder –
meinem würgegriff entwindet sich so leicht keiner. Er wird Alkestis auslassen
und sie wieder ihre augen öffnen, als wär ihr bloss schwarz davor geworden:
ein blick ins nichts nur, ins leere.
Sollt er mir wider erwarten jedoch entschlüpfen, dieser glatte dämon
oder er diesen kuchen von gestocktem blut ausschlagen
steige ich hinab in die schwarzschimmlige stadt der unterwelt
zu Hades und seiner thronenden frau – und bitte sie um Alkestis.
Bei meiner seele, ich kann Alkestis sicherlich wieder heraufholen
und sie Admetus in die hände legen – meinem freund und gastgeber
der es in der schlimmsten stunde seines lebens nicht über sich brachte
mich wegzuschicken, sondern mich in seinem haus willkommen hiess.
Er hielt seine tränen nur wegen mir zurück: aus respekt und taktgefühl.
Admetus ist eine gute seele, ein nobler mensch – ich kenne keinen
der freigebiger wäre, nirgendwo. Es soll niemand sagen können
ich hätte ihm seine selbstlose tat durch undankbarkeit vergolten.

HERAKLES
geht ab

XI

*Admetus und
der Chor treten auf*

Admetus

Wie leer dies haus nun ist. Wie kahl die mauern –
wie still ist alles. Eine hallende grabkammer.

So wird es von nun immer sein, wenn ich nach hause komme:
nur trauer, scham und elend erwarten mich hier noch
die stiche des gewissens und die bitternis der erinnerung.

Wohin mich noch zurückziehen? Ich kann weder gehen
noch bleiben. Und zu bereden gibt es nichts mehr.

Ich wünschte, ich wär tot: die erde nass und schwer
eine maske über meinem gesicht, das ganze gewicht der nacht
und Alkestis neben mir, eine handbreit nur
ihr mund von meinem. Ob wir dann im dunkeln atmen würden?

Apollon hat dieses haus reich gemacht – und jetzt
lässt er es verarmen. Wozu also alles noch länger hinauszögern?

Wie selbstverständlich alles war. Und wie wenig das
was wir wussten voneinander. Ich kenne mich kaum mehr.
Ich spür nur des todes blindwütige gewalt sich ausbreiten in mir.

A

Geh jetzt ins haus, Admetus. Räuchere es mit schwefel aus
und vertreib die rachegeister, die sich in den nischen niedergelassen haben.

Admetus

Ah, ah.

B

Brauchst dich nicht schämen. Bei dem, was du durchgemacht hast
würden jedem von uns die worte fehlen.

Admetus

Oh, oh.

Chor

Dein jammern und klagen nützt ihr nichts.

Admetus

Ah, ah.

Chor

Nicht mehr ihr gesicht sehen zu können, das schmerzt – ja.

Admetus

Seid still – warum reisst ihr meine wunden immer wieder auf?
Wie gut geht es denen, die nie geheiratet und kinder gekriegt haben –
die plagen sich nur mit ihrem eigenen leben ab:
das macht die last noch erträglich.
Sie tragen eben keine verantwortung –
sie stehen nicht hilflos vor ihren kindern
müssen sich nicht sorgen, was aus ihnen wird
und nicht miterleben, wie der tod einem die frau vergewaltigt –
auf dem eigenen ehebett.

                                C

Jedem sein los. Das schicksal schreibt es uns auf scherben –

                                B

Da hat es keinen sinn, sich darüber gedanken zu machen –

                                A

Wie viel zufall dabei im spiel war –

                                C

Und wieviel notwendigkeit.

                            ADMETUS

Ah, ah.

                             CHOR

Setz deinem schmerz endlich grenzen.

                            ADMETUS

Ich kann nicht, ich kann nicht.

                             CHOR

Es ist schwer zu ertragen, das wissen wir.

                            ADMETUS

Es ist schwer zu ertragen.

                             CHOR

Du bist nicht der erste, der seine frau verlor.

                            ADMETUS

Ich bin nicht, ich bin nicht …

CHOR

Jeden trifft sein unglück anders –

A

Den einen so –

B

Den andern so –

ADMETUS *zu* C

Warum habt ihr mich davon abgehalten
mich in die offene grube zu werfen?
Dann wäre ich zusammen mit ihr über den schwarzen see gerudert
und mit ihr vereint in der stadt der toten.

C

Einem bekannten von mir starb der sohn, sein einziger –
und sein tod kam ihn ebenfalls bitter an.
Trotzdem ertrug er es mit würde –
obwohl er schon grau war, sein leben sich ans ende neigte
und er keine kinder mehr hatte, die ihn stützen hätten können.

CHOR

Geh jetzt ins haus, Admetus!

ADMETUS

Dieses verfluchte haus!
Ich bin meinen eigenen vier wänden zum fremden geworden.
Warum bricht es nicht einfach über mir zusammen?
Ein einziger tag – und alles hat sich von innen nach aussen gekehrt …
Wie glücklich war ich damals, als ich sie über die schwelle führte:
euer fackelzug begleitete mich – ihr sangt hochzeitslieder für uns
die durch die gassen hallten, lärmend froh.

Beglückwünscht habt ihr uns dafür, dass zwei alte vornehme familien
endlich zusammenfanden – einen bund der seelen habt ihr es genannt.
Jetzt aber begleitet mich nur euer lamento zur tür –
und statt weissen kleidern tragen alle schwarz.

A

Dir ging es bisher eben zu gut.
Du weisst nicht, wie mit schicksalsschlägen umgehen –
weil du nichts gewohnt bist.

B

Was willst du denn?
Du konntest doch dein leben retten – samt allem hab und gut!
Dir gehört doch jetzt wieder die ganze welt.

CHOR

Deine gattin starb und liess dir all ihre liebe zurück.
Was ist daran neu? Selbst der tod hat keine frau …

ADMETUS

Meine freunde – euch mag es nicht so vorkommen:
aber Alkestis hat es besser getroffen als mich.
Sie ist von allem leid erlöst – *sie* spürt keinen schmerz mehr:
das leben kann ihr nichts mehr anhaben.
Doch dafür hat sie sich mit ihrem tod einen glorreichen namen gemacht.
Mir wurde dadurch zwar der vorbestimmte todestag gestundet –
doch nur, um bis dahin ein elendes leben zu fristen:
das habe ich erst jetzt begriffen.
Ach wär ich tot!
Stattdessen steh ich nun vor einem haus, in dem ich nicht mehr willkommen bin.
Da ist niemand mehr, der mich begrüsst und in die arme schliesst.
Es redet doch keiner mehr mit mir – wie soll ich das aushalten?
Wem kann ich denn jetzt noch mein herz ausschütten?

Und wer soll sich denn um den haushalt kümmern?
Während die diener alle den verlust ihrer geliebten herrin beklagen
liegt auf allem der staub, bleiben die böden ungewischt –
was tu ich, wenn die kinder mir um die knie fallen und nach der mutter schreien?
Schon allein mein verwaistes bett zu sehen, den sessel, in dem sie so gerne sass –
diese leere, sie treibt mich aus dem haus.
Aber wohin sollte ich dann wohl gehen?
Auf irgendein bankett? Oder auf ein hochzeitsfest??
Den anblick von so viel fröhlichkeit ertrag ich nicht – ganz abgesehen davon
dass jetzt alle ein scherbengericht über mich abhalten werden.
Denn da sind ja überall die freundinnen meiner frau dabei:
und wie könnte ich denen noch in die augen schauen?
Man wird mit fingern auf mich zeigen, sich hinter meinem rücken das maul zerreis

    Da ist dieser feige kerl, der zu viel angst hatte, um zu sterben;
    der erkaufte sich durch den tod seiner frau sein jämmerliches leben –
    und zieht nun auch seine eltern in den dreck
    weil die sich von ihm nicht in geiselhaft nehmen lassen wollten.
    Ein skandal ist das – für uns alle – und so was hält sich noch für einen mann?

Nur den toten sagt man nichts böses nach – ich aber werd zu meinem unglück
nur spott ernten, schimpf und schande. Was hab ich denn noch vom leben?
Welchen profit könnt ich denn noch daraus ziehen, meine freunde?
Mein guter ruf ist dahin, der name meiner familie entehrt –
ich bin nichts als ein versager.

A

Gleich was die dichter so alles behaupten wollen
wenn sie sich auf ihre musen berufen
die astronomen, die sich nach den sternen richten
oder all die philosophen auf der suche
nach den letzten dingen in ihrem ewigen disput –
gleich an welche lehren man glaubt.

C

Es gibt nichts zwingenderes als die notwendigkeit:
ihrem gesetz ist alles unterworfen.

B

Selbst Orpheus' weiser kopf, der noch weitersang
nachdem er selbst geviertelt wurde
kannte kein zaubermittel für Tyches unerbittlichkeit –
und auch Apollon und sein sohn
Asklepios, mit seinen kräutersalben und arzneien
sie wussten kein gegengift für den tod.

C

Es gibt kein heilmittel für das leid der menschheit.

Chor

Die göttin der notwendigkeit, Tyche, und ihre tücke
ist die einzige, die keinen altar hat
der niemand statuen errichtet, zu der niemand pilgert
weil sie alle unsre opfer missachtet.
Zu ihr zu beten hilft nichts – wir können nur hoffen
dass sie nicht mit ihrer ganzen macht
auf uns herabkommt: denn was nur irgend sein kann
das wird sein – sie ist das schicksal.
Heillos und blind ist sie – und grösser als unsre götter:
sie beherrscht sie in eiserner strenge.
Sie kennt weder unschuld noch scham oder ehrfurcht:
der schiere wille ist sie – so schroff
wie der abgrund vor unsren füssen, uns steil überragend
wie der himmel und so unerbittlich fern
wie alles wonach wir jemals unsere hände ausstrecken.

C

Diese göttin, sie hält dich nun in ihren armen, Admetus.
Deshalb hör auf, um Alkestis zu klagen:
Tyche will das nicht mehr hören – *sie* ist nun deine frau
sie hat dich zu ihrem mann auserkoren:
darum trag es mit fassung und lern schweigend zu leiden.

B

Leben heisst nun, sich zu bescheiden;
begnüg dich mit den brosamen, die sie dir lässt – oder stirb.

A

Die toten kommen nie mehr zurück:
deshalb ergreife Tyches hand – und zeige dich als mann.

XII

HERAKLES
tritt auf,
eine verschleierte frau
hinter ihm

HERAKLES

Vor seinen kumpanen, lieber Admetus, soll man stets offen reden
aus seinem herzen keine mördergrube machen, nichts verschleiern –
oder verschweigen. Ich bin zu dir gekommen, als not am mann war
und durfte erwarten, dass du mir vertraust – und mich zeigen lässt
dass ich dein freund bin. Du jedoch hast mir nicht einmal verraten
dass die frau, die du in deinem haus aufgebahrt hast, deine frau ist –
du nahmst mich gastlich auf und hiesst mich herzlich willkommen
unter vorspiegelung falscher tatsachen – du pappkamerad sahst zu
wie ich mirs haupt bekränzte und den göttern trankopfer darbrachte –
und das in solch einem unglückshaus. Die reinste zumutung war das;
dass du mich so hintergangen hast, verzeihe ich dir nicht so schnell.
Aber es soll jetzt nicht auch noch ich dir den pfahl ins fleisch treiben:
ich bin aus einem anderen grund zu dir jetzt wieder zurückgekehrt.
Eigentlich hatte ich mich vorhin auf den weg nach norden gemacht
um den tyrannen Diomedes zu beseitigen und seine stuten zu holen –
nimmst du inzwischen die frau da bei dir auf und kümmerst dich
um sie, so lange bis ich zurück bin? Denn sollte mir dabei der tod
über den weg laufen – gott bewahre – dann hat sies bei dir sicher gut.
Ich hab sie bei wettspielen anlässlich eines begräbnisses gewonnen –
man veranstaltete schaukämpfe, an denen jeder teilnehmen konnte.
Als athlet wollte ich mir diese gelegenheit nicht entgehen lassen:
schliesslich setzte man bei den rennen ja auch pferde als preis aus
und bei den box- und ringkämpfen gab es sogar ein paar ochsen –

und die frau noch obendrein. Es wäre eine wahre schande gewesen
mir diese trophäe durch die finger schlüpfen zu lassen, mein freund.
Darum bitt ich dich, gut auf sie aufzupassen – sie ist nicht gestohlen
ich habe sie mir im schweisse meines angesichts redlichst verdient –
deshalb übergebe ich sie deiner obhut. Vielleicht dankst dus mir ja
irgendwann einmal, mein lieber Admetus – wer weiss, wer weiss ...

    ADMETUS

Ich habe das schreckliche schicksal meiner frau nicht verheimlicht
weil ich dich mir zum feind machen wollte oder deine freundschaft
mit füssen treten – ich lag doch schon so vor aller welt auf den knien.
Dich abzuweisen, damit sich irgendein andrer dann damit brüstet
dich in seinem haus aufgenommen zu haben – das wollt ich auch nicht:
denn dich um mich zu wissen, das tröstete mich in meinem unglück.
Diese frau jedoch – ich bitte dich – wenn es möglich wäre – Herakles –
frag jemand anderen – einen, der nicht so viel mitgemacht hat wie ich –
ob er sie dir abnimmt – gleich wen hier in der stadt – von mir aus auch
jene leute, bei denen du lieber übernachtet hättest – ich flehe dich an –
mach es mir nicht so schwer! Eine frau jetzt bei mir im haus zu haben –
sie jeden tag ansehen zu müssen – das brächte mich bloss zum weinen –
ob ich will oder nicht – eine qual wär das – darum bitte erspar mir das –
ich bin doch so schon geschlagen genug. Und überhaupt – wo sollte
ich sie unterbringen? Den schönen kleidern nach scheint sie ja noch
sehr jung zu sein – das viele gold, das sie um ihren weissen hals hat
und an den fahlen armen trägt, ist wohl ihre aussteuer – dies jedoch
ist das haus eines witwers. Soll ich sie vielleicht bei den knechten
im quartier schlafen lassen? Da bleibt sie nicht mehr lang jungfrau.
Du kennst uns männer: das fleisch ist willig, selbst wenn der geist ...
Und wenn alle pferde glatt mit einem durchgehen, wie könnt ich sie
dann zügeln? Das sage ich wegen dir – aber auch meinetwegen.
Ich könnte höchstens auf sie aufpassen, wenn sie in das zimmer
meiner verstorbnen frau zieht. Doch wie stellst du dir das vor?
Sie – in ihrem bett?? Das brächte uns bloss doppelt ins gerede.

Die nachbarn würden mich alle als ehrlosen gesellen abstempeln
und behaupten, ich hätte den opferwillen meiner frau ausgenützt
um mit der nächstbesten ins bett steigen zu können. Und Alkestis –
der ich alles zu verdanken habe – sie würde sich im grab umdrehen
weil ich ihr andenken in den schmutz ziehe – und sei es auch bloss
durch lügen. Junge frau – wer immer du auch sein magst – du hast
dieselbe figur wie meine Alkestis! Wie du dastehst – gleich stolz
und aufrecht. Ists möglich? So herrisch – und auch denselben gang!
Nimm sie mit, Herakles! O gott – schafft sie mir aus den augen –
wozu auf einen, der ohnehin am boden liegt, noch weiter eintreten??
Kaum dass ich sie anschaue, sehe ich meine frau vor mir – das herz
wühlt es mir auf – all das unausgesprochene zwischen mir und ihr
kommt wieder hoch, so dunkel und brackig. Jetzt krieg ich wohl
alles zu kosten, voller bitternis – das ganze elend meines lebens.

A

Es stimmt – an deinem schicksal ist nichts beneidenswertes –

CHOR

Doch was die göttin der notwendigkeit einem vorsetzt
das hat man anzunehmen – egal wie tückisch es auch sein mag.

B

Was Tyche einem austeilt, das muss man eben runterschlucken.

HERAKLES

Ich wollte, ich hätte genug macht
um dir den freundschaftsdienst zu erweisen, deine frau zurückzuholen –
aus dem haus des dunkels in eins des lichts.

ADMETUS

Ich weiss, du meinst es gut mit mir:
doch es hilft nichts. Es ist nun mal unmöglich –
kein toter kehrt wieder ins leben zurück.

HERAKLES

Es hilft aber auch nichts, wenn man das trauern übertreibt.
Trag es einfach mit fassung.

ADMETUS

Du hast leicht reden. Guter rat ist billig:
weit teurer ist es, etwas zu tun –

HERAKLES

Glaubst du, das weiss ich nicht? Auch meine frau kam um –
durch meine eigene hand: die tücke des schicksals strafte mich mit wahn.
Seitdem arbeite auch ich mich an ihrem tod ab.

ADMETUS

Dann weisst du ja, dass alles zureden nichts bringt:
weil man alles selber bezahlen muss – mit seinem leid.
Oder eben mit zwölf herkuleischen arbeiten.

HERAKLES

Aber es bringt auch nichts, den rest deines lebens
nur mehr zu lamentieren. Sei doch vernünftig.

ADMETUS

Ich weiss, ich weiss – aber ich kann nichts dagegen tun:
es überkommt mich einfach. Die trauer ist die kehrseite der liebe.

HERAKLES

Ja, ja – in beiden fällen stehen am ende nur tränen.

ADMETUS

Ich jedenfalls zerbreche daran: mehr als ich sagen kann.

Herakles

Niemand bestreitet, dass du eine gute frau verloren hast.

Admetus

Ich habe nicht nur alle lust am leben verloren
sondern auch den willen weiterzuleben.

Herakles

Selbst wenn sie jetzt bluten – die zeit heilt alle wunden.

Admetus

Die zeit? Du meinst: der tod …

Herakles

Ich rede davon, dass nur eine frau alles wieder heilen kann.
Sie hilft dir über dein selbstmitleid hinweg.

Admetus

Dass ich einmal solche worte aus deinem mund hören muss
das hätte ich mir –

Herakles

Das gibt einem doch schon der hausverstand ein.
Willst du dir etwa keine frau mehr nehmen? Bis ans ende deiner tage
leben wie ein asket? Und allein im bett liegen?

Admetus

Ich werde nicht mehr heiraten. Und mein bett
mit keiner frau mehr teilen.

Herakles

Dann bleib allein. Oder teils von mir aus mit einem mann.
Deiner Alkestis bringt das jedenfalls nichts mehr.

ADMETUS

Egal, ob sie unter den lebenden oder unter den toten weilt –
ich werde ihr andenken für immer heilig halten.

HERAKLES

Das ist alles gut und recht. Dafür wird man dich jedoch
bloss für einen frömmelnden eigenbrötler halten.
So verlierst du bald den respekt deiner nachbarn und knechte
und damit die kontrolle über haus und hof –
wenn dein vater dich nicht gar für unmündig erklärt und wieder enterbt.

ADMETUS

Seis, wies sei – eins jedoch versichere ich dir, Herakles:
mich wird keiner mit einer andren frau an meiner seite sehen.

HERAKLES

Ja, Admetus – in der liebe zu deiner frau bist du
wirklich mannhaft.

ADMETUS

Lieber sterbe ich, bevor ich Alkestis untreu werde –
selbst wenn ich daran zugrunde gehe.

HERAKLES

Dann hast du ja nichts mehr zu verlieren.
Darum zeig, was für ein ehrenmann du bist, und nimm diese frau
grosszügigerweise bei dir auf. Sie hat es nötig.

ADMETUS

Bei der göttin der notwendigkeit:
ich bitte dich, zwing mich nicht, nein zu sagen –
du weisst doch, ich will … ich kann dir nichts abschlagen.

HERAKLES

Wenn du das tust, ist das ein grosser fehler.

ADMETUS

Wenn ich das tue, verliere ich auch noch
das letzte bisschen an selbstachtung – das gewissen würd ewig an mir nagen.

HERAKLES

Lass dich überreden – du tust mir damit nicht nur einen gefallen:
vielleicht findest du an ihr trotzdem irgendwann gefallen.
Und das wär genau das, was du gegen deine gewissensplagen brauchst.

ADMETUS

Was brauchtest du einen ringkampf? Dir gefällt doch bloss
dass du mich mit meinem gewissen ringen siehst! Musst du immer siegen?
Und dir dabei noch eine frau als trostpreis zufallen?

HERAKLES

Unter freunden teilt man eben alles.
Mein sieg ist auch dein sieg.

ADMETUS

Vielen dank. Dann sei aber bitte so grosszügig
und überlass deine trophäe jemand anderem.

HERAKLES

Wenn es sein muss, bring ich sie woandershin –
aber bist du sicher, dass du das willst? Noch bevor du sie dir richtig angesehen hast?

ADMETUS

Es muss sein – oder willst du, dass ich dir die freundschaft aufkündige?

HERAKLES

Es hat schon seinen guten grund, weshalb ich dich jetzt bitte
einmal über deinen schatten zu springen.

ADMETUS

Ich gebe mich geschlagen.
Dann sollen aber alle hier bezeugen, dass das alles gegen meinen willen ist.

HERAKLES

Sei mir nur einmal zuwillen. Es ist zu deinem besten.

ADMETUS *zum* CHOR

Ihr seht, mir bleibt nichts anderes übrig
als sie bei mir aufzunehmen. Seid so nett und bringt sie ins haus.

HERAKLES

Nein – ihnen möchte ich sie lieber nicht überlassen.

ADMETUS

Dann führ sie selber über die schwelle, wenn dir das lieber ist.

HERAKLES

Ihr schicksal lege ich wohl besser dir in die hand.

ADMETUS

Ich rühr sie nicht an. Da ist das haus – sie soll alleine hineingehen.

HERAKLES

Ich muss darauf bestehen. Da – gib mir deine hand. Und nimm sie –

ADMETUS

Lass mich los! Du hast mich schon genug genötigt!

HERAKLES

Jetzt trau dich doch! Streck endlich den arm aus!

ADMETUS dreht seinen kopf weg
und streckt seinen arm aus

HERAKLES

Komm schon – da lauert keine Gorgo, die man erst köpfen muss
damit man nicht bei ihrem anblick versteinert. Steh nicht da wie eine gipsfigur!

legt ihre hand in die seine

Spürst du sie?

ADMETUS

Ja – ja, das tue ich. Sie ist ganz kalt.

HERAKLES führt seine hand

Greif sie ruhig überall an. An ihr ist noch mehr –
sie ist doch keine büste aus marmor oder irgendein unvollendeter torso.

ADMETUS

Das merke ich.

HERAKLES

Dann reicht euch die hände. Haltet einander.
Das ist das gastgeschenk, für das du mir danken sollst …

Du kannst dich jetzt auch umdrehen und sie ansehen.
Es ist schon erstaunlich, wie sie deiner frau gleicht …
Zumindest lebensechter als eine statue, nicht wahr?
Na – dann kann ich euch ja eurem glück überlassen.

ADMETUS
zieht ihren schleier beiseite

Gott – Oh
Ich traue meinen augen nicht! Kann das wahr sein?
Ist das wahrhaftig meine frau? Alkestis??
Aber ihr gesicht ist so – weiss und glatt.
Der blick ausdruckslos wie bei einer maske.
Ist das nur eine illusion, mit der mich die götter in den wahnsinn treiben wolle

HERAKLES

Ganz und gar nicht – schau sie an. Das ist deine frau.
Du hast jetzt alles, was du dir gewünscht hast …

ADMETUS

Bist du sicher, dass das nicht ein spuk ist?
Eine erscheinung aus der unterwelt, die mir etwas vorgaukelt?

HERAKLES

Wofür hältst du mich? Einen geisterbeschwörer?
Oder vielleicht für Orpheus?? Obwohl, so gut wie der sing ich –

ADMETUS

Ich habe sie doch zu grabe getragen!
Ein leibhaftiges wunder ist das –

HERAKLES

Kein wunder, dass du deinen augen nicht traust:
Du hast eben mehr glück als verstand.

ADMETUS

Alkestis – sie lebt! Aber hört sie mich denn auch?
Kann ich sie anreden?

HERAKLES

Das hast du gerade getan.

ADMETUS

Liebes, liebes – ja, es sind deine wangen, dein mund, dein haar!
Du bist es wirklich!
Ich dachte, ich hätte dich für immer verloren – und jetzt hab ich dich wieder!

HERAKLES

Ja – das hast du. Es scheint, als hättest du deine frau zurückgewonnen –
indem du ihr untreu geworden bist. Auf dass die götter euch bloss nicht neidisch werden.

ADMETUS

Die götter, sie sollen dich segnen dafür –
und dein vater, der grosse Zeus, die hand über dich halten!
Ich verdanke dir mein leben! Du hast dieses haus vor dem ruin bewahrt –
und mich aus den trümmern auferstehen lassen!
Aber wie konntest du sie aus dem dunkel holen – zurück in die sonne, ins licht?

HERAKLES

Indem ich mit dem kämpfte, der sie mit seinen armen umschlungen hielt.

ADMETUS

Du hast dich mit dem tod eingelassen? Auf einen kampf?? Wo?

HERAKLES

An ihrem grab. Da lag er auf ihr.
Ich habe ihn gepackt – und sie seiner umarmung abgerungen.

ADMETUS

Aber dann sag – warum steht meine frau da und sagt kein wort?

HERAKLES

Sie ist immer noch den unterirdischen mächten geweiht.
Bis sie entsühnt ist und rein, vom makel des todes befreit
muss die sonne dreimal aufgehen –
erst dann wirst du wieder ihre stimme hören.
Leb wohl – ich muss gehen. Es liegt jetzt eine andere arbeit vor mir.

ADMETUS

Bleib doch ein wenig! Und wärme dich bei uns auf –
es steckt doch sicher auch dir die kälte des todes noch in den knochen!

HERAKLES

Ein andermal – mir läuft eher die zeit davon.

geht ab

ADMETUS

Dann wünsche ich dir alles gute bei deiner reise in den norden –
auf dass du von dort zurückkehrst und uns wieder mit einem besuch beehrst!

zum CHOR

Die ganze stadt und alle vier länder unsres reiches
sollen dankeshymnen anstimmen – lasst uns feiern
und an den altären rinder für die götter schächten:
denn nun erwartet mich ein bessres leben als zuvor.

Chor

Das göttliche nimmt viele formen und figuren an:
dank seiner führung fügt sich manch seltsames –
und vollendet sich stets auf überraschende weise.
Was man sich erwartet, das trifft gar selten ein:
doch so wird auch manch unerwartetes möglich.
Und das ist heute vor diesem haus hier geschehen.

BAKCHEN

Schauspieler

Dionysos
Pentheus
Chorführer/Agave
Tiresias/Hirte
Kadmos/Sklave
Soldat
Chor

e cheir' yper koryphas
ton echthron kreisso katechein
(879/80)

kat-echein:
1. niederhalten, in seiner gewalt haben
2. zurückhalten (auch: sich z.), zügeln

Aufgesang

Dionysos
tritt auf, maskiert,
vor den toren Thebens

Ein in die erde geschlagner pflock und die masken,
drangehängt,
                eine aus dem stock der rebe,
eine andre aus dem stamm der pinie,
        larven,
die sich innen aus dem holz schälen,
um an dem brocken gestalt zu nehmen:
                            ein stier,
der unter der borke seine schnauze bleckt, hörner,
die durch ein astloch stossen,
                hauer,
                      zweige,
die sich zu schlangen häuten,
                        die krallen eines luchses,
      zähne,
             zungen,
                          und hinter all den masken
das schwarze fell von einem ziegenbock,
                das zu boden hängt:
                                  dieser pflock,
in der roten furche eines ackers,
das ist meine gegenwart, ist ich, hier, vor der mauer Thebens.

geht zur bühne hinab

Prolog

> *Dionysos*
> *ohne maske,*
> *rosige wangen,*
> *lange haare,*
> *mädchenhaftes*
> *aussehen*

Heko Dios pais tende Thebaion chthona Dionysos,
hon tiktei poth he kore ...
                        Das bin ich, Dionysos,
heimgekehrt auf dieses feld vor meiner stadt,
aus dem alten goldnen Asien, wo sich griechen
und barbaren auf den gassen und märkten drängen,
türme und festungswälle, weit der küste entlang
bis nach Arabien, einem glücklichen Arabien,
mit seinem weihrauch und der myrrhe;
                                  heimgekehrt
aus Indien, über seine bergpässe in den winter Kaspiens,
schluchten und schründe, am rand einer andren welt,
und weiter nach Persien, über die schlacke seiner ebenen,
bis die sonne in den weizenfeldern Anatoliens unterging

und die ströme sie hinaus ins meer schwemmten,
ein mäander von flüssen, die für Krösus und Midas
das gold aus dem gestein waschen, Pergamon und Ephesus –
und weiter, weiter, nach Byzantion, den Danoubis aufwärts
durch nichts als wald, silbern über der dunklen erde;
heimgekehrt über das gebirge, wo Orpheus begraben liegt,
bis zum Olymp, und weiter, weiter, weiter –
        auf dem weg
endlich zum Parnass stehe ich nun ein erstes mal
vor den eisernen toren Thebens, wo ich geboren bin,
der stadt, die mein grossvater Kadmos gegründet hat,
als ihr könig:
    hat er aus dem osten euch die schrift gebracht,
so bringe ich euch jetzt ihr fleisch und blut dazu.

          Mein fleisch
und blut, was sterblich war an mir, Semele, meine mutter,
liegt dort unter den trümmern des hauses, das ein gott
gebrandschatzt hat; die mauern, die schwelen noch.
Sie wollte Zeus, der sich nur nachts zu ihr schlich,
einmal in seinem glanze sehen –
       und Zeus erschien ihr,
wie das wetterleuchten nun, dort am kamm des berges:
bei seinem anblick, da brannte sie.
Der donner, das war mein vater; meine hebamme,
der blitz. Und ich das schwarze feuer,
in anderer gestalt.
    Die lohen meines weins
wachsen nun über den schutt der kammer,
in der man sie begrub; Kadmos hat gut daran getan,
die trümmer der hochzeit seiner tochter für heilig
zu erklären: das ist mehr ehre, als man mir erwies.

Ihre schwestern jedoch, vor allem Agave,
dies am besten hätte wissen müssen,
zogen den namen meiner mutter in den schmutz –
und mich damit: Dionysos, schwatzten sie,
wäre nie und nimmer der sohn des Zeus;
Semele sei mit einem menschen, irgendeinem
dahergelaufnen, im bett gelegen.
                                    Um diesen missgriff
zu vertuschen, von Kadmos angestachelt,
der diese schande nicht in der familie wollte,
habe Semele den Zeus als ihren bräutigam ausgegeben.
Und dieser, sagten die schwestern, voll zorn darüber,
dass man ihm einen bastard unterschob, habe sie
deshalb mit dem blitz erschlagen.

                            So zischelten sie,
und um sie zu lehren, was anmassung heisst, und was,
in zungen reden, drückte ich ihnen meinen szepter
in die hand, den thyrsos, der *meiner* gefolgschaft zusteht.
Den stachel setzte ich ihnen ins fleisch; blut
haben sie geleckt, dass sie darüber den kopf verloren
und in raserei verfielen.

                        Mit Agave und ihren schwestern
jagte ich auch die anderen frauen Thebens aus der stadt,
hiess sie, den balg der hirschkuh umzubinden,
wie alle, die sich mir zu unterwerfen haben,
und trieb sie auf den berg, bis es nacht wurde um sie;
dort auf dem Kithairon lagern sie nun im freien,
dem wahn verfallen, einem göttlichen, in den schnee
gekauert, die kleider steifgefroren, im karst
unter pinien, die das gewitter gespalten hat:
reich neben arm, die jungen zu den alten hingeschmiegt.

Diese stadt muss lernen, selbst wenn sie es nicht will,
wer ihr herr ist, und was es heisst, in meine mysterien
nicht eingeweiht zu sein, sie soll es lernen als erste
unter allen Griechenlands, nachdem die ganze welt
längst schon meine dithyramben tanzt:
protas de
Thebas tesde ges Hellenidos anololyksa, anololyksa…

sodass meiner mutter gerechtigkeit und anerkennung
zuteilwerde und gleiches ihrem sohn:
ein gott erklärt
sich – und er erklärt sich nicht.

       Kadmos ist alt geworden;
das erbrecht seiner herrschaft hat er an Agaves sohn,
den Pentheus, übertragen, und der bekämpft nun mich
und mit mir alles göttliche: er schliesst mich
von den trankopfern aus und übergeht mich
im gebet; ihm und ganz Theben werde ich mich
als gott enthüllen: Ich Bin, Der Ich Bin.

der C*HOR*
marschiert
trommelnd ein

       Sollte Theben
aber seine frauen mit waffengewalt vom berg holen wollen,
werde ich an der spitze meines fussvolkes, das mir überall
hin folgt, in die schlacht ziehen, als führer meiner Bakchen:
nur aus diesem grund nahm ich gestalt an,
bin ich mensch geworden.

		Hierher, kommt, kommt!
Ihr chor von frauen, die ich aus der fremde Kleinasiens
mitgebracht habe, ihr, die ihr seit Smyrna bei mir seid,
um eurem gott zu dienen, kommt und schlagt
auf eure trommeln ein, trommelt, dass Pentheus
euch hört, trommelt, trommelt an die sieben tore Thebens,
bis alle gerannt kommen, um euch zu sehen und zu hören;
ich selber steige durch die schluchten zum Kithairon,
um mich den Mänaden dort im tanz zu offenbaren.

Einzug

    Chor
  zieht in die
   stadt ein

Öffnet das tor ! Öffnet das tor!
                    Ihr da, auf den gassen, macht platz für uns!
Ihr da, in den häusern, heraus mit euch! Kommt her, her zu uns! Schliesst euch an!
    Schweigt; kein wort mehr jetzt! Schweigt, dass in der stille das heilige über euch kommen möge; schweigt, dass Dionysos unsre hymnen hört!

        Agaves *Stimme*

    Nimm mich auf in den tanz, Dionysos,
    nimm mich zu dir im tanz, Dionysos,
    nimm den stab, den ich aufnahm,
    nimm das kleid, das ich auszog,
    nimm das rot meiner wangen,
    nimm die röte meiner augen;
    nimm mir die scham und
    nimm mir die trauer.

    Lös mir das haar, lass es frei herabfallen,
    lös mir den reifen, lass es dunkel fallen,
    lös mir den safran dieser bänder;
    lass mich nicht allein singen,
    lass mich nicht allein;
    weder der sperling

noch die krähe,
die in der krone der pinie sitzt oder oben
   in den zweigen des eichenbaums,
   kann dieses lied von mir nehmen:
nimm mir den schmerz und meine klage.

Chor

Nimm uns frauen auf im tanz, Dionysos,
nimm uns zu dir im tanz, Dionysos,
nimm den stab, den wir nahmen,
nimm uns unsre namen.
Nimm, was ungezähmt ist und was wild,
      um einen gott mild zu stimmen;
         aus den häusern mit euch,
           dem schoss der familie,
  für eine andere hochzeit, im dunkel und
             licht.

oh makar, hostis eudaimon teletas theon
eidos biotan agisteuei kai thiaseuetai…

Führ uns zum berg, führ uns zum wald,
     zu felsen und schnee,
führ uns zur weide, führ uns auf die jagd,
führ uns zur weide, führ uns auf die jagd,
wie eine hündin, die dem wild nachjagt.

Zagreus, der jäger, der gott, sohn des Zeus:
von ihm in der schlucht der erde gezeugt,
wo Zeus ihr eine schlange war,
die zunge der erde;

Zagreus, der jäger, der gott, sohn des Zeus:
von ihm in die höhle des berges gelegt,
wo Zeus ihn zum stier machte,
zum körper der erde;

Zagreus, der jäger, der gott, sohn des Zeus:
von der mutter aller götter verfolgt,
von der mutter, die die Titanen
auf seine spur hetzte;

Zagreus, der jäger, gott, ein sohn des Zeus:
die Titanen haben ihn in stücke gerissen,
zerfleischt und gefressen:
von ihm blieb nur noch das herz.

Zagreus, der jäger, gott, ein sohn des Zeus,
sein blutiges, noch pochendes herz:
von Zeus wieder verschlungen
wurde ein zweites mal
als Iakchos geboren,
Herr des schreis;

Zagreus, der jäger, gott, ein sohn des Zeus,
sein noch blutiges, pochendes herz:
von Semele wieder verschlungen,
wurde ein zweites mal
als Bakchos geboren,
Herr des weins.

Dionysos ist der zweimal geborene gott:
Iakchos ist er, der herr unseres schreis,
Bakchos ist er, der herr unseres weins.

Dionysos ist der zweimal geborene gott:
Bromios ist er, das brüllen und beben,
Evios ist er, der herr unseres schreis:

Ev-hoi! Ev-hoi! Ev-hoi! Ev-hoi!

Dionysos ist der zweimal geborene gott:
Dithyrambos ist er, amboss der erde,
auf den wir viermal mit dem thyrsos schlagen:

Ev-hoi! Ev-hoi! Ev-hoi! Ev-hoi!

Er Ist, Der Er Ist, Dionysos, Der, Der Er Ist:
der Dithyrambos unsres weihegesangs,
Bromios, der brand unseres körpers,
Evios, das gellen der zunge,
Iakchos, ihr lallen und
stammeln hinaus
in die nacht,
Bakchos,
der wein,
Bakchos,
in die nacht
hinausstammelnd
und lallend, Iakchos,
der zunge ihr gellen, Evios,
unserm körper der brand, Bromios,
der weihegesang unsres Dithyrambos,
Ist Er Der, Der Dionysos Ist, Er, Der Er Ist.

hedys en oressin hotan
ek thiason dromaion
pese pedose, nebridos echon
hieron endyton agreuon
haima tragoktonon omophagon charin,
hiemenos es orea Phrygia
Lydia, ho d'exarchos Bromios,
ev-hoi!

Nimm die frauen auf in den tanz, Dionysos,
nimm uns zu dir im tanz, Dionysos,
nimm den stab, den wir nahmen,
nimm uns unsre namen.

Nimm, was unbändig ist und was wild,
　　um einen gott mild zu stimmen;
　　　aus den häusern mit euch,
　　　　dem schoss der familie,
　　für eine andere hochzeit, im dunkel
　　　　und licht.

Nimm diese frauen, nimm sie dir im tanz,
nimm sie zu dir, nimm dir ganz Theben,
gib ihnen den stab, den wir nahmen,
gib ihnen namen.

Nimm diese frauen, nimm, was wild ist,
　　um einen gott mild zu stimmen;
　　　verjag sie vom webstuhl,
　　　　treib sie auf den berg,
　　aus euren häusern mit euch, dem schoss
　　　　der familie.

Und die erde wird aufbrechen und quellen,
　quellen von weisser milch und quellen
　　von rotem wein; quellen von honig
　　werden aus dem fels fliessen,
　　　werden sich über uns dann
　　　　ergiessen – und brennen
　　　　　wird die myrrhe
　　　　　　ganz Syriens!

Ist Der, Der Er Ist, Dionysos, Der, Der Er Ist:
seine larve ist das lächeln, die maske, die wir
in händen halten.

Ein gott erklärt sich – und er erklärt sich nicht!
Ein gott erklärt sich – und er erklärt sich nicht!

Erste Episode

Tiresias
findet blind
zur tür;
Soldat
tritt auf

Ist da jemand? Wo ist der torwächter? Geh, hol Kadmos und sag, dass Tiresias ihn sucht. Er weiss, warum ich auf ihn warte. Was schaust du? Wir haben uns abgesprochen, einen stab aufzubinden, einen wie ihn die Bakchen tragen – ich, ein alter knabe, er noch weitaus jünger –, statt dem schwert ein hirschfell umzugürten und uns mit efeu zu bekränzen.

Kadmos
tritt auf

Ach, du bist das, Tiresias? Es war mir zwar, als hätte ich deine stimme drinnen schon erkannt – das echo deiner weisheit, die weisheit eines unberechenbar gewordnen sehers, aber ... Ein abgedankter könig und sein narr. Ich hab mich beeilt, bin fertig, für den gott zurechtgemacht – und ausgerechnet an dir muss ich nun sehen, wie ich selber ausschau. Gott, was für eine kokarde!

betrachtet
den efeukranz

Aber du wirst schon recht haben; es muss wohl sein: wenn sich der bastard meiner tochter als gott ausgibt, dann schulden wir ihm diese ehre. Wo ist nun diese hochzeit, auf der wir das tanzbein schwingen sollen? Man sta-ampft jetzt ja auch mit dem kopf den rhyth*mus* dazu – nicht wahr? Sei du mir der zeremonienmeister dieser religion, mein lieber Tiresias – ein blinder, der einen einäugigen führt: das passt. Ich hoffe bloss, meine kraft reicht aus, tag und nacht mit diesem stab herumzufuchteln. Trotzdem – ist es nicht kurios, sich wieder so jung zu fühlen?

Tiresias

Wie ein füllen, ja. Glaubst du, mir geht es anders? Also, lass uns aufbrechen; der tanzplatz ist oben am Kithairon.

Kadmos

Wie kommen wir den berg hinauf? Gibts denn keinen wagen?

Tiresias

Nein, nein. Nur zu fuss erweisen wir dem gott den geforderten respekt.

Kadmos

Und das in unsrem alter? Soll ich dir etwa noch vorangehen?

Tiresias

Er wird schon wissen, was er mit uns vorhat.

Kadmos

Sind wir denn die einzigen in Theben, die tanzen gehen?

Tiresias

Die einzigen männer. Die anderen sind wie mit blindheit geschlagen.

Kadmos

Dann gehen wir besser gleich. Komm, gib mir deine hand.

TIRESIAS

Zwei alte gäule, die man vor einen karren spannt.

KADMOS

Doch unter uns gesagt, ich bin keiner, der die religion verachtet.

TIRESIAS

Zumindest bist du klug genug, deinen witz nicht an den göttern zu versuchen – so hieltens schon unsere vorväter. Keine neumodischen sophismen werden daran etwas ändern; an spitzfindigkeiten – selbst wenn sich die besten köpfe darin üben – waren die götter uns stets noch überlegen.

KADMOS

Aber werden nicht die leute sagen, ich sollt mich schämen, mir den efeu aufzusetzen und in meinem alter noch zum tanz zu gehen? Wo bleibt die würde?

TIRESIAS

Was kümmerts dich, du bist ja ein könig ausser dienst – und dem gott ist gleich, wer alt ist oder jung, solange man nach seiner pfeife tanzt; ihm geht es um die ehrerbietung. Wer angebetet werden will, ist auf alle und jeden angewiesen. Man braucht kein grosser weissager sein, um das einzusehen; wenn der berg nicht zum propheten geht …

KADMOS

Da du nun einmal blind bist, werd ich den seher spielen und dir der zukunft verborgne dinge vororakeln: *Pentheus kommt dort zu seinem hause eilig her, Echions sohn, dem ich die herrschaft gab des landes …*

Meine güte, er ist ganz flattrig; wie er mit den händen fuchtelt und am ganzen körper zittert!

> PENTHEUS *tritt auf;*
> *zum Publikum*
> *gewandt*

Kaum bin ich ein paar tage weg, gerät hier alles aus den fugen. Irgend so ein … um sich greifender humbug versetzt meine ganze stadt in aufruhr – das haben die boten ausgerichtet. Um in sogenannten Bakchanalien zu schwelgen, hätten unsere frauen heim und herd verlassen. Sie streunten im wald herum, um einem dämon, einem emporkömmling von einem gott was vorzutanzen – ein gewisser Dionysos, wer immer er auch sein mag … Ein haufen solcher götzendienerinnen, so hat mans erzählt, fläzt um krüge voll von wein, und unsre frauen verdrückten sich ins gebüsch, eine nach der anderen, um sich ihm hinzugeben; noch bevor sie ihm den speichel lecken, lecken sie … – unter dem vorwand, heiligen riten damit zu huldigen. Priesterinnen nennen sie sich – doch von wegen Dionysos, Zagreus oder Bakchos oder welchen namen er auch immer haben mag! Es ist wohl eher die göttin der geilheit, der sie sich opfern. Und sogar meine mutter, samt ihren schwestern, soll darunter sein! So viele, wie ich einfangen konnte, liess ich an händ und füssen fesseln und ins gefängnis stecken. Die anderen, die noch frei am berg herumvagabundieren und wie läufige bachen ihrem eber hinterherlaufen, werde ich ebenfalls aus ihren schlupfwinkeln jagen. Sobald ich sie alle in eisen liegen sehe, werde ich diesen schweinereien ein ende setzen, und zwar schnell.

Es heisst auch, ein fremder sei darunter, ein wanderpriester, der durch die stadt gezogen ist und mit seinem hokuspokus unsren weibern den kopf verdreht hat, dass sie ihm widerstandslos nachlaufen. Ein orientalischer gaukler ist er, ein scharlatan, der vorgibt, in alles könn er sich verwandeln, was er will: als stier, als luchs oder als hirsch will man ihn schon gesehen haben – aber die bauern glauben alles. Nichts als ein fabulant ist er, sag ich. Er trägt die haare lang und blond, einen efeuzweig in den parfümierten locken, ein süsses lächeln im gesicht und die wangen rosig, das muttersöhnchen; kaum dass er ein weibsbild sieht, verdreht er schon die augen und beginnt, süssholz zu raspeln. So gehen sie ihm nacheinander auf den leim; tag und nacht verbringt er mit ihnen und gibt vor, sie in mysterien einzuweihen. Nachbeten lässt er sie sein *ev-hoi, ev-hoi*, wohl weil sichs auf efeu reimt – um sie sich willig und dumm zu halten. Wenn ich ihn erst zu fassen kriege, werd ichs ihm schon austreiben, den stab zu schütteln und die mähne ins genick zu werfen – den kopf abhacken werd ich ihm.

Er ist es, der behauptet, Dionysos wär ein gott; er kommt von ihm, der blödsinn, Zeus hätte Dionysos als fötus in seinen schenkel eingenäht – während wir doch alle wissen, dass er tot und begraben ist, zusammen mit seiner mutter vom blitz getroffen, weil sie vorlog, sie hätte was mit Zeus gehabt. Es geht auf keine kuhhaut, was dieser fremde sich herausnimmt – und in der öffentlichkeit herumposaunt. Der strick ist zu schade noch für ihn.

sieht KADMOS
und TIRESIAS

Da schau: ich glaub es nicht! Gehört auch das zu diesen neuen wundern! Tiresias, unser blinder sternengucker, mit einem rehfell um die hüften, und mein grossvater daneben als Bakchant mit einem weinstock in der hand! Seid ihr denn besoffen? Es wär zum lachen, wenns nicht traurig wäre. Peinlich. Männer in eurem alter, denen man ins hirn geschissen hat.

zu KADMOS

Nimm den blätterhaufen vom kopf! Und gib mir diesen stecken! Das war deine idee, Tiresias, gibs zu, du hast meinen grossvater dazu überredet. Natürlich, dir kann ein neuer gott nur recht sein, um wieder kundschaft zusammenzutrommeln und deine geschäfte aufzufetten: als blinder den vögeln aus dem flug zu lesen und sie dann am eigenen herd zu braten, damit machst du deinen schnitt.

Das eine lass dir gesagt sein – es ist nur dein altersschwachsinn, dass ich noch überlege, ob ich dich zu den übrigen Mänaden in den kerker werfen soll, weil du diese … abartigen praktiken offen unterstützt. Frauen und wein vertragen sich nicht. Frauen und wein! Und das als gottesdienst!

Tiresias

Einem klugen mann, wenn er für eine gute sache eintritt, wirds nicht an rechten worten mangeln. Wenn aber alles, was man hat, nur eine schnelle zunge ist, dann sind schmähreden wie die deine keine grosse kunst. Zynismus liefert jedem die pointen gratis; doch dahinter verbirgt sich, wie immer, nur ignoranz.

Du bist zwar frech und wärst nicht unfähig – doch wortgewalt, gepaart mit macht, bei einem, der scheuklappen hat, das buchstabiert nur eins: idiotie. Solche beschränktheit bei einem mann von deinem rang ist eine gefahr für alle.

Pentheus

Dann sag du mir, wenn du schon so gescheit sein willst, was es mit dem wahn dieser Mänaden auf sich hat? Die sind doch nicht gesund, *die* gehören …

Tiresias

Wenn einer anfängt, sich wie eine ziege aufzuführen und rot wird und es ihn rechts vor krämpfen schüttelt, dann hiess es schon immer, die mutter aller götter steckt in ihm. Wenn man nachts alpträume hat und schlafwandelt, dann kommt Hekate über einen. Hat man schaum vorm mund und stampft mit seinen füssen, ist der gott Ares in einen gefahren … und wenn jemand dauernd um sich brüllt und wiehert wie ein pferd, macht man Poseidon dafür verantwortlich – alles dinge, die auf dich zutreffen, mein lieber!

PENTHEUS

Und was ist dann mit euch? Ihr seid von einem gott besessen, der sich als schmierenkomödiant aufführt!

TIRESIAS

Dieser neue gott, über den du dich lustig machst – du wirst es nie begreifen, wie mächtig er in ganz Griechenland bald sein wird. Bist noch zu jung dafür – deshalb lass mich dir zum hunderstenmal erklären, um was es in unserem leben geht, was die zwei prinzipien sind, auf denen unsere ganze sterbliche welt beruht.

Erstens, das prinzip des trockenen, die erde. Verkörpert wird sie durch Demeter oder Gaia. Nenn sie, wie du willst – aber sie ist es, die uns menschen mit ihren weizenfeldern nährt. Dazu jedoch kommt Semeles sohn, Dionysos, der uns den vergorenen saft der trauben schenkt – denn vom faulen wasser allein würden wir an der ruhr zugrunde gehen: das hast du an den bauern oft genug gesehen. Er ist das prinzip des flüssigen, das gegenstück zum ersten, mit dem er uns zum brot den wein auf den tisch stellt.

Der lässt uns bei tag das unglück unsrer existenz vergessen und schenkt uns bei nacht den schlaf; ein anderes heilmittel gegen unsere sorgen gibt es nicht. Deshalb bringen wir Dionysos in gestalt des Bakchos unsre trankopfer dar – um uns dieser gabe auch in zukunft zu versichern.

Du findest sie lächerlich – die geschichte, dass er als noch ungeborenes in Zeus' schenkel eingenäht wurde? Die wahrheit, die dahintersteckt, lässt sich leicht ausdeutschen. Zeus rettet den Dionysos in der sekunde, bevor Semele zur flamme seines blitzes wird, und nimmt das ungeborene mit sich auf den Olymp. Aber da ist Hera, seine gattin, du verstehst – die hat in ihrer eifersucht Semele angestiftet, den Zeus in seiner ganzen macht sehn zu wollen. Und nun setzt sie alles dran, diesen gott, der erst noch zur welt kommen muss, schon wieder aus dem himmel zu werfen.

Doch Zeus ist wie immer nicht um eine list verlegen. Er bricht ein stück aus dem blau, das die erde überall umschliesst, gibt ihm die form einer fruchtblase, in der das kind verborgen liegt, und macht es ihrer rachelust zum geschenk. Den kleinen Dionysos aber rettet er, indem er ihm – wie gesagt, ein gott kann alles – irgendwo, versteckt auf einem andren berg, die geburt schenkt: und ihn danach als seinen enkel ausgibt.

Mit der zeit jedoch, weil ›geschenk‹ und ›enkel‹ zum verwechseln ähnlich klingen – und die menschen sich sowieso nichts als verhören, dennoch aber viel auf worte geben – mit der zeit also entstand daraus der mythos von Zeus' ›schenkel‹.

Du aber, täusch dich nicht: dieser gott verleiht auch die gabe der prophezeiung; er ist einer der götter des orakels. Im furor der Mänaden, ihrer manie – wie der name sagt –, in ihrer raserei zeigt sich der schrecken davor, plötzlich in die zukunft sehn zu können. Dionysos offenbart sie ihnen im rausch – wenn er besitz ergreift vom körper und die zunge worte spricht, von denen man nichts weiss: das heisst ›voll des gottes sein‹.

Auch auf dem schlachtfeld herrscht Dionysos, als Bromios. Hast du noch nie von armeen gehört, die, alle reihen ausgerichtet, bereit zum kampf, wild die flucht ergreifen, bevor auch nur der erste speer geworfen war? Wie geblendet sind sie vor angst und ausser sich – auch diese panik ist eine form des wahns, den Dionysos um sich verbreitet.

Der tag, mein lieber Pentheus, ist nicht mehr weit, wo er mit Apollo den tempel teilen und über ganz Griechenland kommen wird. Du wirst ihn noch über Delphis felswände hereinbrechen sehen, flammend inmitten brennender fackeln ...

Pentheus – bild dir nichts auf deine macht ein; sie macht keinen mann aus dir. Mit brutaler gewalt über eine stadt zu herrschen bedeutet nichts; du tust es nur stellvertretend und ohne gewähr. Selbst wenn du immer noch anderer meinung bist, dann halte nicht das, was aus missdeuteten gedanken kommt und aus dem, was du verdrängst, auch für klug und wahr. Ich rate dir, heiss diesen gott willkommen, kröne ihn, bring ihm das opfer dar und nimm teil an seinen riten, so wie er es verlangt. Was die frauen angeht, so ist es nicht an Dionysos, ihr tugendwächter zu sein – denn zurückhaltung oder moral liegt allein in uns, in unsrer natur, unserem charakter. Danach solltest du fragen; selbst wenn eine frau an den Bakchosfeiern teilhat, wird sie keinem dabei untreu werden, wenn sie sich selbst treu sein kann. Eine frau zu verführen ist weiss gott keine kleinigkeit …

Du weisst am besten, welche genugtuung es dir bereitet, wenn du bei den toren stehst und das volk dir zujubelt; da ist nichts schlechtes dabei. Gesteh also auch ihm, dem gott, zu, was eines königs ist; je mehr achtung du ihm erweist, desto gnädiger stimmst du ihn. Ob dir unser aufzug gefällt oder nicht – Kadmos und ich, wir beide, wir werden tanzen gehen: eins und zwei, eins und zwei, nach dem takt, den er uns vorgibt; wir mögen ein lächerliches paar abgeben, aber es ist unsere pflicht. Gegen götter werd ich keinen krieg führen; nichts, was du vorzubringen hast, kann mich dazu verleiten.

Es fällt mir gewiss nicht leicht, es dir offen ins gesicht zu sagen – aber du bist verrückt. So verrückt, wie man nur sein kann. Da gibt es kein heilmittel dagegen, du bist kränker als ein hund. Wenns überhaupt eine medizin gibt gegen das gift, das in dir steckt, dann Bakchos' wein …

Kadmos

Mein junge, was er sagt, ist richtig; hör auf unseren rat! Stell dich auf unsre seite und überschreite nicht die schwelle von gesetz und ordnung. Du bist vollkommen überreizt, das ist verständlich, weisst nicht, woher der wind weht – aber das ist kein grund, den kopf hoch oben in den wolken zu haben; steig herunter! Selbst wenn, wie du behauptest, Dionysos kein gott ist, so fällt kein stein dir aus der krone, wenn du einen kniefall vor ihm machst. Was hindert dich daran? Es wäre nur eine diplomatische lüge; oder realpolitik. Auch dir kann es nur recht sein, wenn

Semele posthum dafür berühmt wird, einen gott ausgetragen zu haben; das stünde unserer ganzen familie nicht übel an. Und wenn dir das nichts gilt – weisst du, was eigentlich der grund ist, warum wir dieses hirschfell tragen müssen? Drei gründe gibts – und alle haben ein wenig auch mit dir zu tun. Erinnerst du dich daran, was mit einem der söhne von Semeles schwestern, mit Aktaion also, deinem vetter, was mit ihm geschehen ist? Zum einen hatte er sich – kein wunder, dass man sich über sie das maul zerriss – in Semele verschaut, und wollte sie, trotz der blutschande, heiraten: was nicht nur sie, sondern wiederum auch die götter aufbrachte, gegen ihn. Das mass endgültig vollgemacht hat er, als er am Kithairon der nackten Artemis beim baden zusah. Als sie ihn stellte, fiel ihm nichts anderes ein, als sich vor ihr zu brüsten, dass er der bessre jäger wär als sie. Du kannst dir vorstellen, wie die göttin der jagd darauf reagiert hat! Den wilderer im eigenen revier hat sie in einen hirsch verwandelt – und dann die hunde auf ihn angesetzt, seine eignen hunde, die er grossgezogen hatte. In stücke haben sie ihn gerissen, meinen armen Aktaion! Willst du, dass es dir ergeht wie ihm? Das wäre eine zwangsläufigkeit, an der die götter keinen anteil mehr besitzen. Um ein unglück zu verhüten, lass mich dir einen kranz aufsetzen; begleite uns auf den Kithairon.

PENTHEUS

Nimm deine hände weg! Rühr mich nicht an! Schliesst euch den andern an; geht feiern, wenn ihr wollt. Euch davon abhalten, das kann ich leider nicht – aber mit eurem schwachsinn habe ich nichts zu tun! Was diesen narren hier betrifft, der dir souffliert, was du gerade hören willst, so wird er einer strafe jetzt nicht mehr entgehen. Soldat – hol dir ein paar von meiner garde und ab mit euch zum haus, wo er seine weissagereien betreibt. Nehmt brechstangen mit und schlagt alles kurz und klein – vor allem den altar, wo er den gänsen beim schnattern zuhört, um dann wer weiss was zu verkünden. Haut den ganzen kram, den er dort hat, seine geheiligten wollbänder und den anderen flitter raus, überlasst sie dem regen und dem wind, und dann räuchert mir den geflügelstall gründlich aus: das wird ihn am härtesten treffen. Der rest von euch – durchkämmt die stadt und alles land herum und spürt den irren auf, der mir die weiber durcheinanderbringt – sonst wird er noch alle anstecken mit der viehischen lust, die bis in unsre betten dringt. Fangt ihn, legt ihn in ketten und bringt ihn her zu mir. Gesteinigt wird er werden. Da kann er seinen tanz in Theben aufführen – aber es wird sein letzter sein!

geht ab

T<small>IRESIAS</small> *ihm nach*

Wie blind du bist! Du hast keine ahnung, was du eben gesagt hast!

zu K<small>ADMOS</small>

War er vorher nur etwas aus der rolle gefallen, so hat er nun vollends den kopf verloren. Komm, Kadmos, und lass uns für ihn beten, trotzdem er auf dem hohen ross sitzt. Tun wirs für unsere stadt; vielleicht können wir das schlimmste noch von ihr abwenden. Jetzt komm, nimm deinen stab; wir werden uns gegenseitig stützen. Es wäre um mehr als nur um uns geschehen, wenn wirs nicht schaffen; wir müssen gehen, und sollten wir dorthin kriechen müssen, um Dionysos zu dienen, dem sohn des Zeus.

Hoffen wir, dass namen nichts bedeuten, Kadmos – denn Pentheus, das weisst du so gut wie ich, bedeutet ›pein‹. Wenn er sie nur nicht über dein haus herunterbringt. Als prophezeiung ist das nicht gemeint; die fakten sprechen für sich: wer sich verrückt aufführt, ist ein verrückter.

beide gehen ab

Erstes Standlied

Chor

Hosia potna theon,
                königin unter den göttern,
   Du, das helle, hohe und reine,
das über die welt kommt,
            aus dem norden
              mit einem flügel aus gold,
hast Du gehört, was dieser tyrann befiehlt?
Hast Du seine drohung gegen Dionysos vernommen,
   gegen Dionysos,
        der unsrer feier vorsitzt?
Er ist der gast bei diesem mahl,
      er sitzt an unserem tisch
          und lächelt beim klang der flöten,
   er verbannt alle erinnerung
        und den schmerz von unserer tafel,
wenn die traubenbüschel auf den tellern glänzen
    und ihr saft auf das holz
         und durch die fugen
     auf den boden tropft,
           in dunkle lachen,
die hallen geschmückt mit ranken und laub,
         tonschalen übervoll von wein,
 der das rot seiner farbe über uns verschüttet,
der wein, der über die stirn und die lider rinnt
            und uns den schlaf bringt.

Achalimon stomaton anomou
                aphrosynas to telos dystychia:
die zunge, die keinen zaum kennt,
     das pferd ohne geschirr und zügel,
          das über die stränge schlägt,
   der narr, dessen narrheit sich aus dem joch drängt –
er wird wild übers feld laufen
            und das korn zertrampeln.
Doch ein leben, das die furchen seines ackers
      sorgsam bestellt,
          sie sorgfältig gerade hält,
wird zur mahd kommen und ernte halten,
              es wird sein haus erhalten.

Setzt man jedoch in seinem stolz den grenzstein zu weit,
          verliert man darob land und herde –
denn die götter auf ihrem Parnass,
             sie sehen uns beim pflügen zu.
  Unsre klugheit kann nicht darin bestehen,
        klüger zu sein, als es uns gegeben ist;
klug ist es, mass zu halten:
             wer denkt wie ein gott,
     lebt kurz.

Wie ein fluss mit seinen hundert mündungen,
              ein strom,
   den nur der geschmolzene schnee eines berges speist,
     um unter dem meer hindurchzufliessen
   und sich an einer anderen küste zu ergiessen –
wie der fluss, der am Kithairon entspringt,
     sich durch unsere weizenfelder windet
       um im golf von Korinth seinen lauf zu nehmen –
nimm uns mit dir,

       Dionysos,
             über den strom,
         führ uns auf deinem weg zum Parnass
über die wiesen und täler zum Helikon,
     dem sitz der Musen,
              führ uns zu ihrem brunnen,
wo sie mit den Grazien tanzen,
     mit Eros
         und Pothos,
              dem gott des verlangens,
dem gott all unsrer sehnsucht.

Zweite Episode

Pentheus
aus dem haus;
Dionysos
von soldaten
vorgeführt

SOLDAT

Pentheus, mein könig – wir haben ihn wie aufgetragen zur strecke gebracht. Da ist er. Hatten glück dabei. Das wilde tier, vor dem man uns gewarnt hat, war ziemlich zahm. Er hat nicht einmal versucht zu fliehen – frass uns richtig aus der hand. Hat die arme ausgestreckt, damit wir ihn fesseln konnten. Als hätt er nur darauf gewartet. Leistete keinen widerstand, machte auf dem weg hierher keine schwierigkeiten, blieb ganz gelassen. Wurde auch nicht bleich, wie die anderen sonst, sondern lachte uns mit seinen rosigen wangen an und half uns noch mit den ketten. Hat mich etwas in verlegenheit gebracht. ›Tue nur meine pflicht‹, sagte ich. ›Hab meiner order zu gehorchen. König Pentheus hats befohlen.‹

Noch was. Die frauen, die wir arretiert und im gefängnis angekettet hatten, diese Mänaden – nun, sie sind alle ausgebrochen. Laufen frei draussen übers feld. Springen und hüpfen herum und nennen einen Dionysos ihren gott. Andre sagen wiederum Bakchos dazu oder auch Bromios; keine ahnung. Die ketten öffneten sich einfach und fielen von ihren füssen ab; die riegel schoben sich von selbst zurück, und die tür flog auf. Normal ist das nicht. Der da kam mit einem ganzen packen voller wunder, mein könig. Wunder. Damit müsst ihr nun fertig werden.

PENTHEUS

Mach ihm die fesseln ab. Er ist uns jetzt ins netz gegangen. So schnell kann er nicht sein, dass er noch entkommt.

Nun, mein freund – nein, hässlich bist du nicht. Ich kann verstehen, was die frauen an dir finden – hast dir gar nicht einmal zu unrecht unser Theben dafür ausgesucht. Ein weiberheld, hm? Von einem andren sport hältst du ja nichts, sonst wären deine haare nicht so … lang. Du wärst ein hübsches mädel geworden. Wie du sie dir so aus den augen streifst, gut einstudiert, die geste, das muss man dir lassen. Und dann dieses lächeln …

Oder: hast dus vielleicht lieber mit knaben? Die haut: so weiss und zart. In die sonne kommst du wohl kaum; gehst deiner arbeit eher in der nacht nach, im dunkeln, oder? Legst dein lärvchen dabei als köder aus. Recht so.

Antworte. Name? Wo bist du geboren?

DIONYSOS

Das ist leicht zu sagen. Du hast sicher schon von dem berg gehört, den man Nysa nennt.

PENTHEUS

Ich kenne mehrere, die so heissen, einen in Libyen, einen in Äthiopien, und einen irgendwo im norden. Woher kommst du jetzt?

DIONYSOS

Aus Smyrna in Kleinasien; Lydien.

PENTHEUS

Hast du dieses trara von dort? Wozu es auch noch bei uns veranstalten?

Dionysos

Dionysos, der sohn des Zeus, hat es mir aufgetragen.

Pentheus

Ist dieser Zeus dort, von dem du redest, einer, der nichts anderes tut, als neue götter auszubrüten?

Dionysos

Ich spreche von Zeus, der sich Semele hier in Theben zur frau nahm, die schwester deiner mutter.

Pentheus

Deine vetternwirtschaft beeindruckt mich nicht. Als der gott über dich … kam, hast du da geträumt oder stand er dir vor augen?

Dionysos

Im angesicht werden seine mysterien offenbar; ich sah ihn, als ich mich sah.

Pentheus

Beschreib sie, diese mysterien.

Dionysos

Nur sein kreis ist in sie eingeweiht.

Pentheus

Für die, dies sind – was bringt es ihnen?

Dionysos

Es zu wissen, steht dir nicht an, aber es wär dir alles wert, wenn du es wüsstest.

Pentheus

Du redest dich gut heraus mit deinen haarspaltereien. Aber damit weckst du meine neugier nur.

Dionysos

Nichts hasst der gott mehr als gottlosigkeit.

Pentheus

Harte worte für einen weibischen kerl wie dich. Sag, wie sieht er aus, der abgott, den du gesehen haben willst?

Dionysos

Wie es ihm gefällt. Es ist nicht an mir, die gestalt, in der er sich zeigt, zu offenbaren.

Pentheus

Du weichst mir wieder aus. Hast eine art, gescheit zu reden und nichts zu sagen.

Dionysos

Dem ignoranten erscheint die grösste weisheit unsinn.

Pentheus

Ist Theben die erste stadt, wo du versuchst, diesen zauber zu veranstalten?

DIONYSOS

Jedes land im Osten hat sich bereits unseren riten unterworfen.

PENTHEUS

Wundert mich nicht. Bei *den* barbaren.

DIONYSOS

Sie sind euch überlegen, selbst wenn ihre bräuche anders sind.

PENTHEUS

Verrichtet ihr eure … messen bei tag oder bei nacht?

DIONYSOS

Die nacht ist angemessner; die dunkelheit der feier dienlich.

PENTHEUS

Und ein deckmantel für einen freier wie dich; eure ausschweifungen haben mir die frauen ganz verdorben.

DIONYSOS

Die können auch bei tag begangen werden.

PENTHEUS

Das sieht man an deiner art zu reden – nichts als sophisterei; du wirst sie teuer zu bezahlen haben.

DIONYSOS

Und du die blindheit und den mangel an ehrfurcht.

PENTHEUS

Traut sich was, dieser Bakchant; er ist schlagfertig.

DIONYSOS

Sag jetzt, was ist das schreckliche, das du mir antun willst?

PENTHEUS

Zuerst werd ich dir den schädel scheren.

DIONYSOS

Mein haar ist heilig; ich trage es zur ehre meines gottes.

PENTHEUS

Dann gibst du mir den thyrsos in deiner hand!

DIONYSOS

Nimm ihn dir selbst. Er ist das zeichen des Dionysos.

PENTHEUS

Ich steck dich ins gefängnis und lass dich dort verrotten.

DIONYSOS

Er wird mich, wann es ihm gefällt, befreien.

PENTHEUS

Sicher. Du musst nur mit deinem chor von Bakchen und Mänaden lauthals nach ihm schreien; die mauern sind dick genug.

DIONYSOS

Nimm dich in acht. Er ist hier und sieht, was mir geschieht.

PENTHEUS

Ach ja? Wo, *ich* seh ihn nicht.

DIONYSOS

Hier, wo ich stehe. Unsichtbar ist er nur für den, der ihn lästert.

PENTHEUS

Führt ihn ab; er verspottet mich und damit auch Theben mit diesem schwachsinn.

DIONYSOS

Glaub mir, ich bin es, der bei sinnen ist. Du bist es nicht.

PENTHEUS

Legt ihn in ketten. Wir werden sehen, wer hier die macht hat.

DIONYSOS

Du weisst weder, was du sagst und was du tust, noch, wer du bist.

PENTHEUS

Wer? Ich bin Pentheus, Agaves sohn. Mein vater war Echion, Kadmos mein grossvater.

DIONYSOS

Ein böses omen. In deinem namen, Pentheus, ist deine pein schon angekündigt.

PENTHEUS

Knebelt ihn und sperrt … diesen ochsen in meinen stall. Er hats ja gern dunkel; dort mag er tanzen, solang er will. Und die horde von wilden weibern, die er mit sich schleift, diese Bakchen, sie verkaufen wir am markt als sklaven. Sie werden mit ihren händen bald besseres zu tun haben, als zu trommeln – ich werd sie im haushalt an den webstuhl setzen, bis ihre finger bluten. Was unsere eignen frauen betrifft – nun, wir werden sehen.

DIONYSOS

Mag ich auch mitgehen, denk daran: was nicht geschehen wird, kann man auch nicht erleiden. Dich jedoch wird Dionysos, den es nicht gibt für dich, dafür zur rechnung ziehen. *Ihn* wirfst du ins gefängnis, wenn du hand an *mich* legst.

alle gehen ab, bis auf den CHOR

Zweites Standlied

CHOR

Anaphaino se tod', o Bakchie, Thebais onomazein.

Wie ihm vor zorn der hals schwillt, dem der erde
geborenen Pentheus, dem sohn der schlange,
sohn des Echion – der aus dem abgrund
kroch, um sich gegen götter
zu recken, damit sie ihn
schliesslich erschlugen.

Wie ihm vor zorn der hals schwillt, dem der erde
geborenen Pentheus, dem sohn der schlange,
sohn des Echion – bald wird auch er uns
in fesseln legen und in das dunkel
werfen, aus dem er selbst kroch,
um am gott sich zu vergehen.

Wo bist Du, Dionysos, gott, der Du die schlange
gezähmt hast?
Wo bist Du, Dionysos? Bist du in deiner höhle
am Nysa?
Bist Du auf der höhe des Parnass oder im wald
des Helikon
oder in den zerklüfteten abhängen des Olymp,
wo Orpheus
mit seinem gesang die wölfe um sich scharte,
hirsch und rehe?

warten auf Dich, warten wie die bergeichen,
die Orpheus im schritt ihres tanzes
so stehen liess,
wie er sie verliess,
wir warten auf Dich, Dionysos,
warten wie die bergeichen im karst, bis die sonne
        die schneefelder schmilzt und
            das wasser als fluss
     sich über die halden hinab
in die ebene ergiesst, ein mäander
aus silber, um sich am himmel widerzuspiegeln.

hedys en oresin, otan ek thiason dromaion …

Er gab uns den thyrsos, gab ihn uns in die hand,
   den stab des rhapsoden, den stab, mit dem er
    den takt schlägt – nicht für worte:
er gab uns den thyrsos, gab ihn uns in die hand,
   um die worte aus der erde zu schlagen,
mit einem ast, wie ein baum in der erde wurzelt,
   pinienzapfen, efeu, blätter und zweige,
     an einem entwurzelten stamm.

Er gab uns auch die flöte, gab sie uns in die hand,
  das holz, dessen klang wir tag und nacht hören,
    der ton, der unsere seele wie von allein
  hoch zu Ihm hebt, hoch zu Ihm, zu Ihm hoch!

Er gab uns die trommel, gab sie uns in die hand,
  die reifen eines weinfasses, der wein, den wir
    vergossen – nicht, um zu trinken:
er gab uns die trommel, gab sie uns in die hand,
   bespannt mit dem fell eines stiers,

dem fell eines gotts, um aus der höhle der erde
den heiligen laut zu schlagen,
den rausch der worte, das stöhnen und stammeln.
Er gab uns die blumen, die winden und wicken
mit dem rot ihrer beeren, gab uns das grün
der nadeln und blätter, grün wie gischt,
die wellen seines waldes, die brandung der worte.

Dionysos – er ist der zweimal geborene gott:
Iakchos ist er, der Herr unseres schreis,
Bakchos ist er, der Herr unseres weins.

Dionysos – er ist der zweimal geborene gott:
Bromios ist er, das brüllen und beben,
Evios ist er, der Herr unseres schreis:

Ev-hoi! Ev-hoi! Ev-hoi! Ev-hoi!

Dionysos – er ist der zweimal geborene gott:
er ist der Dithyrambos, amboss der erde,
auf den wir viermal mit dem thyrsos schlagen:

Ev-hoi! Ev-hoi! Ev-hoi! Ev-hoi!

*hedys en oressin hotan
ek thiason dromaion
pese pedose, nebridos echon
hieron endyton agreuon
haima tragoktonon omophagon charin,
hiemenos es orea Phrygia
Lydia, ho d'exarchos Bromios,
ev-hoi!*

Dritte Episode

CHOR

Hört: dieses dröhnen. Es ist unser gott, die stimme des Bromios. Es ist unser schrei.

DIONYSOS

I-o! I-o! I-o! Kluet emas kluet audas, io bakchai, io bakchai! I-o! I-o! Palin audo, o Semelas, ho Dios pais. Dass die erde anschwelle und breche, dass sie bebt und zu brüllen beginnt.

*nur geräusche;
das bühnenbild
ändert sich nicht –
das haus bleibt stehen*

CHOR

Ah! Ah! Das königshaus! Pentheus' palast! Er beginnt zu wanken! Das mauerwerk bröckelt, die fassaden! Bromios steht mitten im palast. In die knie mit euch, in die knie! Zittert vor ihm!
Habt ihr den türsturz brechen sehen? Die säulen, wie sie knicken und fallen?
Das dach, das ganze dach stürzt herab!
Hört ihr diesen schrei, der aus der tiefe des gefängnisses kommt?

DIONYSOS

Lass den donner schwarz heranrollen, das feuer herabfahren, den blitz, dass der sturm die glut schürt, bis sie auflodert.

CHOR

Schaut! Schaut! Seht ihr sie?

Seht ihr die flamme auf Semeles grab, die flamme, die zu leben begann, als sie starb, als sie im feuer des Zeus aufging?

Zu boden mit euch, zu boden! Unser gott kommt über diese hallen.

Die welt hat sich verkehrt – Er ist gekommen, Er ist gekommen!

Er Ist, Der Er Ist, Dionysos, Der, Der Er Ist:
der Dithyrambos unsres weihegesangs,
Bromios, der brand unseres körpers,
Evios, das gellen der zunge,
Iakchos, ihr stammeln
und lallen hinaus
in die nacht,
Bakchos,
der wein,
Bakchos,
in die nacht
hinaus stammelnd
und lallend, Iakchos,
der zunge ihr gellen, Evios,
unserm körper der brand, Bromios,
der weihegesang unsres Dithyrambos,
Ist Er Der, Der Dionysos Ist, Er, Der Er Ist.

DIONYSOS

Warum liegt ihr alle vor mir auf dem bauch? War euch das spektakel zu viel? Was seid ihr doch schreckhaft, ihr frauen aus dem osten! Schlottert, als hätt es euch betroffen.

Habt ihr es nicht gemerkt: Bromios hat das haus zum einsturz gebracht. Auf mit euch, nehmt euch ein herz; hört auf zu zittern.

CHOR

Gesegnet sei, dass du es bist, priester, du licht unsrer riten. Als du uns verlassen hast, waren wir verloren ohne dich. Warum lächelst du so?

DIONYSOS

Hat es euch derart den mut genommen, als ihr mitansehen musstet, wie man mich vom berg geholt und abgeführt hat?

CHOR

Wie sollte es nicht! Ohne dich sind wir schutzlos allem ausgesetzt. Aber sag, wie bist du diesem tyrannen entkommen?

DIONYSOS

Ganz allein; es war einfach.

CHOR

Obwohl er dich geknebelt und gefesselt hat?

DIONYSOS

Nichts als zum gespött hat er sich gemacht. Er mag zwar, in seinem wirren kopf, geglaubt haben, er hätte mir fesseln angelegt, aber nicht einmal berühren konnte er mich. Beim futtertrog, an den er mich binden wollte, stand ein stier – *den* hat er mit seinem seil gefesselt, an vorder- und hinterbeinen fest verschnürt. Er schnaubte laut, der schweiss rann ihm in strömen und vor zorn biss er sich auf die lippen – ich sass still daneben und genoss das schauspiel. In dem moment brachte Bromios den palast zum beben und entfachte die flamme wieder über Semeles grab. Als Pentheus das sah, dachte er, die ganze stadt stünde in flammen. Er rannte hierhin, dorthin, schrie herum und trug den sklaven auf, das ganze wasser des flusses Acheloos zu holen. Sie musstens angehen, obwohl die mühe vergeblich war. Plötzlich gab ers auf und *ich* fiel ihm wieder ein. Es hat ihn die angst gepackt, ich könnte ihm entwischen; er griff sich ein mörderisch grosses schwert und rannte zurück ins haus.

Da liess Bromios – so erschien es mir zumindest, ich rate nur – ein trugbild meiner, einen doppelgänger ganz aus licht, über den hof schweben. Pentheus kam angestürzt wie ein berserker, rannte dagegen an und hieb wieder und wieder mit seinem schwert in die leere luft, grad so, als wollte er mich, mich! den göttern opfern. In seiner verblendung zweifelte er keinen augenblick, dass ich es sei. Doch Bromios liess sich eine weitere erniedrigung einfallen: zum palast, der bereits in trümmern lag, zerstörte er noch den königlichen stall. Als Pentheus das sah, fiel ihm das schwert einfach aus der hand. Ein mensch, der es mit einem gott aufnehmen will!

Inzwischen aber wird ihm ein licht aufgegangen sein, was er sich mit meiner gefangennahme alles angetan hat. Ich selbst hab keinen gedanken mehr an ihn verschwendet und ging gelassen aus den ruinen des palastes zu euch. Aber jetzt hör ich schon seine schritte; er wird auf der szene bald erscheinen. Ich bin gespannt, was er, nach allem, was geschehen ist, zu sagen hat, wenn er mich hier stehen sieht. Ich werde die ruhe in person sein, das steht meiner rolle an.

PENTHEUS
tritt auf

Es ist einfach nicht zu fassen – der fremde ist mir entschlüpft, obwohl ich ihn bereits gefesselt hatte!

I! Oh! I! H... h... hier ist er!! Was ist jetzt los? Was machst du hier? Wie kannst du es wagen, dich noch blicken zu lassen?

DIONYSOS

Bleib, wo du bist! Du bist ausser dir vor wut; fass dich wieder.

PENTHEUS

Wie konntest du nur entkommen?

DIONYSOS

Ich hab es dir doch gesagt – hast dus nicht gehört? – dass ich freikommen würde durch –

PENTHEUS

Durch wen? Kannst du dich nicht einmal klar ausdrücken?

DIONYSOS

Durch den, der die quellen aus der erde sprudeln lässt, durch den, der für die menschen die rebstöcke setzt und die trauben keltert.

PENTHEUS

Den, der sie ihnen so tief hängt, dass sie ganz rauschig davon werden.

DIONYSOS

Ein strom von freude überschwemmt die stadt.

PENTHEUS

Aber bevor die dämme brechen, lasse ich alle sieben tore Thebens schliessen!

DIONYSOS

Meinst du, die götter kommen nicht über die mauer?

PENTHEUS

Was für ein klugscheisser. Aber nicht klug genug, um zu wissen, was du noch sehen wirst.

DIONYSOS

Ich sehe, was ich sehe. Und ich weiss, wovon ich weiss.

HIRTE
tritt auf

Wart noch. Hör dir erst an, was dieser mann zu sagen hat. Er hat neuigkeiten für dich. Wir rennen dir nicht weg.

HIRTE

Pentheus, herr – ich komme vom Kithairon, wo der winter so dick und weiss jetzt fällt, dass ...

PENTHEUS

Ich dachte, du bringst neuigkeiten.

HIRTE

Die Mänaden. Ich hab sie gesehen. Mit ihren bleichen, nackten armen schossen sie wie speere aus dem stadttor und schwärmten über die felder zum berg hinauf. Mein könig – ich bin gekommen, um euch – um der stadt zu berichten, was für wundersame ...

dinge sie tun. Schrecklicher als alle wunder. Soll ich alles sagen oder mich kurz fassen? Ich habe angst vor euch und eurem groll, dem jähzorn eures allzu königlichen temperaments.

<small>PENTHEUS</small>

Sprich nur.
Du wirst nichts zu fürchten haben. Ich werde meine wut nicht an unschuldigen auslassen. Je verabscheuungswürdiger das ist, was du mir zu erzählen hast, umso strenger zieh ich *ihn* zur rechenschaft.

Erster Bericht

Hirte

Meine rinder hatten die flanke abgegrast.
Nach und nach trieb ich sie hinauf
in den wald, der am gipfel liegt;
es war kurz nach der dämmerung,
die sonne rot, weit unten das meer.
Und was sehe ich dort oben, kaum dass ich
dem vieh nachgestiegen kam – drei scharen von frauen,
eine um Autonoe, die zweite um Agave, eure mutter,
gelagert, die dritte um die Ino.
                        Sie schliefen noch,
die arme hinterm nacken – ich war so leise, dass ich
sie atmen hören konnte; einige hatten den kopf
an einen baum gelehnt, andere lagen ausgestreckt
auf einem haufen eichenlaub, sie lagen, wo sie
gerade in den schlaf gefallen waren, ein artiges bild,
unschuldig wie rehe mit einem wort – und durchaus
nicht so, wie mans uns glauben machen wollte:
ausgesetzt in der natur, wie vieh, brünstig im gebüsch,
vom wein besoffen und von den flöten.
                                    In dieser stille
brüllte einer der stiere plötzlich – und da wachte
deine mutter auf und stiess einen schrei aus;
ein schrei, wie wenn man mit der zunge schnell
an den gaumen stösst, hoch und schrill: *ololykse,
ololykse* – ich kanns nur schlecht – und riss die frauen
aus dem schlaf.

Sie rieben sich die augen, waren gleich
auf den beinen und umringten deine mutter; ein kreis,
geschlossen um seine mitte – ein anblick wars,
an den ich mich noch lang erinnern werde: alles ein herz
und eine seele, reich und arm, jung und alt, unsre frauen,
töchter, nichten, tanten – als hätt ich sie nie gekannt!

Zuerst schüttelten sie ihr haar, das wohl von ihrem tanz
die nacht zuvor noch wirr war, bis es frei und dunkel
auf den rücken fiel; das fell, wo es auf die hüften herab-
geglitten war, zogen sie zur schulter und knoteten
die bänder neu; um den bauch aber rankten sich schlangen
hoch, grün wie efeu, und leckten ihnen an den wangen.
Einige hielten rehe in ihren armen oder die welpen
eines wolfs und säugten sie, all die jungen mütter,
die ihre neugeborenen zu hause zurückgelassen hatten,
die brüste schwer und voll; die anderen flochten sich
derweil kränze aus misteln, weiden oder ginster.

Aber was dann kam, das schlägt alles, was ihr je
gehört habt: eine sah ich nämlich, wie sie einfach
im vorübergehen mit dem stab auf einen felsbrocken
schlug – und sogleich floss wasser; eine andere stiess
den ihren nur in den boden, und wein quoll heraus,
ganze bäche davon; eine dritte kratzte mit der hand
ein bisschen die erde auf, und milch strömte hervor,
während von ihrem thyrsos der honig
nur so heruntertropfte:
                       Herr – wäret ihr dort mit mir
gewesen und hättet gesehen, was ich gesehen habe,
mit eignen augen – nichts als ein gebet wäre euch
über die lippen gekommen, an jenen Gott, den ihr
jetzt verdammt.

Alle, hirten und schäfer, kamen wir
dann zusammen, wetteiferten miteinander um
die wildeste geschichte und hielten rat, was wir
von diesen mirakeln zu halten hätten.
Da aber redete – keiner von uns, einer aus der stadt,
der die zunge kaum im maul behielt – redete uns einer
drein: *Ihr kennt euch doch aus am berg*, sagte er,
*wie wärs, wenn wir auf Agave die hatz eröffnen,
sie stellen und zurückbringen, um dem könig
einen gefallen zu erweisen? Wie klingt der vorschlag?*
Er klang gut; also legten wir uns in einem dickicht
in den hinterhalt und warteten auf die gelegenheit.

Die frauen schlossen sich zum reigen, wie von selbst,
als wär die stunde abgemacht, und der tanz begann:
sie schwangen sich in den hüften hin und her,
schüttelten ihre stäbe dazu und stimmten
monoton in den gesang ein, der dumpf
zu uns herüberdrang – der klang liegt mir
auch jetzt noch in den ohren; dazu die flöten,
die sie spielten, ihr hoher, harter ton,
die trommeln und die tamburine!
Ihre körper wiegten sich hin und her, langsam
zuerst, in einem absonderlichen rhythmus,
dann immer schneller, bis alle sich zu verdrehen
anfingen und die eigenartigsten posen
einnahmen – der hals verrenkt, der rücken
durchgebogen, wild mit den haaren schüttelnd –,
sie jaulten und winselten, dass es mir vorkam,
als wollten sie tiere darstellen, oder so,
als würden Silene, Satyre oder Pan aus ihnen.
Sie sprangen auf und über die felsen, ohne auch nur
einmal zu stürzen; manche holten sich aus der glut

der feuerstelle kohlen, ohne dass es ihnen die hände
zu verbrennen schien, oder schlugen einander,
ohne schmerz zu spüren, sie tanzten und tanzten
sich in ekstase, bis einige erschöpft umfielen;
auf der erde lagen sie und murmelten vor sich hin,
wie abgelöst von sich, wie losgelöst – ich weiss nicht!
Die gesichter ganz bleich, drehten sich die augen
blutunterlaufen in den höhlen und die spucke troff
aus ihrem mund; die stirn legte sich in runzeln,
und dann bekamen sie diesen blick, die pupillen
starr unter halbgeschlossnen lidern – wie Gorgonen,
sag ich euch! –, und der mund öffnete sich so weit,
dass man die zunge hin- und herrutschen sah.
Der anderen ihre veitstänze, sie wurden noch
frenetischer; sie begannen laut zu brüllen, brüllten,
wie die kühe brüllen, wenn ihr euter voll ist,
weil keiner sie gemolken hat; dazwischen
diese gellenden schreie nach ihrem gott:
Iakchos! Iakchos! oder *Zagreus!* –
der ganze berg hallte davon wider, er bebte und
wankte, er drehte sich mit im kreis, die viecher
und der ganze wald dazu, und immer dieses
unablässige geschrei nach ihrem gott, abwechselnd
nach diesem Iakchos, nach einem Bakchos,
Bromios, Evios – oder auch nur: Dionysos!

Dann fingen sie an zu rennen. Alles rannte.
Eure mutter, die Agave, kam zu unserem busch
gelaufen, näher, immer näher … und ich, ich
springe also aus meinem versteck – die anderen
hatten vor angst längst schon die hosen voll –
und versuch, sie an ihrem kleid zu packen, aber sie
kreischt laut auf und warnt damit die ganze brut:

Auf sie, ihr hündinnen – warum ›hündinnen‹,
weiss ich nicht –, *auf sie! rennt! Sie sind hinter uns her –
männer! männer! – greift sie euch! Ihnen nach!
Greift euch die stäbe und spiesst sie auf!*
Sie hättens auch getan, diese tollwütigen weiber,
hätten wir nicht die füsse in die hand genommen!

Dafür gingen sie in der lichtung auf die herde los,
die am weiden war – ohne eine axt, mit blossen händen.
Eine sah ich im laufen, wie sie eine brüllende färse
an den beinen weit auseinanderspreizte und sie hoch
über den kopf hielt, andere, wie sie kühe stück um stück
zerrissen: ein paar rippen hier, ein huf dort, alles
flog nur so durch die luft, grosse brocken von fleisch,
die von den kiefernästen herabhängen, blut, wo man
hinschaut, dampfendes blut, lachen, breit im gras:
sie schoben sich die stücke in den mund und kauten
darauf herum, als wollten sie das fleisch roh fressen!
Und die bullen mit ihren hörnern – hände sind es, die sie
zu boden zwingen, weisse, zarte mädchenhände, hunderte
davon, die ihnen mit den krallen das fell abziehen
und das fleisch von den knochen reissen – schneller,
als ihr mit eurer königlichen wimper zucken könnt!

Dann wie ein rabenschwarm erst im wind steht,
bevor er herunterstösst, kamen sie
über unsre weizenfelder: Hysiai am fuss des berges
und Erythrai, das dorf, aus dem ich komme –
alle beide wurden sie verwüstet, geplündert
wie von einer feindlichen armee!
                        Sie holten sich die kinder
aus den häusern und setzten sie sich auf die schulter,
und über den rücken luden sie, was gerade herumstand

oder lag; ohne einen riemen bliebs dort hängen
und fiel nicht herab, nicht einmal gerät aus eisen!
Abend wars inzwischen geworden, aber diese szene
war gut zu sehen – beleuchtet von den flammen,
die blau um ihre haare züngelten: wie irrlichter, sag ich!

Die männer in meinem dorf, ausser sich vor wut, gingen
auf sie mit speeren los – doch die waffen schlugen ihnen
keine wunden; die Mänaden hingegen machten wieder
kehrt und schleuderten ihre stäbe:
sie trafen bis aufs blut, sie gingen durch sie hindurch
wie durch butter – das muss man sich erst mal vorstellen!
Dass die männer da die flucht ergriffen, war kein wunder.
Und doch: dass frauen gegen männer, gegen gestandne
männer, siegen konnten – da kann nur ein gott
dahinterstecken.
    Nun gut.
        Dann liefen sie dorthin zurück,
wo sie hergekommen waren, und wuschen sich in den quellen,
die ihr gott für sie entspringen liess, das blut vom körper ab;
und die schlangen leckten ihnen die wangen wieder rein.

Diesen gott, wer immer er auch sein mag, heisst ihn bloss
in unsrer stadt willkommen; seine macht ist grösser noch,
als ichs beschreiben kann – vor allem aber, so sagt man
unter uns bauern, ist er doch jener,
der den menschen sein blut schenkte als wein –
damit wir abends wieder vergessen können, wie erbärmlich
es uns geht, tag für tag: verbietest du ihn jetzt als gott,
verbietest du uns den wein damit – was bliebe uns dann?

PENTHEUS

Du stehst also auch schon im bann der Mänaden und ihres blutrauschs. Wir haben keine zeit mehr zu verlieren; wenn wir diesen brand nicht löschen, wird er auch noch den rest der stadt erfassen – und uns dem hohn ganz Griechenlands preisgeben.

zum
HIRTEN

Ab mit dir von der bühne, und lauf zum tor. Ich will die schildträger, die speerwerfer, reiter, bogenschützen, alle, die wir haben. Sie sollen antreten. Wir ziehen, wenns sein muss, gegen diese besessnen weiber auch in den krieg. Das geht zu weit, uns von den Bakchen erst belagern und dann aus dem feld schlagen zu lassen.

DIONYSOS

Hast du nicht gehört, was ich dir sagte? Pentheus – die pein, die du mir anzutun versucht hast, wird mich nicht abhalten, dich ein letztes mal zu warnen: bleib friedlich und ergreife nicht die waffen gegen einen gott. Dionysos wird es nicht zulassen, dass du die, die ihn anbeten, von ihrem heiligen berg vertreibst.

PENTHEUS

Sei still. Belehr mich nicht. Wenn ich dich schon entkommen liess und dir an deiner freiheit etwas liegt, halt endlich deine schnauze.

DIONYSOS

Ich an deiner stelle, als mensch gegen einen gott, ich würde mich im zaum halten und ihm lieber einen bock auf dem altar als alle deine männer opfern.

PENTHEUS

Opfern werd ich diese weiber, ich werd sie bluten lassen.

Dionysos

Sie werden dich in die flucht schlagen, und es wird heissen, ein haufen wild gewordner frauen hätte eine ganzes heer an stäben aufgespiesst.

Pentheus

Gibts denn kein mittel, ihm einen maulkorb anzulegen? Gleich um was es auch geht, er bellt einfach weiter! Gegen alle werd ich mich verteidigen! Wenns sein muss, auch allein!

Dionysos

Mein lieber – vielleicht gibts doch noch einen weg, die dinge zum guten zu wenden.

Pentheus

Wie soll das gehen? Soll ich mich etwa zum sklaven meiner eignen frauen machen lassen?

Dionysos

Indem *ich* die frauen zurückbringe, ohne gewalt.

Pentheus

Wo liegt jetzt da der hund begraben? Was für eine list führt er im schilde?

Dionysos

Die schilde, die will ich dir eben ersparen, indem ich meine ganze list aufbiete.

PENTHEUS

Dir geht es doch um etwas anderes; du paktierst mit den Mänaden.

DIONYSOS

Wenn ich einen pakt geschlossen habe, dann mit meinem Gott.

PENTHEUS

Bringt mir meine waffen! Halts maul! Wir werden es ja sehen.

DIONYSOS

Ah!
Sehen willst du sie also ... deine mutter, die frauen – wie sie alle am gipfel beisammen liegen?

PENTHEUS

Was? Sicher will ich. Es wär mir eine fette summe wert. Alles gold der welt würd ich dafür geben, um ihnen oben zuzuschauen!

DIONYSOS

Und woher plötzlich dieses pathos?

PENTHEUS

Pathos? Es würd mir davor grausen, diese vom wein zu furien gewordenen weiber zu beobachten.

DIONYSOS

Und würdest trotzdem noch vergnügen daran haben, ein tragisches spektakel zu betrachten? Lust am schmerz?

PENTHEUS

Als zuschauer, ja, in sicherer entfernung – wenn ich still hinten sitzen kann, irgendwo unter den pinien.

DIONYSOS

Selbst wenn du dich anschleichst, sie würden dich in deinem versteck aufspüren.

PENTHEUS

Da hast du recht. Besser, ich zeig mich offen.

DIONYSOS

Willst du, dass ich dich dorthin führe, jetzt gleich?

PENTHEUS

Ja, bring mich hin; lass uns nicht zeit verschwenden.

DIONYSOS

Dann musst du dir ein kleid anziehen. Eines aus leinen.

PENTHEUS

Ein *kleid*? Was meinst du mit einem kleid? Mich wie eine *frau* anziehen? In eine frau verwandeln?

DIONYSOS

Einen mann, den bringen sie um, wenn sie ihn sehen, nicht wahr?

PENTHEUS

Ja, genau. Du denkst an alles. Ich frag mich nur, warum?

Dionysos

Von Dionysos inspiriert – der uns alles eingibt.

Pentheus

Kann er dir auch verraten, wie die sache anzugehen wäre?

Dionysos

Komm mit ins haus. Ich helfe dir, dich umzuziehen.

Pentheus

Was, wieder die geschichte mit dem kleid? Auf keinen fall als frau. Ich würd mich in grund und boden schämen.

Dionysos

Willst du nun die Mänaden sehen oder nicht?

Pentheus

Wie soll ich mich denn verkleiden?

Dionysos

Zuerst binde dein haar auf und lass es lang über die schulter hängen.

Pentheus

Und dann?

Dionysos

Lässt du dir ein kleid bringen, das bis zu den füssen reicht. Und ein kopftuch.

Pentheus

Was noch?

Dionysos

Das fell eines hirschkalbs, das du dir umbindest, und einen thyrsos, den du dir machen musst.

Pentheus

Ich kann es einfach nicht, dieses frauenzeugs anziehen.

Dionysos

Willst du es lieber auf ein gemetzel ankommen lassen?

Pentheus

Du magst recht haben; klüger ist, sie erst auszuspionieren – oder?

Dionysos

Besser als mit gewalt nur wieder auf gewalt zu stossen.

Pentheus

Aber wie komme ich durch die stadt, ohne erkannt zu werden?

Dionysos

Wir halten uns an schleichwege. Ich gehe voraus.

Pentheus

Doch will ich auch nicht zum gelächter des chors deiner Bakchen werden; alles wär mir lieber, als ihnen diesen triumph zu gönnen. Ich gehe jetzt ins haus und komme in waffen wieder. Oder als frau.

geht ab

DIONYSOS

Tu das. Wie immer du dich entscheidest – ich erwarte dich.

zum
CHOR

Er wird kommen. Und durch seinen tod busse leisten. Dionysos, nah wie du bist, jetzt ists an dir. Wir werden uns an ihm rächen – zuvor jedoch musst du ihm die sinne noch ein wenig mehr verwirren, musst du ihn zum opfer seiner wahnvorstellungen machen. Bleibt er bei verstand, zieht er frauenkleider niemals an; er wird es erst tun, wenn ein anderer gewalt über ihn bekommt. Ich aber will jetzt ganz Theben über ihn lachen sehen, wenn wir so durch die gassen ziehen, demütigen will ich ihn für seine anmassung und die drohungen. Er geht in seinen tod, um einen gott zu sehen, Dionysos, der sohn des Zeus und der Semele, ein gott, der grausam sein kann gegen menschen, gnädig und gut.

geht ab; nur der CHOR *bleibt*

Drittes Standlied

Agaves Stimme

In der nacht,
    bald,
        barfuss die nacht lang ohne schlaf:
das weiss der fersen im tanz,
      das fahle leuchten der beine
        wie der mond im gras –
wird es sein?
    Wann? Wann?
Und dann ein klarer,
    harter morgen,
die arme ausgestreckt,
    der kopf in den nacken gelegt,
um mit der zunge dem blau
        am himmel entlang zu lecken;
  der tau,
    mit dem sich sein glas beschlägt.
Wie ein damkitz,
    das in eine lichtung tritt und immer
noch zu den bäumen äugt;
sein spiegel wie eine geöffnete hand,
    die fläche einer dargebotnen hand im laub;
wie ein damkitz,
    das den netzen entkam, den fallen,
        den schreien der jäger
und den hunden,
    die ihm nachhetzen,
        hechelnd, die läufe gestreckt:

    und es setzt über die felsen,
          gräben,
     im sand am flussufer entlang,
        die läufe stechend vor schmerz,
und es setzt über die felder,
            über den wind, in ein dickicht
   aus dunkel und licht:
             dieses glück,
alles hinter sich gelassen zu haben –
   ein setzling,
      der im unterholz austreibt,
        in einem wald von schatten und sonne,
die nassdunkle erde,
    das moos,
           die helle innenseite der blätter:
  dieses glück –
         ihn hinter sich gelassen zu haben,
den mensch.

Ti to sophon; e ti to kallion
          para theon geras en brotois…
Welches gebet
    weise nennen,
        welches gebet richtig?
Welches geschenk der götter
         an uns
            ist schöner als:
mit der hand
    am haupt eines feindes
        noch innezuhalten.

Ich habe lange genug in das dunkel gestarrt,
                            nacht für nacht,
          zwölf monate für dreizehn monde;
nacht für nacht,
              die sternbilder der tiere,
     dieser kreis hoher herrscher,
                            nacht für
          nacht ein wenig früher,
um das zurückzuhalten, worauf ich warte –
                            ohne hast
kommen sie über ein hartes herz,
                    das im wahn zurückhält,
          woran es den göttern liegt:
              an ihrer höhe
                      liegt es ihnen,
     die zeit als ihr gesetz,
              das uns ihnen aussetzt.
Und nicht die gebräuche zu verletzen:
              die götter nicht zu versuchen;
     und für sie einen stein auf den anderen
          zu geben.
Man hört ihren schritt nicht,
              sieht keine spur:

Diese grenze nicht zu überschreiten,
          wer immer die götter auch sind,
    ist im laufe des lebens,
       zu recht oder unrecht,
           gesetz geworden
              und wurzelt in der natur;
oder:
         es kostet nicht viel, sie einzugestehen –
      die macht der götter,

über worüber auch immer;
die gesetze gewinnen an macht nur über die jahre:
die gewohnheit wird zur natur.
So verlieren sich worte
      in unserem fleisch und blut;
                    wie vieles andere
        auch,
    widersprechen sie sich,
        widersprechen sich gesetz und natur,
                    meine natur.

Ti to sophon; e ti to kallion
            para theon geras en brotois …
Welches gebet
    weise nennen,
        welches gebet richtig?
Welches geschenk der götter
            an uns
                ist schöner als:
mit der hand
    am haupt eines feindes
        noch innezuhalten.

Und der mond,
        der kommt und geht –
      ermüdend,
        wie das meer vom ufer aus zu betrachten,
die gezeit,
      die sich wendet und kehrt,
            kehrt und wendet:
    vielleicht kommt sie nie.

Glücklich der,
        der dem sturm entgeht
                und den hafen erreicht,
    glücklich der,
        der den schmerz bereits hinter sich liess
wie eine fährte im sand,
            den schritt, den die wellen
      nach jedem schlag
              wieder zum ersten machen;
glücklich der,
      der tag um tag
             im gang des wassers
     sein glück zu leben versteht.

Vierte Episode

Dionysos
tritt auf,
Pentheus
nach ihm

Tritt heraus, Pentheus, wenn du noch sehen willst, was zu sehen verboten ist, wenn du immer noch danach strebst, wonach man nicht streben soll; komm, Pentheus, zeig dich dem publikum, in deiner ganzen pracht – nicht einmal deine mutter würde dich in dieser tracht erkennen.

Pentheus

Als wären ... zwei sonnen seh ich am himmel. Und Theben doppelt. Jedes seiner sieben tore mehrfach.
Und du, wenn du so vor mir gehst, erscheinst mir wie ein stier. Hörner sind dir gewachsen. Und ein schwarzes fell. Warst du schon vorher so? Nüstern? Wie ein bulle siehst du aus.

Dionysos

Der gott ist also mit uns; er lächelt, wo er vorher die stirne runzelte. Alles nur für dich. Du siehst nun, was du sehen musst.

Pentheus

Wie sehe ich jetzt aus? Gehe ich mehr wie Ino, oder wie Agave, meine mutter?

DIONYSOS

Du bist ihnen wie aus dem gesicht geschnitten. Da sind dir ein paar locken verrutscht; ich hab sie dir doch unters kopftuch geschoben.

PENTHEUS

Das muss passiert sein, als ich drinnen meine neue rolle probte und den kopf hin und her schüttelte, wie eine Bakchantin, wenn sie tanzt.

DIONYSOS

Ich muss wohl besser auf dich aufpassen. Halt den kopf gerade. Jetzt ist es wieder, wie es sein soll.

PENTHEUS

Ich gebe mich wirklich ganz in deine hand.

DIONYSOS

Auch dein gürtel könnte besser sitzen. Und das kleid; es fällt nicht richtig über deine knöchel.

PENTHEUS

Links schon. Aber wie ich über die schulter sehe, hängt es rechts noch hoch.

DIONYSOS

Keiner deiner freunde würde mehr tun für dich. Du wirst das kleid gar nicht mehr ausziehen wollen. Du wirst sehen, die Mänaden sind nicht so, wie du glaubst.

PENTHEUS

In welcher hand hält man den thyrsos, der rechten, der linken? Wie gehört es sich?

DIONYSOS

In der rechten. Und du hebst ihn zugleich mit dem rechten fuss. Ich bin froh, dich so ... verwandelt vorzufinden.

PENTHEUS

Ich fühle mich, als könnte ich den Kithairon auf die schulter nehmen, und mit ihm alle Mänaden.

DIONYSOS

Warum nicht, wenn dus willst. Vorher warst du von allen guten geistern verlassen; nun hast du vernunft angenommen.

PENTHEUS

Soll ich einen baumstamm nehmen und die welt aus ihren angeln heben, oder genügt ein arm und die schulter, um den gipfel hochzustemmen?

DIONYSOS

Um die Grazien von ihrer höhe und Pan aus seiner höhle zu vertreiben? Lass den berg, wo er ist.

PENTHEUS

Hast recht. Mit gewalt hat man bei frauen noch nie etwas erreicht. Ich versteck mich besser hinter den bäumen.

DIONYSOS

Du wirst den passenden platz schon finden, wenn du den Mänaden nachstellen will.

PENTHEUS

Ich stell mir vor, was sie dort so alles treiben. Wie die spatzen. Schnäbelnd in ihrem liebesnest.

DIONYSOS

Darum luchst du ihnen nach. Du willst sie doch nur überwachen. Vielleicht fängst du sie dann auch – wenn sie nicht vorher dich erwischen.

PENTHEUS

Los, gehn wir. Aber nicht hinten herum, sondern quer über den platz. Ich bin manns genug, der einzige mann, sich das zu trauen.

DIONYSOS

Du allein nimmst die last ganz Thebens auf dich, du allein. Alles, alles erwartet dich. Komm, ich bring dich sicher hin; zurückbegleiten wird dich ein andrer.

PENTHEUS

Meine mutter – ja?

DIONYSOS

Alle werden dich sehen und auf dich zeigen.

PENTHEUS

Darum geh ich hin.

DIONYSOS

Auf händen wirst du getragen werden.

PENTHEUS

Was könnte ich mir schöneres wünschen?

DIONYSOS

In den armen deiner mutter.

PENTHEUS

Du zwingst mich ja dazu, mich verwöhnen zu lassen.

DIONYSOS

In gewissem sinne.

PENTHEUS

Aber ich hab es mir verdient.

geht ab

DIONYSOS

Erstaunlich, wirklich erstaunlich, wie er das alles aufnimmt, und noch erstaunlicherem geht er entgegen, einem ende, das seinen ruhm in den himmel hebt. Der letzte akt wird alles zeigen. Agave, breite deine arme aus, er kommt. Und Dionysos wird hoch über allem stehen.

geht ab; CHOR *bleibt*

Viertes Standlied

Chor

Legt die larven aus leinen ab und hängt sie
an den pflock, legt die larven ab
und schwärzt euch
die gesichter,
schwärzt die gesichter
mit dem russ des feuers,
färbt die wangen mit der hefe des weins.

Kommt in die mitte der bühne, in die mitte
        des tanzplatzes, kommt zum altar,
            um den wir uns drehen
                im kreis,
            und nehmt das fell
        eines schwarzen bocks,
nehmt die hörner und die gespaltenen hufe.

Lasst uns diesen bock einem gott opfern,
sein schwarzes fell und
sein rotes fleisch,
opfern wir sie
unserem gott, lasst ihn bluten
und legt sein fleisch in das feuer,
dass der rauch hinauf zu unserem gott steigt.

Lasst uns diesen bock einem gott opfern,
sein schwarzes fell und
sein rotes fleisch,
opfern wir sie
unserem gott, lasst den rauch
brennenden fleisches aufsteigen
und stimmen wir ihn an, den bocksgesang.

Nehmt diese maske aus marmor und hängt
sie an den pflock, diese maske
aus marmor, deren züge
noch nicht
herausgehauen wurden
und die doch für uns lächelt,
das lächeln, das uns fort aus uns nimmt.

Nehmt diese maske aus marmor und hängt
sie an den pflock, ihr lächeln,
das lacht wie wir
vor angst
und im tod, ihr lächeln,
das das lachen unseres fleisches ist,
die lächelnde wunde zwischen den beinen.

Nehmt diese maske aus marmor und hängt
sie an den pflock, die maske,
deren lächeln noch
nicht aus dem stein geschlagen ist,
das lächeln, das uns
im lachen die glieder löst
und uns bis hinauf zu den göttern trägt.

Kommt in die mitte der bühne, in die mitte
des tanzplatzes, kommt zum altar,
um den wir uns drehen
im kreis,
legt eure larven ab
und schwärzt die gesichter,
schwärzt sie mit russ und der hefe des weins.

Nichts ist entweder wahr nur oder falsch:
mit unserer larve sprachen wir
beides und die worte
hoben es
wieder auf: wie die larve ist
auch die wahrheit eines und beides;
die wahrheit liegt in dem, was wir werden.

Was aussen im marmor ein mund und auge
und wangen ist, wird innen
im hohl zu den zügen
des gottes –
Dionysos, der die kehlung
mit seiner stimme ausfüllt,
Dionysos, der durch uns hindurch spricht.

Agaves
Stimme

Nehmt diese maske aus marmor und hängt sie an den pflock,
der schatten, den der pflock als kreis auf das feld wirft,
der pfahl, um den sich ein rebstock rankt,
die rebe, in deren ranken die sonne nun hängt,
der himmel, der sich langsam von der erde ablöst,
jetzt, wo die dämmerung am berg liegt,
die sonne, wie eine traube unter blättern des weins,
eine traube, die vor saft anschwillt, bis sie platzt,
ein rotes schwelen, unter den piniennadeln und zweigen.

Und die bäume werden in diesem feuer stehen,
das holz der pinien wird in flammen aufgehn,
und das harz der zweige wird brennen,
und mit der fackel wirst Du uns
zurück in den reigen treiben.

Fünfte Episode

Chor

Er Ist, Der Er Ist, Dionysos, Der, Der Er Ist:
der Dithyrambos unsres weihegesangs,
Bromios, der brand unseres körpers,
Evios, das gellen der zunge,
Iakchos, ihr lallen und
stammeln hinaus
in die nacht,
Bakchos,
der wein,
Bakchos,
in die nacht
hinaus lallend
und stammelnd, Iakchos,
der zunge ihr gellen, Evios,
unsrem körper der brand, Bromios,
der weihegesang unsres Dithyrambos,
Ist Er Der, Der Dionysos Ist, Er, Der Er Ist.

Und süss ist er anzusehen, wie er mitten
in unserem kreis zu boden sinkt,
gierig auf das blut des bocks,
das glück rohen fleisches,
Dionysos.

Sklave
tritt auf

CHOR

Kommst du vom Kithairon? Bringst du neuigkeiten?

SKLAVE

Pentheus ist tot.

CHOR

Dionysos, gott, gross hast du dich gezeigt, gnädig dich offenbart!

SKLAVE

Was habt ihr gesagt? Ihr freut euch noch darüber? Ihr singt lieder und unser könig ist tot?

CHOR

Nicht unser könig. Es ist nicht unsere sprache, nicht unser land. Jetzt endlich sind wir frei, von jeder verfolgung befreit.

SKLAVE

Glaubt ihr, es gäbe keine männer mehr in der stadt?

CHOR

Dionysos ist es, der über uns herrscht, nicht Theben – Dionysos.

SKLAVE

Mag sein. Aber das gibt euch nicht das recht, euch am unglück der anderen zu ergötzen ... das darf nicht sein.

CHOR

Erzähl uns, erzähl uns alles – erzähl, warum, wie er gestorben ist, Pentheus, der despot.

Zweiter Bericht

Sklave

Wir hatten die letzten häuser Thebens hinter uns
gelassen, den fluss überquert, an den verwüsteten
dörfern am fuss des berges vorbei, und kletterten
dann auf der davon abgewandten seite zum Kithairon,
über geröll und halden die flanke hoch: nur Pentheus,
ich, hinter meinem herrn, und dieser fremde,
der uns voranging; oben angekommen auf der ebene,
hielten wir erst einmal rast, im gras, wo eine mulde war.
Wir passten auf, keinen stein mit unseren schritten
ins rollen zu bringen, krochen mehr als wir gingen
und sprachen leise, nicht mehr als unbedingt notwendig,
um uns nicht zu verraten und entdeckt zu werden.

Es gibt da ein schmales tal, zwischen steilen flühen,
über die ein bach fällt, bevor er sich durch die felsen
schneidet und um eine senke schliesst – und dort,
neben einem schneefeld, im wald, sassen sie, die Bakchen,
ihre hände damit beschäftigt, einen kranz efeu
für den thyrsos neu zu flechten oder pinienzapfen
für die spitze einzusammeln; andere, übermütig
wie fohlen, denen man das joch abgenommen hat,
sangen heilige lieder, auf die die übrigen antwort gaben.
Pentheus aber sah nichts davon, er war mit blindheit wie
geschlagen und beklagte sich bei unserem führer, dass er sie,
von dort, wo er stand, nicht zu gesicht bekomme.
Um die orgien dieser, wie er sagte, von einem dämon
besessnen frauen sehn zu können, wollte er auf eine pinie

klettern, die an einem vorsprung oben in der wand aufragte,
hoch wie die sonne; und dann sah ich diesen fremden
etwas tun, was ich nicht mehr vergessen kann: er griff sich
die grüne krone dieser pinie, so, aus dem stand, und zog
sie einfach nieder, herunter bis zur erde, zu uns,
in den schatten; sie bog sich, wie ein bogen, den man
hart zur sehne spannt, oder als würde sich ein pflock
auf einmal biegen, vom zug des seils, das man an ihn
band, um kreise in den sand zu ziehen – genauso krümmte
sich der baum, als der fremde ihn in beide hände nahm;
keinen gibts, keinen, der sterblich ist, dem so etwas gelänge.
Dann setzte er Pentheus unten in den wipfel und liess
die äste wieder los; er liess sie zwischen den fingern
hindurchgleiten, langsam und voll bedacht, dass Pentheus
von ihr nicht etwa emporgeschleudert werden würde.
Unmerklich stieg der stamm der pinie höher, bis er,
gerade und ausgesetzt wie zuvor, gegen die wolken stand:
Pentheus, mein herr, rittlings auf ihr sitzend –
besser sichtbar für die Mänaden als sie für ihn.
Gerade als seine silhouette langsam deutlich wurde,
kam eine stimme aus dem himmel – Dionysos,
nehme ich an; der fremde selbst war wie vom erdboden
verschluckt – und dröhnte in die vollkommene stille:
Frauen, hier ist der mann, der euch verspottet, euch,
mich und meine heiligen riten. Bestraft ihn.
Und im gleichen augenblick, als die stimme zu hören war,
spaltete ein blitz die wolken und band mit seinem
schwarzen feuer himmel und erde aneinander.
Danach kein laut mehr – in der lichtung
kein blatt, das noch geraschelt hätte, kein tier,
kein vogelschrei, kein geräusch mehr, nichts.

Die frauen, sie hatten die worte nicht genau gehört,
standen auf und blickten überrascht um sich;
kurz darauf liess die stimme sich ein zweites mal
vernehmen.
    Nun begriffen Kadmos' töchter,
was Dionysos verlangte; wie raben plötzlich auffliegen,
so schwärmten sie aus – die Mänaden ihnen nach,
über felsbrocken und durch die schlucht, rasend
und beseelt von diesem gott.
      Dann, als sie meinen herrn
erblickten, wie er weit oben kauerte auf seinem baum,
erkletterten sie eine felsnadel, die vom vorsprung
bis fast an den abgrund reichte, und bewarfen ihn
von da mit steinen, schleuderten ihren thyrsos auf ihn
oder nahmen sich abgebrochne äste, die am boden lagen,
und warfen sie, wie lanzen, auf ihn;
doch jeder wurf ging fehl: die pinie war schlicht
zu hoch für ihren eifer – und die ganze zeit über
sass Pentheus ohnmächtig in der weit ausladenden krone
des baumes – in seiner hilflosigkeit tat er mir unendlich leid.

Als nächstes brachen sie, es ging wie im flug, alle äste
der eiche daneben ab und versuchten damit die pinie
an der wurzel auszuhebeln – als auch dies vergeblich blieb,
rief Agave laut, die Mänaden sollten sich im kreis
um den baum aufstellen und alle miteinander hand anlegen;
sie müssten das tier, das im wipfel dieses baumes
höher nicht mehr klettern konnte, fangen –
sonst wäre das geheimnis ihres tanzes für den gott
ein für alle mal verraten.
      Hundert hände schlossen sich
um den stamm, wie um einen pflock auf einem feld,
und hoben ihn an den wurzeln aus der erde.

Und Pentheus – er verlor den halt an dem ast,
an den er sich geklammert hielt, und fiel wie ein stein
zur erde, in einem endlos langen schrei, als hätte er nun
erst begriffen, welches ende ihm bevorstand.

                                             Seine mutter
stürzte sich wie eine priesterin des todes zuerst auf ihn;
Pentheus riss sich das kopftuch herunter und die maske,
um ihr sein gesicht zu zeigen – damit sie ihn wiedererkennen
und von ihm ablassen würde.
                          Mutter, schrie er und berührte
ihre wange mit der hand, ich bin es, Pentheus,
dein eigener sohn, mutter, erbarme dich, mutter,
ich hab gefehlt, aber ich bin immer noch dein sohn,
mutter; lass mich leben, lass mich am leben!

                                *A*GAVES
                                Stimme

                                   Agave
stand der schaum vorm mund, die augen rollten
in den höhlen; sie war nicht bei vernunft,
sondern besessen von ihrem gott und hörte
weder auf sein betteln noch auf sein flehn.
                                     Sie ergriff
seinen arm, zwischen ellbogen und gelenk,
setzte ihren fuss auf seine rippen und riss ihn
an der schulter aus – die kraft dazu kam
nicht von ihr, sondern von dem gott, der in ihr war,
und das machte es leicht.
                        Und Ino zerrte
auf der anderen seite und brach ganze hände voll
aus seinem fleisch, und neben ihr Autonoe,
die ganze rasende schar von frauen.

Sklave

Ein einziger,
durchdringender schrei erhob sich aus ihrer mitte –
Pentheus, der brüllte, solange noch atem in ihm war,
die frauen, gellend in der ekstase. Eine riss
den linken arm aus, eine den rechten fuss, den schuh
noch daran festgebunden; von den rippen zogen sie
ihm das fleisch und schälten es mit den fingernägeln
von den knochen, bis sie weiss hervorstanden,
und alle hatten blut an ihren händen, dick beschmiert
von dem gemetzel; sie schmissen mit den brocken
fleisch, sie warfen sie sich gegenseitig zu, wie bälle.
Sein körper liegt nun weit verstreut, teils unter felsen,
teils im unterholz oder im schnee.
      Seinen kopf jedoch
trägt jetzt Agave, auf den thyrsos aufgespiesst – sie trägt
ihn über die wiesen des Kithairon, so, dass ihn alle sehn,
und denkt, es wär der schädel eines luchses.
        Ihre schwestern
blieben bei den Mänaden; sie selbst ist auf dem weg hierher,
unbändig über ihre beute jubelnd, nach Dionysos rufend.
Sie nennt ihn ihren jagdgefährten, ihren spiessgesellen;
aber Dionysos schenkt ihr nur tränen als lohn fur ihren sieg.

Ich muss jetzt gehen, mir einen platz suchen, weit weg
von diesem grauen, bevor Agave zurück nach hause kommt;
ich könnte ihren anblick nicht ertragen.
      Demut, glaube ich,
ist das beste. Und sie ist alles, was einem menschen zusteht;
die will ich nicht verlieren.

     geht ab

Auszug

Chorführer

Lasst uns tanzen für Dionysos; lasst uns Pentheus' tod besingen, Pentheus, der mit dem thyrsos seinen sicheren tod umklammert hielt, den von efeu umrankten, mit der frucht der pinie gekrönten stab! Pentheus, der als stier dem stier geopfert wurde!

Lasst uns tanzen für Dionysos; lasst uns den sieg von Kadmos' töchtern singen, lasst uns ein hoheslied auf ihren jubel und triumph anstimmen und ein klagelied auf ihren schmerz und die tränen, unter denen dieser sieg das licht erblickte! Die hand der mutter als blutige wiege ihres sohnes!

Hier kommt sie gelaufen, Agave, Pentheus' mutter, brust und wangen voller blut, der blick ganz irr, die lippen glücklich lächelnd!

Heisst sie willkommen!

Kalos agon, cher' haimati stazousan peribalein teknou. Ev-hoi! Ev-hoi! Ev-hoi!

Agave
tritt auf,
Pentheus'
kopf in der hand

Ihr frauen, ihr fremden frauen, ihr Bakchen, gefolge des Dionysos aus dem Osten…

Chor

Was willst du von uns?

AGAVE

Schaut, was ich vom berg gebracht hab. Frisch abgebrochene weinranken, für unsere hallen, von unserem gott geweiht; er hat die jagd gesegnet.

CHOR

Ich sehs … lass dich in unsren kreis aufnehmen.

AGAVE

Ich fing ihn, ohne netz und ohne fallen. Schaut: ein luchs, ein junger noch.

CHOR

Wo? Wo war es?

AGAVE

Am Kithairon …

CHOR

Kithairon?

AGAVE

Der Kithairon hat ihn zur strecke gebracht.

CHOR

Wer hat ihn erlegt?

AGAVE

Ich war es; mein privileg wars, die erste zu sein. Die anderen nannten mich dafür gesegnet.

CHOR

Welche anderen?

AGAVE

Kadmos' ...

CHOR

Kadmos?

AGAVE

töchter, meine schwestern, aber nachher – erst nach mir legten sie hand an ihn. Die jagd war glücklich! Kommt, nehmt teil an unserem fest!

CHOR

An einem fest teilnehmen sollen wir, du arme kreatur?

AGAVE

Das kälbchen war noch jung; es spriesst ihm gerade erst der flaum unter der schnauze und das fell am nacken.

hält ihn, dass nur der hinterkopf zu sehen ist

CHOR

Der mähne nach könnte es ein wildes tier sein.

AGAVE

Dionysos hat uns auf seine spur gesetzt.

CHOR

Dionysos, der jäger.

AGAVE

Wir preisen ihn.

CHOR

Wir preisen ihn.

AGAVE

Ganz Theben wird es.

CHOR

Und Pentheus …

AGAVE

wird seine mutter dafür loben, dass sie dieses wild erlegt hat.

CHOR

Eine seltne beute.

AGAVE

Eine seltene beute.

CHOR

Du bist glücklich?

AGAVE

Ausser mir vor glück, grosses habe ich vollbracht, für alle offenkundig.

CHOR

Dann zeig uns, arme Agave, zeig uns die trophäe; zeig sie der ganzen stadt.

AGAVE

Bürger von Theben, kommt, schaut

euch meine beute an, Kadmos' töchter haben dieses wild erjagt, ohne netze, ohne einen spiess. Da schaut ihr! Wozu noch speere schmieden? Wir brachten dieses wild zur strecke und zerfleischten es mit blossen händen! Wo ist mein vater? Holt den alten Kadmos her. Und wo ist Pentheus, mein sohn? Sagt ihm, er soll mit einer leiter kommen. Er soll die trophäe an den fries der palastmauer nageln, diesen luchs, den ich erlegt und nach hause gebracht habe.

KADMOS
tritt auf;
soldaten bringen
PENTHEUS' leiche

Stellt die bahre hin, legt diese bürde ab vor der tür seines hauses, das, was mein armer Pentheus war. Was noch von seinem körper übrig ist, lag auf den felsen des Kithairon, unter bäumen und im schnee verstreut. Und alles blutbespritzt ...
 Ich war kaum mit Tiresias zurück von den Mänaden, da wurde die nachricht von der schrecklichen tat meiner töchter überbracht, und ich kehrte auf der stelle dorthin zurück, wo ich meinen Pentheus so zerstückelt vorfand. Aktaions mutter, Autonoe, war dort, und die Ino, alle beide vollkommen umnachtet; sie lagen teilnahmslos unter den bäumen. Agave dagegen, wurde mir gesagt, wär nach Theben hinabgelaufen, im triumph ...
 Da steht sie jetzt auch; ein erschütternder anblick – wie soll ich ihr begegnen? Ich kann nicht hinsehen; es bricht mir ein zweites mal das herz.

AGAVE

Vater, da bist du endlich! Du kannst überall nun laut damit angeben, was man dir für töchter geboren hat, tapferer als die söhne andrer; du kannst wirklich stolz auf uns sein, auf uns alle – und auf mich ganz besonders. Ich wusste schon immer, dass der herd und die ganze weberei nichts für mich waren – stell dir vor, ich bin auf die jagd gegangen – und das, ohne eine waffe, nur mit blossen händen. Vater, schau, was ich erlegt habe! Mir ganz allein steht die trophäe zu – und ich will, dass man sie jetzt sofort über den türsturz hängt. Da, nimm sie! Und ruf alle zu einem grossen fest zusammen!

KADMOS

Das leid ist nicht mitanzusehen. Ich weiss nicht, was mich mehr erschüttert, mein schmerz oder der schmerz, den du dir selber angetan hast. Ein opfer hast du den göttern zur schlachtbank geführt – und das willst du uns nun zum festmahl vorsetzen, mir und ganz Theben?

AGAVE

Was für ein übellauniger mensch mein vater geworden ist; verbittert und bösartig! Ich würd mir wünschen, mein sohn wär so ein jäger wie seine mutter geworden und würde mit seinen kameraden öfter hinausziehen; aber *er* kann nur mit den göttern kämpfen. Du musst unbedingt versuchen, ihm das auszutreiben – wo steckt er denn bloss? Er soll mich doch so sehen, wie ich dastehe, auf dem gipfel meines glücks, diese trophäe hier im arm.

KADMOS

Agave, ach, Agave. Jetzt verstehe ich. Und der schmerz erst, wenn dir aufgeht, was du getan hast! Wie schrecklich wird es sein für dich – mag sein, es wäre richtiger, dich in diesem zustand zu belassen; doch besser, du begreifst durch mich als, später, von allein dein unglück.

AGAVE

Warum sollte ich nicht glücklich sein? Was für einen grund zu klagen hätte ich?

KADMOS

Komm her, Agave. Schau zum himmel hinauf.

AGAVE

Was soll dort oben sein?

KADMOS

Sieht er noch so aus wie zuvor, oder hat er sich verändert?

AGAVE

Ein bisschen heller ist er geworden, offener vielleicht.

KADMOS

Und in deinem kopf, dieses, wie soll ich sagen ... als ob etwas dir mit flügeln innen an die stirn schlägt – ist es noch da?

AGAVE

Ich weiss nicht, was du meinst; aber ja – ein wenig anders geht es mir, wenn du den arm so um mich legst. Ich fühl mich wacher, klarer.

KADMOS

Wenn ich dir eine frage stelle, kannst du dann eine klare antwort geben?

AGAVE

Ja ... schon. Nur dass ich mich nicht mehr daran erinnern kann, wovon wir eben sprachen.

KADMOS

Als du geheiratet hast – in wessen haus bist du geführt worden?

AGAVE

Das von Echion; aber er starb bald.

KADMOS

Wie hiess der sohn, den du von Echion bekommen hast?

AGAVE

Pentheus; seine geburt werd ich nie vergessen.

KADMOS

Ja. Und was für einen kopf hältst du da im arm?

AGAVE

Den eines luchses – so haben die frauen gesagt, als wir ihn gejagt haben.

KADMOS

Schau genau hin. Es ist nicht so schwer.

AGAVE *schreit*

Was halte ich? Was ist das für eine larve in meinen händen?

KADMOS

Schau genauer hin; diese larve – welche züge zeigt sie?

AGAVE

Ich – oh! Ich sehe einen fürchterlichen schmerz, ich seh mein ganzes elend.

KADMOS

Sieht es noch wie ein luchs aus?

AGAVE

Nein, nein, nein! Das ist Pentheus' gesicht, sein kopf, den ich in händen halte.

KADMOS

Wir haben um ihn geweint, noch bevor du wusstest, wer er ist.

AGAVE

Wer hat ihn so zugerichtet – wie kam er in meine hände?

KADMOS

Das willst du gar nicht wissen, die wahrheit wäre …

AGAVE

Sag es mir – mein herz klopft so … sags mir, bevor ichs ahne.

KADMOS

Du warst es, Agave; und deine schwestern. Du hast ihn getötet.

AGAVE

Wo, sag mir wo! Hier, im palast?

KADMOS

Dort, wo auch Aktaion zerrissen wurde, Autonoes sohn.

AGAVE

Auf dem Kithairon … aber was hat mein armer junge dort gemacht?

KADMOS

Er ging hinauf, um Dionysos und seine mysterien zum gespött zu machen.

AGAVE

Doch wir, was wollten wir auf dem Kithairon?

KADMOS

Du warst von Dionysos besessen; ganz Theben war in seinem bann.

AGAVE

Dionysos war es, der uns zerstört hat …

KADMOS

Ihr habt euch gegen ihn vergangen, ihn nicht anerkannt als gott. Ihr habt ihn beleidigt, ihn und seine mutter.

AGAVE

Vater, vater, wo ist der leichnam meines sohnes?

KADMOS

Hier. Was ich finden konnte, habe ich zurückgebracht.

> AGAVE
> *betrachtet den kopf*
> *in ihrem arm und legt*
> *ihn auf die bahre*

Dionysos muss ihn mir in den arm gelegt haben. Als sollte ich ihn darin wiegen. Doch was hatte Pentheus nur mit alledem zu tun?

> KADMOS

Er war wie du; auch er hat keine ehrfurcht vor dem gott gezeigt; darum hat er ihn gerichtet, und dich und mich, uns alle. Ich hatte keinen sohn mehr – und nun ist auch der deine tot.
Dionysos hatte ein recht auf rache, doch kein recht, so weit zu gehen; es ist auch seine familie, die er zerstört.

> *zur bahre gewandt*

Du hast über Theben geherrscht, hast gut geherrscht, auch wenn du noch kein rechtes mass gefunden hattest – der schrecken der stadt, das warst du manchmal – meist; dadurch aber hat es niemand gewagt, gegen mich alten mann sich zu vergehen.
Jetzt bleibt mir nichts als bitterkeit und verbannung – mir, Kadmos, dem die götter seine hochzeit zum geschenk machten, ich, Kadmos, der euch ein guter könig war und die schrift euch lehrte, Kadmos, der Theben gegründet hat …
Ich habe dich geliebt, als wärst du mein sohn. Wie oft hast du mir an den bart gegriffen, den arm um mich gelegt und gesagt: ›Wer hat dich beleidigt oder dir unrecht getan? Verrat mir, wer dir keine ehre bezeugt hat. Nenn mir seinen namen, und ich werd ihn bestrafen, hart bestrafen … *vater* …‹
Alles, was ich jetzt noch zu erwarten habe, ist schmerz; du, die gnade des todes; deine mutter nur tränen – unglück über unsere familie. Mag sein, dass diese qual

uns sterblichen göttlichkeit verleiht – doch was kann göttlich sein an einem gott, der im zorn mit den menschen wetteifert? Es ist nur eines, das ich diesem gott missgönne, das elend nicht mitanschauen zu müssen.

geht ab

AGAVE

Was ich sah, hab ich nicht gesehen; was ich bin, ist eine andere als die, die ich war. Vater, siehst du, wie alles, was ich war, sich verkehrt hat – ich, die mutter eines königs und eines königs tochter, an einem einzigen tag – wie sich die ganze welt auf den kopf gestellt hat.

Was bleibt mir noch an ehre, ausser tote zu ehren und über meinen sohn zu wehklagen; diese hände, die ihn getötet haben, meine hände müssen ihn nun auch begraben.

           DIONYSOS
           tritt maskiert am
           theologeion auf

Berühr ihn nicht – es war der zorn eures gottes,
der ihn getötet hat; der fluch, der auf ihm liegt –
nur ein gott kann ihn wieder von ihm nehmen:
das recht der toten bestimmt er allein.
                        Wer könnte es
auch wagen, ihn jetzt noch zu begraben?
                              Niemanden
gibt es in ganz Theben, der sich nicht an ihm
vergangen hat; an den händen deiner schwestern
klebt dasselbe blut wie an deiner hand – blut des blutes,
das du geboren hast, fleisch von deinem fleisch.

Die macht von göttern, sie mag im schrecken liegen,
den sie erwecken; doch nichts ist ungeheuerlicher
als der mensch; im masslosen liegt seine ganze kunst.

           AGAVE

Doch wer soll ihn aufbahren, um ihn dir ein zweites
mal zum opfer darzubringen, wer für ihn das grab
bereiten – wenn nicht seine mutter,
von der alles übel ausging?
Lass mich abschied nehmen
von meinem sohn, meinen abschied – das einzige recht,
auf das wir menschen anspruch haben, ist das recht,
die toten noch einmal den göttern abzutrotzen:
erst das leiht den gesetzen, *ihren* gesetzen, gültigkeit –
was wären sie denn ohne uns?
                        Wir sind es,
die ihren worten einen körper geben, blut und fleisch,

sonst bliebe nur ihr schweigen:
                        ein fremder wille,
starr in mir wie eine dünn geschliffne schneide
in einer ledernen scheide.
                        Eine verborgne klinge.

Aufstehn werde ich und gehen – gehen, um in der unrast
die stiche in meinen gliedern nicht mehr zu spüren.
Keine träume, kein schlaf mehr – nur diese angst,
hoch oben hier im hals, wie ein verlangen:
                                 der tod
ist mir bestimmt und mit dieser gewissheit
auch das ungeheuerliche wissen
um seine masslosigkeit – die nichts ist
als bloss begierde, aufzubegehren gegen einen gott:
um mensch zu sein.
                  Wozu noch wehklagen,
ausser, um tote zu besänftigen? Singen ist gut, ist gut
gegen diese angst – doch wenn ich nun singen wollte,
würde mir der atem stocken und das weinen
in mir aufsteigen.
                Wozu es niederhalten?
Um die götter zur stille zu verdammen.

Das haus liegt in schutt und asche,
der rechtmässige könig vor dir in stücken, alles,
was glanz war, ordnung und mir halt, zerstört – alles.
Ich werde meinen sohn ein einziges mal noch ansehn:
lass mich.
              Und: lass mich aus.

DIONYSOS

Die soldaten, wenn sie sich noch befehlen lassen
von euch, sie werden Pentheus vor die stadt tragen,
vor das tor, hinaus aufs feld, und für ihn nichts
als einen pflock in den acker schlagen: die ewigkeit
der erde ist eine andere als die des steins.

geht ab

AGAVE
DIONYSOS
nachschauend

Lass die sonne aus dem osten steigen und sie
an den kronen der pinien in brand geraten; lass
den nord seine brandung gegen die klippe der berge
schlagen und den schwarzen sand vom grund
der see aufwühlen – das werd ich alles in mir tragen:
man wird an den himmeln krank. Und am dunkel.
                                                             Lass
mich, kind, dich ein letztes mal noch sehen – sehen,
wie du bist und wie du warst, wie du für mich warst.

Agave

Mein kind. Kind.
       Wie soll ich um dich trauern? Wie menschlich wäre es und dennoch … doppelt grausam, würde ich dich nun beweinen – jene tränen weinen, die einmal von dir auf mein gesicht gefallen wären … Ich werde sterben, ohne dass jemand um mich klagen wird, ohne zu wissen, wer *mein* ende zu ertragen hat.
       Es ist gerecht. Mein hochmut hat sich dem gott verweigert. Doch diese gerechtigkeit – sie richtet nicht. Für gleiches, für das gleiche vergehen bist auch du bestraft worden – und hast mit mehr bezahlt, als du jemals besessen hast. Doch weil auch du an deinem tod gelitten hast, wirst du mir verzeihen – verzeihen, was ich getan habe, als ich nicht ich war. Und verzeihen – obwohl man dafür auf mich zeigen wird –, was ich tun will.
       Deine glieder will ich wieder zusammentragen, deinen körper neu versammeln, zu einem ganzen, jeden teil von dir, als würdest du nur schlafen, und ich mit den lippen dich berühren.
       Hier, wo deine rechte hand nun liegen muss.
       Da die linke, die den zügel hielt.
       Hier ein teil des rückens … Doch wie viel fehlt, um das ich nicht trauern kann.
       Wohin gehört dieses stück, das von wunden übersät ist?
       War das der arm, den ich dir zuerst ausriss?
       Wie vollkommen dein körper war! Wie du gingst.
       Wer war es, der dir den schenkel aufschlitzte?
       Dein gesicht, deine wangen, auf denen der bart gerade erst zu wachsen begann …
       Deine augen. Dein mund …

Jetzt wird der tod der deine sein – jetzt kannst du beginnen, wieder zu sein. Unter der erde erwarten dich dieselben riten wie für die götter.

schweigt lange,
zieht ihr kleid aus und
legt es über den leichnam;
dann zu Dionysos *oben gerichtet*

Mit meinem kleid begrab ich seinen körper. Und stehe nackt vor dir.

zum
Chor

Bringt mich zu meinen schwestern, damit wir gemeinsam den weg in die verbannung auf uns nehmen, dahin, wo wir keinen Kithairon vor den augen haben, wo nicht einmal die erinnerung an den thyrsos bestehenbleibt.

legt ihn auf die bühne
Sollen ihn andere Bakchen wieder aufnehmen.

geht ab
Chor

Das göttliche nimmt vielerlei gestalt an; es ist der gott, unerwartet, am rande eines weges, den wir nicht als gott erkennen. Schnee auf einem stein; dazwischen, silbern, trennend, ein fluss. Pinien, schwimmend in der helle. Der himmel, spiegelnd unter wasser. Die gischt vom wind vertragen. Ein gott erklärt sich – doch er erklärt sich nicht.

geht ab

ABGESANG

DIONYSOS
tritt auf, maskiert,
am theologeion

Ein in die erde geschlagner pflock und die masken,
drangehängt,
                        eine aus dem stock der rebe,
eine andre aus dem stamm der pinie,
          larven,
die sich innen aus dem holz schälen,
um an dem brocken gestalt zu nehmen:
                                ein stier,
der unter der borke seine schnauze bleckt, hörner,
die durch ein astloch stossen,
                  hauer,
                        zweige,
die sich zu schlangen häuten,
                  die krallen eines luchses,
        zähne,
            zungen,
                und hinter all den masken
das schwarze fell von einem ziegenbock,
              das zu boden hängt:
                        dieser pflock,
in der roten furche eines ackers,
das ist meine gegenwart, ist ich, hier, vor der mauer Thebens.

geht ab

ORESTIE

ERSTES STÜCK
ELEKTRA

Schauspieler

Bauer
Elektra
Orestes
Pylades
Chor der argeischen Frauen
Lehrmeister
Klytaimestra
Kastor und Polydeukes

CHOR

Wenn unrecht über gerechtigkeit triumphieren kann
müssen wir auch die götter nicht länger mehr anerkennen.

ein bauernhof kurz vor der dämmerung,
der BAUER *tritt aus dem haus, um über das land zu schauen*

BAUER

Ah – das land und die stadt – die Argolis und Argos drüben:
die erde wie sie zeitlos ist – und wasser wie es ins meer mündet.
Da hinten ist Agamemnon einst – länger als zehn jahre ist es her –
auf seinen schiffen losgesegelt um den krieg nach Troja zu tragen.
Er tötete den herrscher Priamos nahm dessen glorreiche stadt ein
und kehrte heil wieder hierher zurück – seine schiffe voller gold
und was er alles hat erbeuten können von diesen barbaren dort –
ihre speere helme und rüstungen – hing er in Argos' hohe tempel
als weihgabe an die götter. Vor Troja lächelte ihm das glück –
in seinem eigenen haus aber grinste ihm der tod starr entgegen:
da wurde er von seiner frau Klytaimestra und ihrem liebhaber
Aigisthos – diesem sohn des Thyesthes – hinterrücks ermordet.
Das ehrwürdige szepter des Tantalus – das zuerst an Atreus
weitergeben wurde bis sein bruder Thyestes es an sich riss –
und das erst Agamemnon von ihm zurückzuholen vermochte –
ging so am ende doch in die hände von Thyestes' sohn über:
Aigisthos ist es jetzt der dieses land und die stadt beherrscht.

Als Agamemnon nach Troja segelte liess er Orestes zurück
als seinen thronfolger – samt Elektra seiner jüngsten tochter
die noch nicht verheiratet war – sein schosskind – sein liebling.
Bevor auch Orestes von Aigisthos umgebracht werden konnte
schaffte ihn aber der alte lehrmeister seines vaters ausser landes –
es heisst sein onkel Strophius in Delphi hat ihn aufgenommen.
Sein schössling jedoch – Elektra – sie wuchs im palast heran –
und als sie erblühte war im morgenrot der jugend da kamen
herrschersöhne von überall an den hof um sie zu umwerben.
Aigisthos jedoch – der hatte angst einer solchen heirat würde

ein sohn entspringen der Agamemnons tod rächen könnte –
deshalb hielt er sie im dunkeln seiner wände und liess keinen
der brautwerber vor zu ihr. Da er sich nie sicher sein konnte
dass nicht doch einer nachts zu ihr über die palastmauer stiege
trachtete er Elektra nach dem leben. Ihre kaltherzige mutter
rettete sie aber bevor es soweit kam – aus reiner berechnung:
für den hinterhalt an ihrem ehemann hatte sie einen vorwand –
doch einen kindsmord wusste sie würde man ihr nie verzeihen.
Aigisthos ging daraufhin anders vor – er bezichtigte Orestes
nun der landflucht und setzte einen preis auf ihn aus: gold
für den der ihm seinen kopf brächte. Elektra aber gab er mir
zur frau – mir! Ich entstamme zwar altem mykenischen adel –
insofern konnte keiner etwas gegen diese heirat vorbringen –
aber meine familie hat bis auf diesen hof hier allen besitz
längst verloren – und in unserer gesellschaft gilt ein mann
so viel wie das gold das er sein eigen nennen kann: jemand
der arm ist wird weder als gut noch als ehrenhaft angesehen.
Indem Aigisthos sie einem schwachen mann zur frau gab
beschwichtigte er seine eigenen ängste – hätte er sie einem
von rang gegeben hätte der die mittel gehabt und gefunden
seine totgeschwiegene bluttat wieder wachzurufen – und dann
hätte die gerechtigkeit doch noch an Aigisthos' tür geklopft.

Ich habe Elektra über meine schwelle geführt – aber ich habe –
so wahr ich hier stehe – und Aphrodite sei mir mein zeuge –
noch nie hand an sie gerührt – sie auch im bett nicht verführt:
sie ist immer noch jungfrau. Ihr gebührt mein ganzer respekt.
Ich würde mich schämen dem kind eines solch hohen hauses
gewalt anzutun – ich bin ihrer nicht würdig. Auch Orestes' los
tut mir leid – umso mehr sollte er jemals nach Argos kommen
und seine schwester in einer so schändlichen ehe leben sehen
und dabei noch jemanden wie mich seinen schwager nennen.
Man mag mich einen narren schimpfen – einen bauerntölpel

dass ich ein junges mädchen im haus habe ohne sie anzurühren: aber da legt man einen ordinären massstab für das an was recht und anstand ist – mit solchen leuten will ich nichts gemein haben.

Elektra
tritt aus dem haus,
einen krug auf ihrem kopf

Elektra

Ah – nacht: dunkle göttin die du die goldenen sterne stillst und deine milchstrasse fliessen lässt während ich mit dem krug auf dem kopf zum fluss hinunter gehe um dich – o nacht – die noch immer ungestillte trauer über meinen vater hören zu lassen.

Nicht die not zwingt mich zu diesem gang – nein: aber die götter sollen sehen mit welch tyrannischer arroganz Aigisthos mich gedemütigt und misshandelt hat dass ich nun wie eine sklavin für alle wasser holen gehe. Meine eigene mutter – ganz schwester der ehebrecherischen Helena – hat mich aus dem haus geworfen um ihrem neuen ehemann zu willen zu sein und ihm neue kinder zu schenken – und mich und Orestes zu stiefkindern zu machen.

Bauer

Warum bloss – unglücklicher mensch du – schleppst du dich mit solchen arbeiten ab? Du bist für anderes erzogen worden – ich bitte dich jedesmal damit aufzuhören – du aber wehrst dich dann nur noch heftiger!

Elektra

Du bist ein guter mann – in deiner güte manchem gott gleich: du hast meine bittere lage nie ausgenützt. In der not einen freund wie dich zu finden ist ein wahres glück – es hilft mir über vieles hinweg. Deshalb will ich – auch wenn du es ungern siehst – dir die last die ich bin nach kräften abnehmen

und dir dein schweres und hartes leben erleichtern wo ich kann.
Du hast draussen auf dem feld genug zu tun – meine aufgabe ist
mich um alles im haus zu kümmern. Kommt der mann zurück
von seiner arbeit freut er sich doch alles ordentlich vorzufinden!

Bauer

Wenn du unbedingt willst dann geh – wenigstens ist der fluss
gleich da unten. Ich werde jetzt die herde auf die weiden treiben
und danach mit der aussaat anfangen. Rein aus faulheit die götter
auf den lippen zu führen hat noch keinen satt gemacht – man muss
dafür schon arbeiten: hilf dir selbst dann helfen dir auch die götter.

beide gehen zur rechten ab;
Orestes und Pylades
treten von links auf,
sich verstohlen umsehend

Orestes

Pylades – ich kann gar nicht sagen wie hoch ich es einschätze
dass du mich bis zur stadtgrenze begleitet hast: auf dich ist verlass
ob als gastfreund im haus deines vaters im bergland oben oder jetzt
als reisegefährte. Keiner meiner freunde stand zu mir – einzig du
bist mir noch mit ehre und respekt begegnet nach alldem was ich
mitmachen und erleiden musste dank Aigisthos der meinen vater
umgebracht hat – er und mutter – die keine skrupel mehr kannten.
Das orakel des Apollon im heiligen Delphi hat mich hergesandt:
der gott hat nur zu mir gesprochen – sonst weiss niemand dass ich
hier bin um den mord an meinem vater mit mord zurückzuzahlen.
Niemand hat gesehen dass ich diese nacht am grab meines vaters
verbrachte und tränen für ihn vergoss: ich habe das opfer begonnen
indem ich eine strähne meines haares darbrachte und den altarherd
mit dem blut eines geschächteten schafes besprengte – ohne dass
der tyrann der nun über mein land herrscht davon erfahren konnte.

Die stadt aber betrete ich nicht – ich bleib in diesem niemandsland
weit draussen vor den mauern – das hat einen zweck und ein ziel:
erkennt mich ein wachposten kann ich leicht flüchten – hier endet
die gerichtsbarkeit – und ich kann nach meiner schwester suchen:
es heisst man hätte Elektra die jungfräulichkeit genommen und sie
irgendwohin abgeschoben. Finde ich sie binde ich sie in meinen
göttlichen auftrag ein – und dabei erfahren wir hoffentlich auch
was in der stadt vor sich geht.
     Los – die dämmerung zeigt schon
das weisse gesicht des morgens – wir gehen von der strasse weg
und laufen querfeldein – dann treffen wir vielleicht auf einen bauer
oder eine bauernmagd und können sie fragen ob meine schwester
irgendwo im umland wohnt –

*E*LEKTRA
tritt von rechts auf

    Schau – da drüben kommt jemand!
Eine frau – einen wasserkrug auf dem kopf. Sie trägt schwer daran.
Ihrem kurz geschorenen schädel nach ist es irgendeine sklavin.

Setz dich hin Pylades – fragen wir die frau aus: vielleicht kann
sie uns weiterhelfen und uns in die richtige richtung schicken.

beide setzen sich an das eck des hauses;
*E*LEKTRA *kommt singend*

Elektra

Lauf du – lauf barfuss – lauf es ist zeit
voran nur voran – zum geleit
meiner trauer – du elendes ich:
Agamemnons tochter –
doch von Klytaimestra ausgetragen –
eine ausgeburt ihrer seelenlosigkeit.
Hört einer meine klagen?
Keiner ist unterjochter
als ich – armes ich:
bei der harten arbeit
in einem leben das ich verachte.
Elende Elektra nennen mich die bauern –
sie hören mich um Agamemnon trauern:
meine mutter tötete ihn
ihr liebhaber ermordete ihn.

Komm – stimm die klage an wie es sich frommt.
Bring mir die süsse die von den tränen kommt.

Lauf du – lauf barfuss – lauf es ist zeit
voran nur voran – zum geleit
meiner trauer – du elendes ich:
Agamemnons sohn –
mein bruder wohin hat es dich verschlagen?
Bist du auch ruhelos? Wie gross ist dein leid?
Hört einer deine klagen?
Hol mich aus dieser fron
mich – armes ich:
führ es in die freiheit.
Wie oft dass ich an dich dachte
um mit dir den tod unseres vaters zu rächen –
selbst wenn wir am ende daran zerbrächen.

Meine mutter tötete ihn –
ihr liebhaber ermordete ihn.

Nimm den krug vom kopf du – setz ihn nieder
dass ich meinem vater nachtlieder
anstimmen kann – einen schrei
einen hadesgesang
für Agamemnon – tief hinab in die erde
auf dass mir der schmerz leichter werde.
Es ist der bittere klang
wenn ich mich kastei
mir mit den nägeln den hals zerkratze
mir die haarbüschel am kopf ausreisse.
Nein – ich beisse
mir nicht auf die zunge –
ich schrei aus voller lunge
den schmerz am mord meines vaters heraus:
des todes blutige fratze
seh ich tag für tag im haus.

Ai Ai – zerkratz mein gesicht!
Wie ein schwan im fluss
so schön vor dem tode zu singen anhebt –
sein klang ein tiefer kuss –
so sing auch du bis deine stimme bricht:
meinem vater wurde ein netz gewebt
in das man ihn verstrickte
und ihn hinab in den Hades schickte.

Sein leichnam gewaschen in einem letzten bad
ruht er nun in einem düsteren grab –
ah – dieser bittere bittere axthieb
die bittere gewalt

die ihn nach Troja und hierher in den tod trieb.
Nicht mit kränzen krönte dich deine frau –
sie empfing dich kalt
mit einem hinterhalt.
Mit einer umarmung umgarnte sie dich schlau
doch statt deinen mund deinen leib zu küssen
gab das schwert
des Aigisthos
dir seinen bronzekuss –
Aigisthos der mit ihr nun unser erbe aufzehrt
verstümmelte dich vom kopf bis zu den füssen.

der CHOR
tritt auf von rechts

CHOR

Tochter des Agamemnon – Elektra!
Uns begegnete ein mann – er nannte uns seinen namen nicht:
er sagte nur er sei vom berg – *oros* –
einer der nicht korn und wein sondern bloss milch gewohnt ist –
und er erzählte dass übermorgen in Argos
eine prozession stattfindet bei der die unverheirateten mädchen
zum bergtempel der stadtgöttin Hera gehen
um für den anbruch eines neuen fruchtbaren jahres zu opfern.

ELEKTRA

Keine glänzenden kleider für mich – meine freundinnen –
und kein verführerisch goldener schmuck
bei dem das herz zu klopfen beginnt für mich elende kreatur:
ich kann den zug der bräute nicht anführen –
ich bin zu traurig um diesem tanzenden reigen voranzugehen
und den takt mit meinen füssen anzugeben –

mit meinen tränen kann ich nur tag und nacht um vater klagen.
Schaut – ich habe nur diese lumpen am leib –
mein haar geschoren kann ich nur kleider eines sklaven tragen:
nichts was Agamemnons würde ansteht
nichts von dem was der tochter von Trojas eroberer zustände.

Chor

Gross ist die göttin Hera deren heilige hochzeit wir feiern –
komm – und wir leihen dir ein festgewand
aus fein gesponnener wolle und allen schmuck für diese feier –
oder glaubst du dass du allein mit tränen
über deine feinde triumphierst? Indem du Hera vernachlässigst?
Nein – nicht klagen – nur gebete an die götter
werden dich lehren dich glücklich mit deinem leben abzufinden.

Elektra

Die götter? Keiner hörte die stimme dieser unglücklichen hier
keiner sah das blut meines ermordeten vaters –
dennoch klage ich weiter um ihn der in den Hades gestürzt wurde
und um jenen der ins exil ziehen musste
der nun bei irgendwelchen fremden lebt verdingt als tagelöhner –
er der sohn ist eines glorreichen vaters –
der wie ich bei irgendeinem armen bauern einen schlafplatz findet
seine seele zergehend wie wachs in der sonne –
ein flüchtling – von seinem elternhaus verbannt tief in die berge –
während die eigene mutter in ihrem bett liegt
und sich mit ihrem liebhaber auf den blutbefleckten laken wälzt.

Chor

Gleich wie ihre schwester Helena – die deinem elternhaus
und ganz Griechenland nur schmerz brachte.

Elektra
sieht Orestes und Pylades
an der ecke des hauses:

Oh – oh – was klagen wir hier? Schaut – das stehen zwei fremde beim hausaltar – sie verstecken sich hinter der statue Apollons! Lauft – es müssen strassenräuber sein – ich rette mich ins haus.

Orestes

Bleib doch stehen mädchen! Du hast vor mir nichts zu fürchten.

Elektra
wendet sich an die statue
des Apollon neben der tür

Apollon – schutz- und hausgott – hilf mir: ich will nicht getötet werden!

Orestes
will sie an den schultern festhalten
und umdrehen

Eher würde ich andere töten – andere die weit hassenswerter sind als du.

Elektra

Lass los – greif mich nicht an – du hast kein recht mich zu berühren!

Orestes

Es gibt niemanden den ich mit grösserem recht berühren könnte.

Elektra

Was lauerst du mir dann auf bei meinem haus – schwert am gürtel?

ORESTES

Bleib stehen und hör mich an – vielleicht glaubst du mir dann ja.

ELEKTRA

Ich kann mich eh nicht rühren – du hast mich völlig in der hand.

ORESTES

Ich bin gekommen dir nachrichten von deinem bruder zu bringen.

ELEKTRA

Ah – du bist ein freund! Sag – lebt er noch – oder ist er gestorben?

ORESTES

Er lebt noch – das ist die gute nachricht – sie sollst du zuerst hören.

ELEKTRA

Ah – für eine solche frohe botschaft soll es dir in allem gut ergehen!

ORESTES

Und dein gutherziger segen soll auch auf dich selbst zurückfallen.

ELEKTRA

Wohin hat es ihn verschlagen? Wie hält er das leben in der fremde aus?

ORESTES

Schlecht – er wandert ohne ziel von stadt zu stadt – rechtlos überall.

ELEKTRA

Der arme! Hat er genug zum leben – muss er für sein brot arbeiten?

ORESTES

Es langt zum leben – aber er hat ewig hunger nach seiner heimat.

ELEKTRA

Du hast gesagt du willst mir etwas ausrichten – was sagt er denn?

ORESTES

Er will wissen ob du noch lebst – und wies dir in deinem leben ergeht.

ELEKTRA

Das siehst du – mein ausgezehrtes leben – den vertrocknenden körper –

ORESTES

Ja – es ist zum weinen: eine frau im saft des lebens sieht anders aus.

ELEKTRA

Mein haar mit dem messer geschoren – skalpiert wie von den Skythen.

ORESTES

Wah – wie dir das schicksal von bruder und vater ins herz schneidet!

ELEKTRA

Ja – so ist es. Was ist mir sonst geblieben? Sie sind meine ganze liebe.

ORESTES

Du rührst mich – glaubst du nicht dass es deinem bruder gleich geht?

ELEKTRA

Er ist nicht da. Ich bin sicher er liebt mich – aber er ist nicht bei mir.

ORESTES

Aber warum lebst du hier – am land – so weit weg von deiner stadt?

ELEKTRA

Weil ich verheiratet wurde – in eine ehe in der ich zugrunde gehe.

ORESTES

Das hört dein bruder nicht gern. Ist dein ehemann ein aristokrat?

ELEKTRA

Ja – aber einer dem mein vater mich nicht zur frau gegeben hätte.

ORESTES

Erzähl mir alles – damit ich es dann deinem bruder erzählen kann.

ELEKTRA

Da gibts nicht viel zu erzählen. Das ist sein hof hier. Im grenzland.

ORESTES

Ein haus wie es einem taglöhner zusteht oder einem kuhhirten?

ELEKTRA

Er ist nicht reich – aber aus gutem haus. Und er respektiert mich.

ORESTES

Respekt? Was versteht ein solcher ehemann wohl unter ›respekt‹?

ELEKTRA

Kein böses wort. Er ist gut zu mir. Und rührt mich im bett nicht an.

ORESTES

Hat er ein reinheitsgelübde abgelegt? Oder findet er dich hässlich?

ELEKTRA

Er fänd es hässlich meine reinheit zu beschmutzen: mich zu beschämen.

ORESTES

Er meint wohl es wäre eine schande dich zu seiner ehefrau zu haben?

ELEKTRA

Er meint dass der mensch der mich ihm gab kein recht dazu hatte.

ORESTES

Ich verstehe – er hat angst Orestes könnte sich einmal an ihm rächen.

ELEKTRA

Sicher auch – aber eher weil er ein guter mensch ist und mich versteht.

ORESTES

Ah – ein gutmensch. Einer mit moral. Er verdient eine belohnung dafür.

ELEKTRA

Wenn mein bruder je zurückkehrt wird er sich gewiss erdenklich zeigen.

ORESTES

Aber was ist mit deiner mutter – hat sie dem allen einfach zugestimmt?

ELEKTRA

Frauen – fremder – kümmern sich mehr um ihre männer als um kinder.

ORESTES

Und weshalb wollte Aigisthos dich dann derart erniedrigen?

ELEKTRA

Damit ich mit solch einem mann nur machtlose kinder kriege.

ORESTES

Auf dass deine söhne zu schwach sind sich an ihm zu rächen?

ELEKTRA

Das hofft er – während ich hoffe dass er dafür bezahlen wird.

ORESTES

Weiss der mann deiner mutter dass eure ehe nie vollzogen wurde?

ELEKTRA

Nein – wir halten ihn darüber im dunkeln dass ich noch jungfrau bin.

ORESTES

Und diese frauen alle die uns da zuhören – sind das deine freunde?

ELEKTRA

Freundinnen genug um das was sie da hören für sich zu behalten.

ORESTES

Und was kann Orestes dagegen tun – wenn er je nach Argos kommt?

ELEKTRA

Da fragst du noch? Was heisst kann und wenn?? Es ist höchste zeit!

ORESTES

Nimm an er kommt – wie kann er die mörder seines vaters töten?

ELEKTRA

Indem er sich traut ihnen dasselbe anzutun wie sie seinem vater.

ORESTES

In dem fall wärst du hart genug mit ihm deine mutter umzubringen?

ELEKTRA

Ja – und mit der gleichen axt mit der sie meinen vater umgebracht hat.

ORESTES

Soll ich ihm das sagen? Bist du wirklich zu so etwas entschlossen?

Elektra

Sobald auch das blut meiner mutter geopfert ist sterbe ich glücklich.

Orestes

Ah – wenn doch Orestes hier stehen und dich so reden hören könnte!

Elektra

Wenn ich ihn sähe würde ich ihn wohl kaum wiedererkennen.

Orestes

Kein wunder – als ihr getrennt wurdet wart ihr beide so jung.

Elektra

Ich habe nur mehr einen freund der sich an sein gesicht noch erinnert.

Orestes

Sein alter lehrmeister der ihm das leben rettete – wie man erzählt?

Elektra

Ja – er war schon zu vaters zeit alt – und jetzt ist er noch älter.

Orestes

Hat dein vater Agamemnon nach seinem tod ein grab gefunden?

Elektra

Er fand was er fand – aus seinem haus geworfen wie er wurde.

Orestes

Es ist kaum zu ertragen. Was hast du gesagt? Auch das unglück
von fremden beisst einem tief ins herz – es schmerzt davon zu hören.
Erzähl mir alles – damit ich es deinem bruder berichten kann – auch
wenns bittere nachrichten sind. Nur ignoranten kennen kein mitgefühl:
kluge und gebildete männer hingegen zeigen mitleid – obwohl man
einen preis dafür bezahlt wenn man zu viel sieht: wissen tut weh.

Chor

Uns geht es wie euch – auch wir wollen es wissen.
Doch wissen tut weh. Wissen tut weh. Wissen tut weh.

Da du darauf bestehst dass ich rede – fremder – bitte ich dich
Orestes nichts zu verschweigen – ihm mein unglück zu berichten
das auch das seine ist: erzähl ihm zuerst in welchen haderlumpen
ich herumlaufe – haut und haar verkrustet und schmierig vor dreck.
Beschreib ihm den viehstall in dem ich hier eingepfercht wurde –
nachdem man mich aus dem palast warf in dem ich aufwuchs.
Kleider muss ich selber nähen und als sklavin am webstuhl sitzen
will ich nicht nackt durch die welt gehen. Ich leiste nur frondienst
und trage selbst noch das brauchwasser alleine vom fluss herauf.
An heiligen feiern festen und tänzen nehm ich lang nicht mehr teil
und auch mit frauen kann ich nicht sein weil ich noch jungfrau bin.
Ich schäme mich an Kastor zu denken – meinen onkel – der mich
bevor er als stern in die nacht versetzt wurde – liebte und umwarb.
Stattdessen sitzt meine mutter auf dem thron inmitten von luxus –
all den orientalischen teppichen dem schmuck und dem mobiliar
die vater nach Trojas fall mitbrachte – mitsamt den dienerinnen
die ihr zu füssen knien – roben aus feinster weisser wolle am leib
prangend von goldglitzernden broschen – während an der wand
immer noch das blut meines vaters klebt – schwarz und fleckig –
und der mann der ihn ermordete nun in vaters streitwagen steigt
um grossartig vorzufahren und dabei vaters szepter – mit dem er
über die Griechen herrschte – in der blutbefleckten hand zu halten –
während keiner Agamemnons grab bislang die ehre erwiesen hat –
kein opfertrank darüber ausgeschüttet wurde – kein myrtenzweig
ihn begrünt – und der altar kahl bleibt von gaben für den toten –
ausser meiner mutter liebhaber – vielgerühmt wie er ist – tanzt
vollbetrunken – wie erzählt wird – auf dem grabmal herum und
bewirft die marmorne urne mit steinen um dabei rumzubrüllen:
›Wo ist er denn – dein Orestes? Ja – warum ist er denn nicht da –
dein feiner sohn – um an deinem grab zu stehen es zu bewachen?‹
So machte man in seiner abwesenheit Orestes zum gespött aller.

Fremder – das kannst du ihm alles erzählen – ich bitte dich darum.
Ich spreche dabei auch für die vielen die ihn sich zurücksehnen:
meine hände tun das – meine zunge – mein von einem messer
geschorener kopf – meine trauer – ja selbst der vater des Orest.
Eine schande ist es wenn er – dessen vater alle Trojer besiegte –
seinen feind – allein mann gegen mann – nicht besiegen kann –
wo er noch dazu jünger ist und stärker und von besserem blut!

<small>Chor</small>

Elektra! Da ist ein mann – dein ehemann meine ich –
der mit seiner feldarbeit fertig ist und nun nach hause kommt.

<small>Bauer zum Chor</small>

<small>Bauer</small>

Sagt – wer sind diese fremden die da vor meiner haustür stehen?
Was bringt sie hierher zu meinem hof? Wollt ihr etwas von mir?
Es gehört sich für eine frau nicht so bei jungen männern zu stehen.

<small>Elektra</small>

Du – mein lieber freund – sei nicht ungehalten! Ich habe nichts
falsches getan – ich werde dir gleich die ganze geschichte erzählen.
Diese fremden da sind gekommen weil Orestes sie geschickt hat –
und bitte verzeih ihm die art mit der er euch gerade angeredet hat.

<small>Bauer</small>

Was wissen sie von ihm? Was ist passiert? Lebt er denn noch?

<small>Elektra</small>

Das sagen sie – es gibt keinen grund ihnen nicht zu glauben.

<small>Bauer</small>

Interessiert ihn denn noch dein unglück und das deines vaters?

ELEKTRA

Das hoffe ich. Aber in seinem exil sind ihm die hände gebunden.

BAUER

Gibt es was neues? Haben sie dir von Orestes nachricht gebracht?

ELEKTRA

Er hat sie losgeschickt damit sie sehen können wie es mir geht.

BAUER

Und was sie nicht selber sahen das hast du wohl längst verraten.

ELEKTRA

Sie wollten es bis ins kleinste wissen – da war nichts zu verhehlen.

BAUER

Warum lässt du sie dann immer noch vor unserer tür stehen?

zu ORESTES und PYLADES

Seid mir willkommen – tretet ein. Fühlt euch wie zuhause – erzählt
und seid meine gäste – was mein bescheidenes haus zu bieten hat
das werde ich gerne auf den tisch bringen – ich will kein nein hören:
ihr kommt von einem freund   seid deshalb auch unsere gastfreunde.
Ich bin zwar arm – aber meine manieren soll keiner armselig nennen.

ORESTES zu ELEKTRA

Bei allen göttern – das also ist der mann der diese scheinehe
mit dir aufrechthält – und Orestes' ehre nicht mit füssen treten will?

ELEKTRA

Ja – das ist der mann den man hier als Elektras gatten kennt.

Nun gut – was ein mann wert ist lässt sich kaum je eindeutig
und klar bestimmen – das wesen der menschen hat etwas wirres.
Ich kenne söhne von hochwohlgeborenen eltern die nichts taugen
und kinder armer leute die sich als grossherzig hervorgetan haben.
Nicht wenige reiche sind reine hohlköpfe – und ich habe menschen
von grossem verstand auch unter den allerärmsten kennengelernt –
aber nichts woran man von aussen den charakter eines menschen
ablesen könnte – reichtum? Da würde man die messlatte wohl gar
zu niedrig halten – besitzlosigkeit vielleicht? Nein – denn armut
ist ungesund – not lehrt einen menschen alles andere als gut sein.
Beweist man sich also im kampf? Wie wollte man in einer schlacht
bei all den speeren noch erkennen aus was für einem holz jemand
geschnitzt ist? Alles unsinn – es bleiben doch nur vorurteile stehen:
das mit den menschen ist nun mal eine mehr als willkürliche sache.
Der mann da – er gehört keiner grossen familie von Argeiern an
auf deren renommee er sich berufen könnte um dann aufgeblasen
herumzustolzieren – er ist nur ein gesicht in der menge – ganz
gewöhnlich – und dennoch hat er sich als tugendhaft erwiesen.
Warum versteht denn keiner von den arroganten wichtigtuern
die alle nur nach dem aussehen und dem auftreten einschätzen
dass ein mann an dem zu messen ist was er tut – und mit wem
er sich einlässt?? Wie jemand sich anderen gegenüber verhält –
daran lassen sich rechte männer von schlechten unterscheiden –
und einzig solche männer sind in der lage das richtige zu tun –
ob bei sich zuhause oder als herrscher über eine ganze stadt.
Welche männer aber werden heutzutage bewundert? Hirnlose
muskelpakete bepreiste athleten und reiche muttersöhnchen
wie sie durch die stadt flanieren – ohne dass sie in einem kampf
einen deut besser wären: denn mut ist eine frage des charakters.

Nun denn – wir nehmen die einladung in dieses haus gerne an
weil die beiden kinder Agamemnons sie wert sind: das eine hier

das andere in dessen namen ich gekommen bin. Doch vielleicht
kommt Orestes ja einmal – Apollons orakel sind unumstösslich –
nur ihre auslegung durch irgendwelche priester bleibt fraglich.

Orestes und Pylades
gehen ins haus

CHOR

Mehr als je zuvor Elektra wärmt sich unser herz für dich.
Vielleicht wandelt sich dein schicksal jetzt und geht nach den ersten
schmerzvollen schritten einem guten und glorreichen ende entgegen.

ELEKTRA

Was hast du dir dabei gedacht? Warum bittest du sie ins haus –
obwohl sie so wohlgeboren sind – und unser haus so armselig ist?

BAUER

Warum? Sind sie wirklich so wohlerzogen wie sie sich geben
werden sie mit bescheidenem ebenso zufrieden sein wie mit reichem.

ELEKTRA

Bescheiden: das kann man wohl sagen. Da du dich so hintanstellst
kannst du auch noch den alten lehrmeister meines vaters holen gehen:
er wohnt am grenzfluss des Tanaus um den die Spartaner und Argeier
vor wenigen jahren kämpften – wo der sich durch die hügel schneidet
hütet er seine schafherde – ebenso verstossen von der stadt wie ich.
Sag dass diese fremden bei mir abgestiegen sind: bitt ihn zu kommen
und essen mitzubringen das wir unseren gästen vorsetzen können.
Er wird sich darüber freuen – ganz sicher – und den göttern danken
hört er dass der junge den er damals gerettet hat noch am leben ist –
anders als meine mutter von der nicht das geringste zu erwarten ist:
würde sie erfahren dass Orestes lebt stiege ihr die galle bitter hoch.

Bauer

Wenn du meinst – gut – dann gehe ich den alten mann holen.
Du aber beeil dich – und bereite drinnen alles für unsere gäste vor.
Eine frau findet immer etwas was sie auf den tisch bringen kann –
wenn sie nur will – und wir haben noch genug für einen ganzen tag.

Elektra geht ins haus

In situationen wie dieser – wo man gerne hätte was man nicht hat –
denke ich über geld nach – die möglichkeiten die es einem verleiht
ob um seine gäste zu unterhalten – oder um einen heiler zu bezahlen
wenn man krank ist. Im alltag aber macht es kaum einen unterschied:
der bauch eines armen ist genausoschnell satt wie der eines reichen.

Bauer geht ab nach rechts

Chor

Wie glorreich die schiffe von hier aus einst gen Troja fuhren
delphine um ihren schwarzen bug – tausend ruder im azuren
Achilles und Agamemnon noch heldenfiguren.

Wie golden ihre rüstungen glänzten – im kreis auf ihrem schild
das Gorgonenhaupt – da lächelten die götter noch mild
Achilles und Agamemnon uns noch ein vorbild.

Wie von ihrem schildbuckel noch die sonne widerstrahlte
wie der kiel noch einen ruhmvollen weg ins wasser malte –
bis Agamemnon den sieg mit dem leben bezahlte.

Wie auf der schneide der schwerter pferde dahingaloppierten
wie der staub von ihren hufen aufstieg in schlachtgevierten –
bis sie Agamemnon am ende nur in den tod führten.

Wie ruhmlos man ihm die klinge unter der kehle hineinstiess
wie schwarz seine frau da sein blut zur erde fliessen liess
dass der grosse gott ihr einen bitteren tod verhiess.

Wie glorreich die schiffe von hier aus einst gen Troja fuhren
delphine um ihren schwarzen bug – tausend ruder im azuren
Agamemnon noch eine unserer heldenfiguren.

der LEHRMEISTER
*tritt von rechts auf,
einen sack am rücken*

LEHRMEISTER

Wo ist sie – wo ist sie meine junge dame meine prinzessin
Agamemnons tochter – wo ist meine schülerin mein sorgenkind?
Ein haus mit einem noch steileren pfad hinauf konnte sie wohl
für mich gebrechlichen alten mann nicht finden – und den soll ich
hochklettern mit meinem krummen rücken den tattrigen beinen?
Wie einen das alter austrocknet – man wird stachlig wie eine distel.
Aber was tut man nicht alles für die menschen die man gern hat.

ELEKTRA *kommt aus dem haus*

Na endlich seh ich sie auch – sie kommt ja schon aus dem haus –
mein mädchen – da bin ich! ich hab dir ein milchlamm mitgebracht
aus meiner herde – käse aus dem keller – und einen wein sag ich dir
der ist so voll und kräftig dass man ihn besser mit wasser mischt –
nimm mir alles ab. Ich hab auch noch einen blumenkranz für dich
meine Elektra. Ah – wie einem das die tränen in die augen treibt!
Lass sie mich erst einmal trocken reiben bevor ich dich umarme –
mein ärmel hat leider mehr löcher wie wolle – wie dein kleid auch.

ELEKTRA

Es tut mir leid wenn mein anblick in dir nach so langer zeit
wieder schmerzhafte erinnerungen weckt! Oder weinst du etwa
über Orestes' elendes exil und meinen vater den du erzogen hast –
ohne dass er sich um dich im greisenalter kümmern hätte können?

LEHRMEISTER

Ja – aus dem ruhestand den ich mir von ihm erhoffen konnte
ist nichts geworden. Aber es geht mir den umständen entsprechend.
Und es tat gut auf dem weg hierher sein grab besuchen zu können –

ich war dort ganz allein und brachte ihm mit meinem besten wein
einen opfertrank dar und legte ein paar myrtenzweige auf den stein.
Auf dem altar aber lag bereits ein anderes opfer: ein schwarzes schaf
sein blut frisch vergossen auf der erde – dazu abgeschnittene strähnen
von blondem haar dass ich mich fragte wer es gewagt hatte mein kind
ausser mir das grab zu besuchen – einer aus Argos war es sicher nicht.
Vielleicht war es ja dein bruder – der heimlich zurückgekommen ist
um an Agamemnons vernachlässigtem grab zu stehen. Schau ihn dir
genau an: hat er haar wie das deine – ist es gleich fein – gleich blond?
Eines vaters blut – auch wenn es in verschiedenen adern rinnt – lässt
zwei unterschiedliche körper dennoch einander spiegelbildlich werden.

ELEKTRA

Mein guter alter lehrmeister – in dem fall da täuschst du dich wohl
wenn du glaubst mein bruder – Orest der immer ein mutiger kerl war –
würde aus angst vor Aigisthos heimlich hier im land herumschleichen.
Und wie sollte unser haar gleich sein? Das raue grobe eines mannes
der im ringen und für den kampf trainiert wurde und das gekämmte
feine einer frau? Und wie viele leute haben die gleiche haarfarbe –
obwohl sie nicht vom selben geblüt sind und andere väter haben?

LEHRMEISTER

Dann steig in seinen schuhabdruck und schau ob eure füsse
dieselben proportionen haben – wie ferse und ballen geformt sind.

ELEKTRA

Auf dem felsigen boden hier hinterlässt nichts einen abdruck.
Und wenn dann könnt ich auch nur sagen dass seiner grösser ist.

LEHRMEISTER

Gibts denn nichts an dem du deinen bruder erkennen könntest
wenn er wirklich zurückgekommen ist? Etwas das du gewebt hast?
Ein stück vom mantel den er anhatte als ich ihm zur flucht verhalf?

ELEKTRA

Du weisst doch dass Orest ins exil ging als ich noch klein war!
Und wie könnte der junge der er war noch dieselben kleider anhaben?
Meinst du vielleicht die wachsen mit? Nein – es war wohl eher
ein fremder der mitleid mit Agamemnons verwaistem grabmal hatte.

LEHRMEISTER

Wo sind deine gäste denn? Ich möchte mir sie genau ansehen.

ELEKTRA

Da kommen sie schon aus dem haus gelaufen – die beiden da.

LEHRMEISTER

Die sehen vornehm aus – aber das kann täuschen: die vornehmen
taugen oft wenig. Man muss sie zu nehmen wissen. Trotzdem: hallo!

ORESTES

Selber hallo! Elektra – zu wem gehört dieser tattergreis denn?

ELEKTRA

Das ist der mann der unseres vaters lehrmeister war – fremder.

ORESTES

Du meinst derjenige der deinen bruder damals fortgestohlen hat?

ELEKTRA

Das ist der mann der ihn in sicherheit brachte – so es das gibt.

der LEHRMEISTER
besieht sich
ORESTES *näher*

Orestes

Was starrt er mich an als würde er eine neue silbermünze prüfen
ob sie falsch ist oder echt? Will er mich mit jemandem vergleichen?

Elektra

Er freut sich nur jemandem zu begegnen der Orestes nahesteht.

Orestes

Nun – das tue ich. Aber warum zirkelt er so um mich herum?

Elektra

Das frage ich mich auch je länger ich ihm zuschaue – fremder.

Lehrmeister zufrieden

Meine herrin mein mädchen – bete zu den göttern.

Elektra

Wozu um himmels willen sollte ich denn wohl noch beten?

Lehrmeister

Für einen goldschatz – den dir ein gott zeigen wird – jawohl!

Elektra erhebt ihre hände zum gebet

Da – ich rufe die götter – ist es das was du willst – alter mann?

Lehrmeister

Schau jetzt mein kind – der dir liebste mensch steht da vor dir.

Elektra

Ich schau schon länger – aber seh bloss wie kurzsichtig du bist.

Lehrmeister

Ich bin kurzsichtig wenn ich vor mir deinen bruder stehen sehe??

ELEKTRA

Was meinst du alter mann? Hat es dir jetzt den verstand geraubt?

LEHRMEISTER

Ich meine dass ich da Orestes sehe – den sohn des Agamemnon.

ELEKTRA

Woran glaubst du ihn zu erkennen? Und wie soll ich das glauben?

LEHRMEISTER

Es ist die narbe über der augenbraue – als ihr beide im palasthof
eurem zahmen reh nachgelaufen seid da ist er hingefallen und hat sich –

ELEKTRA

– die stirn aufgeschlagen. Ja. Ich sehe da die narbe von einem sturz –

LEHRMEISTER

aber was? Worauf wartest du noch? Umarme ihn – es ist Orestes.

ELEKTRA *umarmt* ORESTES

Endlich! Endlich bist du da! Kann ich dich halten – ich hatt es nicht mehr …

ORESTES

Auch ich hatte es nicht mehr gehofft – und jetzt halt ich dich im arm!

ELEKTRA

Als ich das warten schon aufgegeben hatte.

ORESTES

                                        Und ich dich aufgegeben!

ELEKTRA

Bist du wirklich er?

Orestes

Ja – ich bin er.

Chor

Er ist da – O – er ist da der heiss ersehnte tag!
Er strahlt – ja – mit einem schlag
zeigt er dem dunkel der stadt eine fackel
die lang in der fremde umherirrte
und nun heimkehrt: eine brennende fackel
eine hell leuchtende opfermyrte.
Apollon – o – der lichtgott gewährt euch den sieg:
erhebt die hände – ja – gebet flieg
zu den göttern – denn mit dem gutem glück
ist Orestes in der stadt zurück.
Erhebt eure stimmen – Orestes kommt zurück!

Orestes
löst sich aus
Elektras *armen*

Orestes

Nun denn – so süss die umarmungen und alles willkommen sind
kosten wir sie später aus. Jetzt aber sag mir – mein alter lehrmeister –
was kann ich tun um es dem mörder meines vaters heimzuzahlen –
und meiner mutter – der willigen komplizin in dieser unheiligen ehe?
Du kommst gerade recht um mir wie früher mit rat zur seite zu stehen:
Gibt es in Argos noch freunde die zu mir halten? Oder habe ich sie alle
mitsamt besitz und erbe verloren? Mit wem kann ich mich zusammentun?
Mit wem kann ich mich treffen – offen am tag oder heimlich in der nacht?
Wie am besten gegen meine feinde vorgehen? Sie zur strecke bringen?

Lehrmeister

Mein sohn – im unglück da verlassen einen die freunde schnell –
man findet nur selten jemand der gutes und schlechtes mit einem teilt.
So wie im palast alles entfernt wurde was noch an dich erinnern könnte
haben auch deine freunde jede hoffnung auf dich längst aufgegeben.
Nichtsdestotrotz – glaube mir Orestes wenn ich dir sage: alles liegt
in der hand der götter. Und sie geben es in deine hände ob du die stadt
und das land zurückgewinnen und deinen palast zurückerlangen kannst.

Orestes

Und wie gehe ich da am besten vor um dieses ziel zu erreichen?

Lehrmeister

Indem du Thyesthes' sohn Aigisthos tötest – und deine mutter.

Orestes

Die krone zu holen bin ich gekommen – aber wie sie gewinnen?

LEHRMEISTER

Auf keinen fall indem du dich innerhalb der stadtmauern zeigst.

ORESTES

Hat er denn überall wachen aufgestellt? Und einen leibwächter?

LEHRMEISTER

Du hast es erfasst. Er hat angst vor dir – und er schläft schlecht.

ORESTES

Der weg ist also versperrt. Was rätst du mir dann – alter freund?

LEHRMEISTER *überlegt*

Auf dem weg hierher habe ich Aigisthos gesehen …

ORESTES

Gut. Das klingt vielversprechend. Und wo ungefähr war das?

LEHRMEISTER

Vor der stadt bei den pferdeweiden – gar nicht so weit von hier.

ORESTES

Was hat er da zu schaffen? Jedenfalls ist das ein hoffnungsstreifen.

LEHRMEISTER

Es sieht aus als bereite er am bergfuss ein fest für die Nymphen vor.

ORESTES

Dass sie seine kinder beschützen? Oder ist Klytaimestra schwanger?

LEHRMEISTER

Ich weiss bloss eines – er hat einen ochsen für das opfer vorbereitet.

ORESTES

Wie viele männer waren da? Oder war er mit seinen sklaven allein?

LEHRMEISTER

Aus der stadt war keiner dabei – nur die dienerschaft aus dem palast.

ORESTES

Von der keiner mich wiedererkennen kann – nehme ich an. Oder?

LEHRMEISTER

Es waren alles nur haussklaven. Die haben dich noch nie gesehen.

ORESTES

Die – wenn wir ihn umbringen – uns dafür eher noch danken werden.

LEHRMEISTER

Ja. Das ist für sklaven typisch – und in dem fall ein glück für dich.

ORESTES

Und wie sollten wir uns – im falle des falles – Aigisthos nähern?

LEHRMEISTER

Du gehst dort vorbei sodass er dich bei der opferfeier sehen muss.

ORESTES

Seine felder liegen – wenn ich mich recht erinnere – rechts der strasse?

LEHRMEISTER

Ja. Und wenn er dich sieht wird er dich zum fest dazubitten müssen.

ORESTES

Und dieses fest werde ich ihm dann verderben – so Apollon will.

LEHRMEISTER

Was dann geschieht wissen die götter. Feste fallen wie sie fallen.

ORESTES

Gut gesagt. Doch wo wird meine mutter in der zwischenzeit sein?

LEHRMEISTER

In Argos – aber sie wird für das bankett zu ihrem mann stossen.

ORESTES

Warum ist sie nicht mit ihm gemeinsam zum opferfest gegangen?

LEHRMEISTER

Weil sie sich der missbilligung der stadtbürger nicht gern aussetzt.

ORESTES

Ich verstehe – sie weiss dass die ganze stadt sie nur schief anschaut.

LEHRMEISTER

Genau. Eine frau die so unheiliges getan hat ruft abscheu hervor.

ORESTES

Und was dann? Sag – soll ich sie und ihn dort sofort umbringen?

ELEKTRA
tritt dazwischen

ELEKTRA

Den tod meiner mutter – den werde ich selber in die hand nehmen.

ORESTES

Ja – so wird das schicksal den ersten tod gut zu ende bringen.

Elektra

Zuerst aber soll unser alter lehrmeister uns beide dafür anleiten.

Lehrmeister

So soll es sein – und wie willst du den tod in die tat umsetzen?

Elektra

Alter freund – geh zu Klytaimestra. Berichte ihr dass ich nicht kommen kann. Weil ich einen buben geboren habe. Einen nachfolger.

Lehrmeister

Und wann soll das passiert sein? Schon länger her? Gerade eben?

Elektra

Vor zehn tagen erst. Die zeit nach der geburt wo man noch unrein ist. Bis man am zehnten dem kind einen namen gibt. Es in die familie holt.

Lehrmeister

Und wie soll das dann den tod über deine mutter bringen frage ich?

Elektra

Ah – sie wird kommen sobald sie hört dass ich im wochenbett liege.

Lehrmeister

Warum glaubst du sollte sie das noch kümmern wie es dir geht?

Elektra

Ah – nicht ich kümmere sie. Der junge. Vor dem haben sie angst. Lamentieren jedoch wird sie seine niedere herkunft. Seinen unwert.

Lehrmeister

Mag sein – aber wie setzt das den mord an ihr in gang frage ich?

Elektra

Sie wird kommen. Und sie wird umgebracht. Das ist doch klar.

Lehrmeister

Ich verstehe – sie kommt und sie marschiert hier durch deine tür.

Elektra

Und von da ist es ein kurzes stück geradewegs in den Hades.

Lehrmeister

Wenn ich doch sterben könnte sobald ich das gesehen habe!

Elektra

Aber jetzt – alter lehrmeister – zeig Orestes seinen weg auf.

Lehrmeister

Du meinst dorthin wo Aigisthos den göttern sein opfer bringt?

Elektra

Dann geh zu meiner mutter und überbring ihr meine nachricht.

Lehrmeister

Das werde ich – die worte werden wie von dir gesprochen sein.

Elektra zu Orestes

Nun liegts an dir. Du hast das los des ersten todes gezogen.

Orestes

Ich bin mehr als bereit – wenn mich jemand zum opferfeld führt.

Lehrmeister

Ich werde dich dorthin bringen. Mit all meinem besten willen.

Orestes

O Zeus vater der du deine feinde vor dir hertreibst –

Elektra

– hab mitleid mit uns denn wir armen haben gelitten –

Lehrmeister

– ja zeig gnade denn dies hier sind deine abkömmlinge.

Orestes

Hera die du über all die altäre dieses landes herrschst –

Elektra

– gewähre uns den sieg wenn du es für gerecht hältst –

Lehrmeister

– ja gib ihnen gerechtigkeit aus rache für ihren vater.

Orestes

Du vater den ein unheiliger tod in den Hades schickte –

Elektra

– du göttin der erde auf die ich meine hände schlage –

Lehrmeister

– ja verteidigt diese deine liebsten kinder verteidigt sie!

Orestes

Und du Apollon dessen orakel mich hierher schickte –

Elektra

– gott des lichts zeig uns nun den weg aus dem dunkel –

Lehrmeister

– ja führe die hand der beiden: gib ihnen deinen segen!

Orestes

Ob uns die götter wohl hören?

Lehrmeister

Euer vater hört euch: und jetzt los.

Elektra

Er hört alles – das weiss ich. Du musst dich nun als mann beweisen.
Und ich bekräftige dich darin: Aigisthos muss sterben. Bring ihn um.
Wenn du jedoch überwältigt wirst winkt uns beiden ein bitteres ende.
Denn dann hält mich nichts mehr am leben – dann werde ich sterben.
Ich werde mir mit einem zweischneidigen schwert den kopf spalten –
wie ein mann. Ich werde jetzt ins haus gehen und mich vorbereiten.
Erreichen mich gute nachrichten wird der triumph darin widerhallen –
wirst du dabei jedoch umgebracht wird man hier auch mich beklagen.

sie wendet sich an den Chor
während Orestes, Pylades
und der Lehrmeister
rechts abgehen

Und ihr frauen zündet dann mit einer fackel die leuchtfeuer an um mir
nachricht zu geben – ich werde hier wache stehen – schwert in der hand.
Denn bei einer niederlage werde ich meinen feinden niemals erlauben
sich an meinem körper zu vergehen um mich für das geschehene zu strafen.

Elektra
geht ins haus;
der Chor *im singsang*

Chor

In Argos erzählt man sich immer noch die alte geschichte
wie ein magisches lamm seiner mutter entrissen wurde
von Pan dem herrn über wild und land von Pan mit der flöte
herab vom berg gelockt – ein goldenes feinwolliges lamm
das symbol der regentschaft über stadt und land.

Auf der steinernen plattform stehend rief ein herold aus:
Geht alle – geht alle zur versammlung ihr bürger und schaut
was euer zukünftiger könig Atreus da wunderbar seltsames
als zeichen seiner herrschaft besitzt! Und so kam Atreus
sohn des Pelops – Tantalus' enkel – an die macht in Argos.

Goldene altarbecken wurden aufgestellt rings um Argos
heilige feuer brannten der rauch stieg auf zu den göttern
samt liedern zu den flöten aus dem holz des zürgelbaums
die dieses goldene lamm priesen. Doch da kam der verrat –
Thyestes verführte erst die frau seines bruders des Atreus
und dann stahl er auch dies seltsam wunderbare zeichen:
er trat in die mitte der versammelten bürger und rief aus
er habe dieses gehörnte goldwollige tier bei sich zuhaus.

Doch in dieser stunde da änderte Zeus den lauf der sterne
hiess die sonne umzukehren und den morgen zum abend
und den abend zum morgen werden – sodass die regen
nunmehr den norden tränken während der süden seither
in der mittagsglut austrocknet zu wüste sand und staub.

Solche dinge erzählt man sich in Argos wenngleich wir
dem kaum noch glauben schenken dass eines menschen
eines einzelnen sterblichen wegen die sonne ihren lauf
und ihren mittag änderte – zum schaden von uns allen.
Solch furchteinflössende geschichten jedoch erinnern

uns der macht der götter und machen uns ihnen gefügig –
denn Thyestes' enkel Aigisthos und eure läufige mutter
haben darauf vergessen als sie Agamemnon ermordeten!

Chorführer

Horcht! Habt ihr das auch gehört? oder bilde ich
mir alles bloss ein? War das nicht eben ein erdbeben – das wie Zeus'
rollender donner klingt? Da – diese stösse von sich erhebenden böen!
Was bringt der wind? Woher weht er? Elektra – komm aus dem haus!

Elektra
tritt auf

Elektra

Was ist los – meine freundinnen? Wie steht es nun um uns??

Chor

Ich weiss nur – ich höre etwas wie todesschreie. Ein röcheln.

Elektra

Ich höre es auch – wie von weitem aber doch klar vernehmbar.

Chor

Es kommt aus der ferne – aber scheint so nah. Beängstigend.

Elektra

Stöhnt da einer allein – oder sinds zwei die ihre seele aushauchen?

Chor

Schwer zu sagen – Schreie. Ein seltsames singen. Durcheinander.

Elektra

Dann verkünden sie meinen tod. Warum ihn noch hinauszögern?

sie wendet sich um
wie um ins haus zu gehen
und sich umzubringen

Chor

Wart doch Elektra! Wart bis du sicher weisst was geschehen ist!

Elektra

Es hat doch alles keinen sinn – wir haben verloren. Sonst wäre
doch ein bote schon gekommen um uns Aigisthos' tod zu berichten.

CHOR

Einer wird auf jeden fall kommen – so oder so …
           Schau – schau:
da kommt bereits jemand!

PYLADES
tritt von rechts auf

PYLADES

Ihr frauen von Argos – all unseren freunden will ich berichten:
Orestes hat triumphiert! Agamemnons mörder ist zur strecke gebracht:
er ist tot der Aigisthos! Kommt und lasst uns all den göttern danken!

ELEKTRA

Wie kann ich dir glauben? Ich kanns nicht glauben! Wie soll ich –

PYLADES

Erkennst du mich nicht wieder? Ich bin es – deines bruders freund!

ELEKTRA

Ja Pylades – ich bin ganz durcheinander. Angst macht misstrauisch.
Sags nochmal. Langsam. Der verhasste mörder meines vaters ist tot??

PYLADES

Aigisthos ist tot – ja! Ich sags gerne auch noch ein drittes mal!

ELEKTRA

O götter – die allsehende gerechtigkeit hat sich endlich gezeigt!
Wie ist er gestorben? Was habt ihr getan? Wie seid ihr vorgegangen?
Komm erzähl schon – ich will alles wissen als wär ich dabeigewesen!

Als wir uns von hier aufmachten kamen wir bald auf die strasse
die breit genug für zwei karren ist und weiter bis nach Olympia führt.
Sie brachte uns bald zu dem gut bewässerten baumgarten wo der mann
der in Argos die macht an sich gerissen hat dabei war junge zweige
von einer myrte abzuschneiden um sich einen kranz aufzusetzen.
Als er uns sah rief er: ›Seid gegrüsst – fremde! Wer seid ihr? Wohin
geht ihr? Woher kommt ihr?‹ Und Orestes antwortete: ›Wir sind
aus Thessalien: athleten auf dem weg zu den olympischen spielen‹.
Als er das hörte deklarierte Aigisthos: ›Dann bestehe ich darauf
dass ihr mit uns heute an diesem fest teilnehmt – wir opfern eben
ein stierkalb für die Nymphen. Ihr übernachtet hier bei mir so gut
wie anders wo – und reist morgen weiter. Da verliert ihr kaum zeit.
Und jetzt kommt mit ins haus‹ – sagte er und nahm uns beim arm –
›ich dulde keine widerrede!‹
                Einmal im haus rief er seine sklaven:
›Beeilt euch und bringt ein waschbecken für die fremden damit sie
sich reinigen und am altar neben dem weihwasser stehen können!‹
Orestes jedoch erwiderte: ›Wir haben uns heute schon gewaschen
im reinen wasser eines fliessenden stroms – wenn wir als fremde
uns beim opfer zu den bürgern dieser stadt stellen dürfen Aigisthos
sind wir bereit und nehmen gerne teil!‹
                So redeten sie miteinander.
Und da bei dem opferfest keine gewalt zu erwarten war ausser die
gegen das kalb legten die wärter und leibwärter die speere beiseite
und die dienerschaft machte sich daran alles vorzubereiten: einige
brachten eine schale um das blut des kalbes aufzufangen – andere
trugen körbe mit dem gerstenmehl und dem schlachtmesser heran –
und die nächsten hinwieder entzündeten das opferfeuer und stellten
die heiligen becken um das feuer: das ganze haus war beschäftigt.
Dann griff der liebhaber deiner mutter in den korb mit der gerste
bestreute den altar und sagte sein gebet: ›Ihr nymphen des berges –
möge ich euch noch viele opfer darbringen – ich und meine frau –

die tochter des herrschers von Sparta – in unserem herrscherhaus: möge es uns weiter so ergehen wie jetzt – unseren feinden jedoch immer schlechter!‹ Damit meinte er zweifellos dich und Orestes. Der aber betete inwendig für das gegenteil: nämlich dieses haus wieder unter seine angestammte herrschaft zu bringen. Da nahm Aigisthos aus dem anderen korb das lange gerade opfermesser schnitt eine strähne vom fell des kalbes warf sie mit der rechten in die feuerstelle und schlitzte ihm dann – während die diener es auf ihre schulter hoben – die kehle durch – um zu deinem bruder zu sagen: ›Ihr thessalischen burschen behauptet ja immer keiner könne besser als ihr wildpferde zureiten oder ein rind zerlegen: nimm also das messer – fremder! Zeig ob etwas wahres dran ist!‹

Orestes griff sich das gut geschmiedete opfermesser schlug sich den feinen reiseumhang über die schulter und drängte die diener beiseite weil ich ihm dabei helfen sollte. Er streckte den arm aus nahm einen fuss des kalbs – setzte an – zog das fell daran zurück dass darunter die fetthaut weiss zum vorschein kam und häutete den rest des tiers schneller als ein läufer zwei runden drehen kann um ihm dann den bauch aufzuschneiden. Aigisthos holte daraus die heiligen innereien mit beiden händen um sie zu begutachten: der leber aber fehlten links der kleine lappen und die hauptvene – das tor zur seele des tiers – und auch die gallenblase verriet dann bei näherer betrachtung alle anzeichen eines drohenden unheils. Aigisthos verzog sein gesicht schaute dunkel und Orestes fragte: ›was verdirbt dir denn die gute laune?‹ ›Fremder – ich befürchte irgendeine schandtat – die von aussen kommt. Agamemnons sohn ist der mensch der mich am meisten hasst: der feind meines hauses‹. ›Da hast du also angst vor der hinterlist eines blossen flüchtlings??‹ – erwiderte Orestes – ›Kann mir jemand bitte ein hackbeil reichen um das brustbein aufzubrechen – damit wir uns an den innereien waiden können?‹ Und als man es ihm in die hand drückte schlug er zu. Aigisthos zog die darmschlingen eine um die andere heraus um dann die anderen organe zu beschauen – kopf darüber gebückt. Und da erhob sich dein bruder auf die zehenspitzen und hieb ihm das beil in das rückgrat mitten zwischen zwei wirbel: Aigisthos' ganzer körper zuckte aus und krampfte zusammen – er röchelte nach luft gab noch ein schrillen von sich und krümmte sich dann in den tod – gefällt wie ein stier – blut auf dem boden zerfliessend.

Die diener stoben auseinander rannten zu den speeren in der ecke und wir standen da – zwei gegen alle – aber Orestes und ich wichen keinen fussbreit legten unsere speere gegen sie an und dein bruder schrie: ›Ich komme nicht als feind der stadt und meiner gefolgsleute – ich wollte nur dass der mörder meines vaters mit seinem blut bezahlt: ich – Orestes – habe ebenfalls unter ihm nur gelitten – deshalb legt die waffen nieder – ihr seid doch die alten getreuen meines vaters!‹ Als sie diese worte hörten senkten sie die speere – und nachdem ein greis aus dem haushalt Agamemnons ihn wiedererkannt hatte krönten sie das haupt deines bruders mit blumenkränzen und riefen vor freude und triumph laut durcheinander. Orestes – der ist jetzt auf dem weg hierher um dir einen kopf zu bringen – nicht das haupt der Gorgone vor der du versteinern musst sondern Aigisthos' schädel. In all dem blutbad das er angerichtet hat ist er nun selber ertrunken!

Chor

Komm Elektra – schliess dich an unserem reigen
heb den fuss um dich flink wie ein reh zu zeigen
das zum sprung ansetzt himmelhoch –
dein bruder hat mehr gewonnen als in einem olympischen spiel
er hat gesiegt – er steht nun am ziel.
Komm Elektra – tanz mit uns – komm sing doch!

Elektra
singt und tanzt nicht

Elektra

O glanz o hitze der sonne – o erde o nacht in meinen augen!
Ich kann es kaum glauben – kann ich nun frei um mich schauen?
Aigisthos ist endlich tot – der mörder meines vaters ist umgebracht:
mein bruder ist zu krönen – er enthüllt sich in seiner mannespracht.

Chor

Komm Elektra – setz ihm einen kranz auf das haupt
wir tanzen weiter bis uns die muse den atem raubt
wir setzen zum sprung an himmelhoch –
dein bruder wird wieder herrschen über sein angestammtes land!
Das recht hat gesiegt – er hat alles in der hand.
Komm Elektra – tanz mit uns – komm sing doch!

Orestes
tritt von rechts auf
samt dienern die auf einer bahre
Aigisthos' leiche
vor dem haus abstellen

Elektra

In deinem glorreichen sieg – Orestes – erweist du dich ganz
als wahrer sohn unseres vaters der vor Troja seinen sieg errang:
lass mich dir diesen blumenkranz des triumphs aufs haupt setzen!
Im elend bist du gegangen – und siegreich wieder zurückgekommen:
du hast unseren feind getötet gleich wie er unseren vater getötet hat!
Und auch du Pylades – unser waffenbruder – du erweist dich ganz
als wahrer freund der familie – sei mit diesem kranz dafür bedankt!

Orestes

Dank zuerst den göttern – Elektra – sie haben diesen umschwung
zuwege gebracht – ich war nur ihr handlanger: ein diener des schicksals.
In ihrem namen habe ich Aigisthos umgebracht – schau – da liegt er.
Wenn du willst dann lassen wir seine leiche den hunden zum frass
und stecken seinen kopf auf einen pfahl den vögeln zum festmahl.

Elektra

Ich scheue mich   über einen toten zu reden –

Orestes

                                            Sags ihm ins gesicht!

Elektra

Tote zu beschimpfen ist ein sakrileg – es weckt den groll der götter.

Orestes

Fürchte sie nicht – Apollons orakel hat uns diesen tod verheissen!

Elektra

Aber ich weiss nicht ob die stadt solch ein verhalten gutheisst –
unsere bürger sind schwer zufriedenzustellen – und lieben hetzreden.

Orestes

Umso mehr ein grund ihm nun offen alles an den kopf zu werfen:
zum hass den wir gegen ihn hegten passen keine scheinheiligen worte.

Elektra
an Aigisthos' leiche gerichtet

Elektra

So sei es. Doch womit beginnen? Wie den hass in worte fassen –
welche in die mitte setzen – und worauf alles nun hinauslaufen lassen?
Ah – wie oft bin ich mich darin ergangen – morgens vor dem aufstehen
mir den hass auf ihn von der seele zu reden – wie oft mir vorgestellt
wie es sein würde könnte ich ihm einmal alles offen ins gesicht sagen
ohne angst haben zu müssen. Bin ich davon jetzt wirklich frei? Frei …

Du hast mein leben ruiniert – du hast mir meinen guten vater genommen –
mich und Orestes zum waisen gemacht obwohl wir dir nichts getan haben.
Du hast meine mutter in schande geheiratet – ihren ehemann umgebracht
der die griechen vor Troja befehligte – während du – wie alle hier wissen –
zu feige warst dich an diesem feldzug zu beteiligen. Du hast dir gedacht –
am gipfel deiner niedertracht – die ehe mit mutter gereichte dir zu ehre –
du hirnloser kretin – als könnte die hochzeit mit einer so treulosen frau
dir respekt und ansehen verleihen – dabei hättest du doch wissen sollen
dass wenn man es mit einer läufigen hündin treibt die man dann noch
zu seiner frau nehmen muss – dass eine solche ehebrecherin sich auch
im zweiten ehebett sich nicht anders aufführen wird als in ihrem ersten.
Was muss das leben mit ihr eine qual gewesen sein – aber du konntest ja
in saus und braus leben – solange du dir vormachtest es wäre alles bestens
obwohl du wusstest dass sie mit dir eine unheilige ehe einging – und sie

wusste dass sie einen gottlosen menschen geheirat hat – so verschlagen wie ihr beide seid hat einer des anderen ruchlosigkeit auf sich geladen: du ihre schande und ehrlosigkeit – sie deine infame nichtswürdigkeit. Ganz Argos hat sich über euch das maul zerrissen: da geht er – hiess es – der mann seiner frau – der bettgespiele der königin – dieses mannweibs. Was für eine schande: eine frau als herrin im haus – und nicht der mann! Auch ich verachte die kinder die sie ihm gebar – die man in der stadt nicht unterm namen ihres vaters kannte – sondern dem unserer mutter. Denn wenn bei uns einer über seinem rang heiratet ist und bleibt er neben seiner frau ein nichts.
  Doch am meisten getäuscht hast du dich – ohne es selbst zu merken – du verblendeter angeberischer hohlkopf – als du meintest die macht an dich gerissen zu haben – bloss weil du den zugriff zu unserem gold hattest – zu allen unseren besitztümern. Aber damit hast du nun ja nur kurz bekanntschaft gemacht – allein was man im guten erwirbt das bleibt einem – an dir aber blieb bloss dein mieser charakter haften – deine niedere natur hat dich schliesslich dahin gebracht wo du hingehörst – in den dreck – so wie auch jeder verbrecherisch erworbene reichtum sich von selbst wieder verflüchtigt er blüht nur kurz und verdorben an einem haus auf – um zu verwelken.

Über deine seitensprünge – über all die anderen frauen in deinem leben will ich gar nicht reden so tief begebe ich mich nicht herab – es wissen alle wie du dich aufgeführt hast im palast mit deinem öligen charme … Wenn ich einmal richtig heiraten werde dann keinen derart affektierten weibischen laffen wie dich sondern einen der seinen ganzen mann steht und mir kinder macht die auch kampfgeist haben – dein gutes aussehen taugte nur um beim tanz figur zu machen.
  Bist gleich dumm gestorben wie du gelebt hast – du hast leider nicht einmal im todeskampf gemerkt was dich überkommen hat – die gerechte strafe. Aber sie hat dich jetzt blossgestellt – und nun schaust du mich gross an – mit leeren augen. Dein schädel soll jedem verbrecher deutlich machen dass er vielleicht

in den ersten runden noch einen vorsprung hat – ihn dann jedoch bald
die gerechtigkeit einholt und ihn schliesslich über die ziellinie stösst:
und zwar in den bitteren tod. Drum kriech jetzt – kriech in den Hades!

CHOR

Schrecklich waren seine taten – schrecklich hat er sie euch bezahlt –
dir und Orestes – gerechtigkeit ist eine macht die jeden brandmalt.

ELEKTRA

Diener – schafft die leiche ins haus. Setzt sie in ein dunkles eck.
Wenn mutter kommt soll sie ihn erst im moment ihres todes sehen.

*PYLADES und die diener
tragen die bahre ins haus.
ORESTES bleibt
weil er von ferne jemanden kommen sieht.*

ORESTES

Wart. Da ist etwas über das wir noch einmal reden müssen.

ELEKTRA

Worüber? Dass wir vielleicht aus Argos verstärkung kriegen?

ORESTES

Nein – über meine mutter. Die ich von da jetzt kommen sehe.

ELEKTRA

Ja – geradewegs auf uns zu. Und mitten hinein in unser netz.

ORESTES

Ja – und sie wird offenbar von nicht wenigen dienern begleitet.

ELEKTRA

Schau – wie prächtig ihr wagen und wie fein sie angezogen ist.

ORESTES

Was werden wir tun? Sollen wir unsere mutter wirklich töten?

ELEKTRA

Überkommt dich jetzt etwa mitleid? Wirst du vielleicht weich?

ORESTES

Gott – wie kann ich die töten die mich geboren und gestillt hat?

ELEKTRA

Genauso wie sie den getötet hat der dein vater war und meiner.

ORESTES

O gott des lichts – soviel dunkles in deinem heiligen ratschluss.

ELEKTRA

Wo dir sein orakel jetzt aberwitzig scheint willst du weise sein?

ORESTES

Er befahl die mutter zu töten – und damit ein verbotenes opfer.

ELEKTRA

Welches unrecht nimmst du auf dich rächst du unseren vater?

ORESTES

Als muttermörder bin ich nicht mehr rein – sondern strafbar.

ELEKTRA

Ebenso viel strafe steht darauf vatermord ungesühnt zu lassen.

ORESTES

Ich weiss – aber wird man mich für muttermord nicht aburteilen?

ELEKTRA

Genauso aber kann man dich auch des verrats an vater zeihen.

ORESTES

Und was wenn ein dämon die gestalt des gottes angenommen und das orakel ausgesprochen hat?

ELEKTRA

Die Pythia im heiligen Delphi?
Die auf dem geweihten dreifuss sitzt?? Das kann ich nicht glauben.

ORESTES

Und ich kann nicht glauben dass diese prophezeiung gut war.

ELEKTRA

Nimm dich zusammen. Stehe deinen mann. Werde nicht feig.
Geh ins haus und stell jetzt dieselbe falle für sie auf in die sie damals
ihren ehemann gelockt hat – allein ihres liebhabers Aigisthos wegen.

ORESTES

Ich geh hinein. Ich übertrete damit eine schwelle. Und begehe
damit einen weg der nur ins schreckliche führt. Wenn das der wille
der götter ist – dann sei es. Aber es bringt nur bitteres – nichts süsses.

ORESTES
geht ins haus.
KLYTAIMESTRA
kommt auf dem wagen von rechts
zusammen mit trojanischen sklavinnen.
Der chor singt zur begrüssung

CHOR

Heil – herrin – herrscherin über land und stadt von Argos
tochter des Tyndareos – schwester von Zeus' sohn Kastor
welcher nun mit Polydeukes als sternbild am himmel thront –
retter im seesturm – der gott der schiffbrüchige verschont.
Heil! Wir ehren dich nicht weniger für deinen wohlstand –
heil – die götter haben nun auch dein schicksal in der hand!

KLYTAIMESTRA

Raus aus dem wagen ihr Trojanerfrauen – nehmt meine hand
und helft mir herunter – damit ich wieder auf den boden komme.

*sieht sich peinlich berührt um
und wendet sich dann zu* ELEKTRA

Ich habe diese sklavinnen mitgebracht – edelste Trojanerfrauen
die nun meinen palast zieren – statt der geliebten tochter die ich
verloren habe – und die sie mir im leben nicht ersetzen können.

ELEKTRA

Da ich nun auch nur zierde bin – aber für ein trostloses haus –
eine frau die ihr Troja verloren hat – das nichts ihr ersetzen kann –
muss nicht ich dir die hand reichen – mit allem gesegnete mutter?

KLYTAIMESTRA

Bemüh dich nicht – die sklavinnen sind da um mir zu helfen.

ELEKTRA

Warum nicht? Auch ich bin eine beutesklavin die man von
zuhause weggetrieben hat – die ihren alten palast verloren hat –
meine stadt erobert und geplündert – so gefangen wie vaterlos.

KLYTAIMESTRA

Das hat allein dein vater über uns gebracht – seine intrigen
gegen jene die eigentlich höchste zuneigung und tiefsten respekt
verdient hätten – all seine freunde – sein kind – und auch mich.
Ich erinnere dich gerne noch einmal daran. Hat eine frau einmal
einen schlechten ruf erworben wird ihre zunge bitter. Aber das ist
in meinen augen nichts schlechtes – sie kann damit schärfer sagen
was geschehen ist. Denn erst so lernen die leute alle fakten kennen:
wenn man sie aufgrund dessen dann immer noch verachtet ist es
wenigstens gerecht – man weiss so warum eine frau gehasst wird.

Alles andere ist bloss üble nachrede.
                              Tyndareos – der herrscher
von Sparta – mein vater – gab mich deinem vater damals zur frau –
ihm zur obhut – doch nicht damit ich oder was ich zur welt bringe
umgebracht wird. Dennoch hat der ach so grosse Agamemnon
als die flotte nicht gen Troja auszulaufen vermochte meine tochter
Iphigeneia in den hafen von Aulis gelockt indem er ihr vormachte
Achilleus wolle sie heiraten. Dort jedoch hat er sie dann geopfert –
sie über den altar gestreckt und ihr die weisse kehle aufgeschlitzt –
nur damit die götter in der flaute einen günstigen wind schicken!
Wenn es darum gegangen wäre unsere stadt vor einer eroberung
und unseren palast vor plünderung zu bewahren oder die sicherheit
meiner anderen kinder zu garantieren – eines als opfer auch für dich –
hätte ich ihm vergeben können. So aber gings bei diesem kriegszug
bloss um Helena – dass meine schwester lust auf einen anderen hatte –
um diesen laffen von Paris – und dass der schlappschwanz Menelaos
weder Helena im zaum halten noch mit ihrem verführer fertigwurde.
Und dieses ehebruchs wegen nahm Agamemnon meiner Iphigeneia
das leben – der vater der eigenen tochter – wegen dieser geschichte??
Kannst du auch nur im entferntesten nachvollziehen was er auch mir
damit angetan hat? Doch deswegen wär ich noch nicht wild geworden
und hätte den eigenen mann getötet – aber danach brachte er mir noch
aus seinem Troja diese wahnsinnige prophetin und Apollonpriesterin
ins haus – Priamos' tochter Kassandra. Er hielt uns wie konkubinen:
seine frau – und diese irre – in einem bett. Zwei stuten in einem stall
für diesen herrenreiter. Wir weiber mögen stutenbissig – eifersüchtig
gefühlsselig – launisch – was weiss ich sein: aber wenn der eigene mann
dazu noch die andere neue vorzieht und nur mehr mit ihr schlafen will –
wird jede frau es ihm über kurz oder lang heimzahlen: es ihm gleichtun
und sich einen anderen suchen. Wen aber zieht man dann in den dreck:
uns frauen! Über uns zerreisst man sich das maul – während die männer
die schuld an allem sind gut dastehen – sogar noch bewundert werden!

Stell dir das umgekehrt einmal vor. Nimm an mein schwager Menelaos wäre von einer frau ver- und dann entführt worden. Hätte ich – um ihn wieder zurückzuholen – meinen Orestes für ihn an einem altar geopfert? Was glaubst du hätte dein vater dann gemacht? Umgebracht hätt er mich. Was für ihn rechtens gewesen wäre soll nun für mich unrechtens sein?? Ich habe ihn getötet – ja. Ich habe mich von ihm abgewandt – und bin den einzigen weg gegangen der mir noch offenstand: zu seinen feinden. Denn von seinen freunden hätte mir trotz allem keiner beistand geleistet. Und nun sag frei heraus – so wie es jedem bürger zusteht – was du denkst: sag mir was am tod deines vaters des grossen Agamemnon ungerecht war.

CHOR

In dem was du sagst hast du recht.
Denn Dike – die göttin der gerechtigkeit –
kann auch tückisch sein: schlecht.
Eine frau die ihrem mann nicht verzeiht
zählt in unseren augen nicht:
sie vergeht sich gegen ihre pflicht.

ELEKTRA

Du hast gesagt ich kann frank und frei sein in dem was ich denke
und es dir offen bekennen – bist du sicher dass du das auch hören willst?

KLYTAIMESTRA

Kind – noch einmal – sag mir endlich offen heraus was du denkst.

ELEKTRA

Damit du mir dann wieder wehtust? Und es gegen mich benützt?

KLYTAIMESTRA

Ich stehe zu meinem wort. Sag was du von deiner mutter hältst.

ELEKTRA

Ich würde etwas von meiner mutter halten wenn sie mehr vernunft
und verstand zeigen würde. Deine schönheit wird von allen gepriesen –
was das betrifft stehst du Helena nicht nach – auch eurem wesen nach
seid ihr beide schwestern – gleich oberflächlich – gleich selbstsüchtig.
Eine schande für euren bruder Kastor dem ich als frau versprochen war.
Helena betrog Menelaos aus freien stücken und ging ebenso freiwillig
ihrem untergang entgegen wie du ihn inszeniert hast für Griechenlands
grössten helden – beide habt ihr eure männer hintergangen – und beide
euch nach bedarf hinter ihnen verschanzt. Dass du ihn umgebracht hast
wegen Iphigeneia ist bloss ein vorwand – dazu kenne ich dich zu gut.
Denn lange bevor die götter Iphigeneia an ihren altar gefordert haben –
und zwar unmittelbar nachdem Agamemnon sein schiff bestiegen hat –
hast du schon deine schönen braunen locken im spiegel zurechtgezupft.
Eine frau die sich kaum dass der mann aus dem haus ist aufhübscht –
die kann man bei uns getrost abschreiben: wir sind hier nicht in Troja.
Wozu will sie sich denn derart aufgeputzt in der öffentlichkeit zeigen –
wenn nicht um ihren ruf und ihr schicksal herauszufordern? Sie weiss ja
sehr gut wofür sie dann gehalten wird – und ist ganz offenbar darauf aus.

Und glaubst du ich hätte nicht bemerkt dass du als einzige aller frauen
Griechenlands dich darüber freutest wenn es um die Trojaner gut stand
während dein gesicht harte züge bekam sobalds ihnen an den kragen ging
weil du gehofft hast Agamemnon würde dort fallen – und du ihn los sein.
Du hast ihn nicht geliebt – und hättest dennoch anstand wahren können.
Das leben hat dir alles in die wiege gelegt – du hattest alles was man nur
haben kann: Agamemnon war ein weit besserer mann als dein Aigisthos –
sonst hätten ihn die griechen wohl nicht zu ihrem heerführer erhoben.
Und nachdem du gesehen hast was deine schwester alles angerichtet hat
hättest du gelegenheit gehabt umso ehrenvoller und grösser dazustehen –
denn das gute misst sich stets am schlechten: indem es sich davon abhebt.

Aber selbst wenn du nicht damit fertigwurdest dass mein vater Iphigeneia
opfern musste – was habe ich dir denn getan? Oder mein bruder Orestes?
Warum hast du – vater einmal umgebracht – uns nicht unser haus gelassen
sondern hast unser erbe an dein bett verschwendet – uns damit verpfändet
und deine neue ehe mit dieser mitgift erkauft? Und warum hat man ihn –
deinen bett- und kostgänger – deinen ehemann nicht ins exil geschickt –
dafür dass er deinen sohn ins exil schickte? Warum ihn nicht getötet
als sühne dass ich durch ihn in meinem leben doppelt soviel büsste
wie Iphigeneia durch ihren tod? Wenn es so ist dass der mord bei uns
zu gericht sitzt und weiteren mord als strafe verlangt dann werden ich
und dein sohn Orestes dich selber töten müssen um vater zu rächen.
Denn wenn dein mord damals gerecht war ist es unserer nun auch.

Klytaimestra

Mein kind – du hast deinen vater angebetet seit du klein warst.
Das ist so im leben – manche kinder hängen dem vater nach – andere
verehren ihre mütter. Ich trage dir da nichts nach – ich weiss sehr gut
mein kind dass ich viel falsch gemacht habe. Ich bin nicht froh darüber.
Ich leide genug unter mir selbst – an dem was ich da angerichtet habe.
Der zorn den ich in meinem busen gegen unseren Agamemnon nährte
wie eine schlange: er hat mich vergiftet – und mich dabei blind gemacht.

ELEKTRA

Deine tränen kommen zu spät – sie können nun nichts mehr heilen.
Mein vater ist tot – aber warum holst du nicht wenigstens Orestes zurück?
Deinen sohn – der sich irgendwo in seinem exil durchschlagen muss??

KLYTAIMESTRA

Weil ich angst vor ihm habe. Ich um mein leben fürchten muss –
nicht um seines. Es heisst der tod seines vaters hat ihn blutwütig gemacht.

ELEKTRA

Und warum lässt du zu dass dein mann mich so grausam behandelt?

KLYTAIMESTRA

Das ist seine art. Und du bist auch viel zu selbstbestimmt und stur.

ELEKTRA

Ja – weil ich verletzt bin. Aber mein zorn der wird bald nachlassen.

KLYTAIMESTRA

Und er – da bin ich mir sicher – dich bald grossmütiger behandeln.

ELEKTRA

In seinem grossmut ja – weil er in meinem haus aus- und eingeht.

KLYTAIMESTRA

Siehst du – und schon schürst du den streit wieder von neuem.

ELEKTRA

Bin schon still – ich fürchte ihn eben – so wie ich ihn fürchte.

KLYTAIMESTRA

Genug geredet. Warum hast du mich rufen lassen – Elektra?

Elektra

Ich nehme an du hast gehört dass ich ein kind geboren habe.
Bitte bring für mich das dankopfer dar das man am zehnten tag
nach einer geburt feiert – so wie es brauch ist – ich weiss nicht wie –
ich kenne mich da nicht aus – es ist ja mein erstes kind – ein sohn!

Klytaimestra

Das ist die sache der hebamme die das kind zur welt brachte.

Elektra

Ich hatte keine hebamme. Ich habe meinen sohn selbst geboren.

Klytaimestra

Ist der bauernhof hier so einsam dass ihr keine nachbarn habt?

Elektra

Armhäusler wie uns will auch hier keiner als nachbarn haben.

Klytaimestra

Schau dich doch an – wie schmutzig du bist! Ja – wäschst du dich
denn nicht – und das nach einer geburt und den tagen im kindbett??
Da werde ich wohl oder übel losziehen und dieses opfer darbringen –
für das kind. Sobald ich dir den gefallen getan habe gehe ich jedoch
zu dem hain wo Aigisthos gerade das fest für die Nymphen vorbereitet.
Und ihr frauen: spannt den wagen ab und führt die tiere zum futtertrog.
Kommt zurück wenn ihr denkt dass ich mit meinem opfer an die götter
fertig bin – ich muss auch meinem ehemann noch einen gefallen tun!

*die Dienerinnen
führen den wagen fort*

Elektra

Sei willkommen in meiner bescheidenen behausung. Da ist die tür.
Pass auf bitte dass dir der russ überall nicht die kostbare robe beschmiert.
Aber du wirst im haus alles finden was die götter für ihr opfer brauchen

Klytaimestra
geht ins haus

Der korb mit der heiligen gerste steht bereit – das messer ist geschliffen
das bereits den stier getötet hat – und du wirst dann niedergestreckt
neben ihm liegen – auch im Hades mit dem verheiratet mit dem du
in deinem leben geschlafen hast. Das ist der gefallen den ich dir tue –
während du nun deine schuld an meinem vater Agamemnon begleichst.

Elektra geht ins haus

Chor

Das böse wird zurückbezahlt. Der wind des schicksals
weht nun anders um das haus.
Zuvor fiel der alte herrscher im bad – eine axt im hals
ein schwert im rücken rief er aus:
warum bringst du mich um – harte frau – nach zehn jahren
gerade als wir wieder zuhause waren?

Die zeit nimmt uns. Sie setzt uns wieder zum anfang zurück:
nun rennst du in dein unglück.

> KLYTAIMESTRAS
> *stimme ist von innen zu hören*

> KLYTAIMESTRA

Kinder – bei den göttern ich bitte euch tötet nicht eure mutter!

> CHOR

Hören wir da drinnen jemanden schreien?

> KLYTAIMESTRA

A – A – ich – ich ...

> CHOR

Auch wir stöhnen auf. Dass ihre kinder sie ... überwältigen

> CHOR

Früher oder später da sprechen die götter recht.
Hartherzige frau – du hast viel hartes erlitten:
doch was du deinem gatten antatest war schlecht –
unheilig. Da überhören sie alle fürbitten.

> ORESTES, ELEKTRA *und* PYLADES
> *kommen aus dem haus;*
> *drinnen sind, nebeneinander,*
> *die leichen von* AIGISTHOS *und* KLYTAIMESTRA *zu sehen;*
> *wechselgesänge von nun an*

CHOR

Hier kommen sie – frisch mit blut bespritzt
vom mord an ihrer mutter.
Und da drinnen liegen sie – frisch mit blut bespritzt
trophäen eines schlachtopfers.
Es gibt kein herrscherhaus – noch gab es das jemals –
tragischer als das des Tantalus.

ORESTES

O Göttin der erde – O Zeus der alles gewahrt –
O seht nun diese bluttat!
Seht diese zwei leichen – die die rache getötet hat.
Seht mich – von der tat besudelt.

ELEKTRA

Weine für mich bruder – ich trage die schuld –
ich habe vor hass gebrannt.
Weine für mich bruder – der frau die mich gebar
der frau gebar ich den tod.

CHOR

Wir beweinen die mutter – wir beweinen ihr los –
sie hat schreckliches erlitten.
Wir beweinen die mutter – getötet von ihren kindern
hat sie nun ihren mord gebüsst.

Orestes

Apollon – gott des lichts:
dunkel ist der lauf der gerechtigkeit
die du mir verkündet hast –
hell jedoch sind die narben
die sie mir auf meiner haut hinterlässt.
Du hast mich mit dem los der mörder geschlagen
verbannt zu werden von zuhaus.
Doch welche stadt nimmt mich auf – welches land?
Wer sieht mir noch ins gesicht
nachdem ich nun die eigene mutter umgebracht habe?

Elektra

Und wehe – an wen kann ich mich noch wenden?
Verstossen bin ich aus allen reigen
Ausgeschlossen von jedem fest – jeder hochzeitsfeier.
Welcher mann will mich noch haben?
Wer mich noch heiraten? Wer mich holen ins ehebett?

Chor

Mit dem wechsel des windes
haben sich auch deine gedanken gewandelt –
jetzt sind sie wieder rein
wo sie zuvor unheilig waren:
Schreckliches hast du von deinem bruder erzwungen!

ORESTES

Hast du gesehen wie sie
als wir auf sie losgingen
ihre brust entblösste
sie uns den busen hinhielt
während sie zu boden sank
auf die schenkel die uns gebaren?

ELEKTRA

Ich sah dein entsetzen
als du sie betteln hörtest
die mutter die dich gebar.

ORESTES

Sie legte ihre hand
auf mein gesicht und schrie:
›Mein kind – ich flehe dich an!‹
Sie krallte sich an meine wangen
und ich liess das schwert sinken.

ELEKTRA

Wie elend sie da war.
Wie konntest du den blick
ihrer augen im tod ertragen?

ORESTES

Ich warf mir den mantel
über mein gesicht
um unter diesem blick
nicht zu versteinern
und stiess ihr dann
das schwert in den rücken.

ELEKTRA

Und ich trieb dich an.
Ich ergriff deinen schwertarm
stiess mit hinein in diesen schrecken.

ORESTES

Nimm diesen mantel
und bedeck mutter damit
dass man die wunde nicht sieht.
So sind also aus den kindern
die sie gebar mörder geworden.

ELEKTRA

So sei dein mantel
nun das leichentuch
und die tragik unseres hauses
mit diesem stoff verhüllt.

KASTOR *und* POLYDEUKES
werden als puppen –
deus ex machina –
vom schnürboden herabgelassen;
der CHOR *singt*

Chor

Da – da kommen dämonen oder götter aus dem licht
    und lassen sich herab auf dieses haus –
    Menschen umgibt solch ein strahlen nicht:
    warum zeigen sie sich unserem angesicht?

die götter stehen auf dem dach;
K<small>ASTOR</small> *spricht für beide*

Hör zu – sohn des Agamemnon – wir sind gekommen
um dir beizustehen: ich Kastor – und Polydeukes neben mir
wir – die zwillinge des Zeus – und die brüder deiner mutter.
Wir kamen aus einem sturm der Menelaos' schiffe bedrohte
zurück nach Argos um nun zu sehen dass unsere schwester
eure mutter ermordet wurde. Die gerechtigkeit hat sie ereilt:
ihre strafe war gerecht – nicht aber eure tat. Dass ihr das recht
in die hand genommen und es vollstreckt habt war ungerecht.
Was Apollon betrifft – den gott des lichts – er ist unser herr –
deshalb haben wir zu schweigen. So weise Apollon auch ist:
er weiss was richtig ist – doch das orakel für dich war falsch.
Uns bleibt nichts anderes als dies zu akzeptieren – euch nun
die folgen zu tragen – und das schicksal auf euch zu nehmen
das Zeus und die Moiren bestimmt haben.
                                        Elektra soll sich
einen neuen mann suchen. Dich Orestes werden die Keren
die schrecklichen rachegöttinnen des schicksals hechelnd
und hundsäugig überkommen und dich in den wahn treiben
einem rad gleich wirst du kreiseln und in den irrsinn rollen.
Was Aigisthos' leiche betrifft so werden ihn nun die bürger
von Argos irgendwo begraben. Den leichnam eurer mutter
dürft ihr selbst ja nicht bestatten – das steht mördern nicht zu:
am besten wäre es Menelaos trägt ihn in allen ehren zu grabe
so er es nach dem seesturm noch zur rechten zeit schafft – er ist
mit seinen schiffen auf der fahrt hierher – ja – er kommt endlich
zurück aus Troja – und hat Helena an bord.
                                        Pylades soll Elektra
beistehen so gut er es kann und mit ihr bald das land verlassen –
und dabei auch den bauer dieses hofes mitnehmen – den mann
der Elektras scheinehe wie ein wahrer bruder aufrechterhielt
er wird nun sein glück machen und alten wohlstand erlangen.

Und auch ihr werdet erleichterung von euren sorgen finden –
sobald ihr euch den folgen eures muttermords gestellt habt.

erneut wechselgesänge

CHOR

O ihr söhne des Zeus – ist es erlaubt
uns zu nähern und mit euch zu reden?

KASTOR

Dieser mord fällt nicht auf euer haupt –
nähert euch – ihr dürft mit uns reden.

CHOR

Warum – wo ihr doch halbgötter seid –
beschützt ihr nicht das haus vor allem leid?
Warum könnt ihr die Keren
denn nicht abwehren?

KASTOR

Auch über uns bestimmt das schicksal –
wir unterstehen den Moiren und ihrem tribunal
und dem orakel des Apollon
ist tribut zu zollen.

ELEKTRA

O ihr söhne des Zeus – ist es erlaubt
mich zu nähern und mit euch zu reden?

KASTOR

Dieser mord fällt auf Apollons haupt –
nähere dich – du darfst mit uns reden.

ELEKTRA

Welches orakel hat denn verkündet
wodurch hat Apollon denn begründet
durch welchen ratschluss
dass ich mutter töten muss?

KASTOR

Du bist teil von Orestes schicksal –
du teiltest die tat – nun teile das tribunal:
dem fluch auf eurem haus
kommst du nicht aus.

ORESTES

O ihr söhne des Zeus – ist es erlaubt
mich zu nähern und mit euch zu reden?

KASTOR

Dieser mord fällt nun auf dein haupt –
es ist geschehen – es nützt nichts mehr zu reden.
Da kommen sie bereits die Keren:
wir können sie nicht abwehren.

Wir hören sie schon hecheln wie hunde
sie keifen und geifern aus einem munde –
sie kommen bereits über dich mit schwarzen flügeln
und züngelnden schlangen – sie sind nicht zu zügeln.

Wir müssen uns aufmachen und gehen
wir können keinem unreinen beistehen
wir können nur die retten die das heilige bewahren
und sich so wie das recht es verlangt auch gebahren.

Nur wer einen geraden kurs steuert
auf dem schiff der gerechten anheuert
den können wir retten wenn er in einen sturm gerät –
nicht aber den der aus eigenem willen das gute verrät.

Wenn einer wissentlich böses begeht –
selbst wenn ein gott hinter ihm steht –
schlagen die wellen über seinem haupt zusammen
und der zorn des himmels setzt ihn in flammen.

ZWEITES STÜCK
ORESTES

Elektra
Helena
Chor der argeischen Frauen
Orestes
Menelaos samt Anhang
Tyndareos
Pylades
Bauer
Hermione
Sklave
Apollon als Puppe

> ORESTES
> *schläft auf einem bett*
> *vor dem palast von Argos;*
> ELEKTRA *steht davor*

ELEKTRA

Es gibt nichts neues unterm himmel –
was an schrecklichem vorstellbar ist
jede art von leid alles was einem götter nur auferlegen
musste ein mensch irgendwann bereits auf sich nehmen.
Denkt an Tantalus: dieser ehemalige günstling der götter
kauert nun (und ich spotte nicht über sein schicksal nein)
unter dem stein der sonne – dieser masse von kaltem licht
die über ihm schwebt – ewig in angst
dass sie ihn erschlägt. Und alles bloss
weil er – der mit den unsterblichen an der tafel sitzen durfte –
sein krankhaft loses mundwerk nicht zu halten vermochte
und anspruch erhob zu leben wie sie.
Tantalus zeugte Pelops – der wieder Atreus und den Thyestes
welcher die macht und die frau seines bruders an sich riss –
worauf die sonne samt sternen sich in ihrem kreisen verkehrten –
und Atreus Thyestes' kinder schlachtete um ihm dann ihr fleisch
in einer suppe vorzusetzen: worauf Thyestes
mit seiner eigenen tochter heimlich den Aigisthos zeugte
der mit der stadt hier sein unwesen trieb.
Doch weshalb noch weiter auf meiner familie herumhacken?
Weil Atreus zwei söhne hatte: den glorreichen Agamemnon –
so glorie das rechte wort für das ist
was er errang – und den Menelaos

der jene heiratete welche selbst die götter verachten – Helena –
während Agamemnon ihre schwester Klytaimestra heiratete
von der ganz Griechenland nur das beste hielt.
Mit ihr zeugte er meinen bruder Orestes
Chrysothemis und Iphigeneia – und mich:
kind an der brust einer unsäglichen mutter
die meinem vater nach dem bad in sein gewand half es ihm
ums gesicht schlang und ihm eine axt in den schädel schlug.
Über das warum habe ich wenig zu sagen – ich überlasse das
dem publikum – mit ehebrüchen habe ich keine erfahrung –
nur mit morden und dem gott des lichts.

Würde man wagen Apollon darob eines vergehens anzuklagen?
Denn er war es der Orestes dazu brachte seinen vater zu rächen
was hier nicht von allen augen als ruhmestat angesehen wurde –
aber er gehorchte einem gott. Und so tötete er erst den liebhaber
unserer mutter – und darauf auch sie selbst. Sein freund Pylades
leistete beihilfe – und ich stand ihm bei so gut eine frau es kann.

Seitdem ist Orestes krank – er liegt da
auf seinem bett wie von einer seuche der lymphen befallen
im wahn das blut der mutter pulsierend
in seinen adern fiebrig sich schüttelnd
als spielten götter welche ich nicht zu nennen wage mit ihm
hoppa hoppa reiter – wenn er fällt dann schreit er – fällt er
in den graben fressen ihnen die raben.
Sechs tage seit der blutleere leichnam
der Klytaimestra dem reinigenden feuer übergeben worden ist –
sechs tage seit Orestes das letzte mal
gegessen und sich gewaschen hat – schwitzend unter der decke
dazwischen manchmal klare momente
wo er aufsitzt schluchzt – um darauf aus dem bett zu springen
ungelenk wie ein füllen das man zum ersten mal laufen lässt.

Nach Aigisthos' tod haben dessen gefolgsleute
Oeax – den thronfolger von Nauplion – zum kandidaten gekürt
für den thron der nur Orestes zustehen kann –
und glauben damit einen klugen schachzug gemacht zu haben
um nicht nur in Argos sondern auch im benachbarten Nauplion
die herrschaft an sich zu bringen –
und sie machen nun überall ihren einfluss geltend.

Der rat und die stadtversammlung von Argos haben
beschlossen dass keiner uns unter seinem dach aufnehmen darf
muttermörder die wir sind – und heute
wird darüber abgestimmt ob wir gesteinigt werden – oder nicht.
Eine hoffnung gibt es noch – Menelaos:
er ist auf seinem schiff – lang hats gedauert – von Troja zurück.
Nauplions hafen ist voll seiner ruderer
und er hat die Helena bereits vorausgeschickt zu unserem palast
gestern nacht – auf dass sie nicht jenen
die ihretwegen dort ihre söhne verloren vor das gesicht komme –
man bewürfe sonst sie mit steinen.
Sie ist gerade drinnen um den tod ihrer schwester zu beweinen –
einen trost aber findet sie wenigstens:
ihre tochter Hermione – die Menelaos Klytaimestra in obhut gab
als er damals nach Troja zog: siebzehn jahre musste sie werden
um ihre mutter wiederzusehen.
Während ich an dem punkt stehe wo alle wege zusammenlaufen
und ausschau nach Menelaos halte:
wirft er uns keine rettungsleine zu
gehen wir miteinander unter – unser haus ist ein sinkendes schiff.

HELENA
kommt aus dem haus
mit einem tablett
auf dem krüge und eine haarlocke sind

Helena

Elektra – kind! wie du Klytaimestra gleichst …. wie geht es dir?
Ich habe gehört dass du unglückliche
immer noch keinen mann gefunden hast …
und wie geht es dem unseligen Orestes
der zum mörder seiner mutter geworden ist?
Ich scheue mich nicht mit dir zu reden
diese tat befleckt mich nicht – ich gebe euch keine schuld daran:
ihr habt auf Apollons geheiss gehandelt.
Aber ich trauere um meine schwester –
ich habe sie nicht mehr gesehen seit mich
die götter verführten und im wahn wiegten
mit Paris nach Troja segeln zu müssen
und hier alle und jeden im stich zu lassen.
Ich bin nun in trauer – ich beklage ebenfalls was vorgefallen ist.

Elektra

Was könnte ich noch sagen als was du nicht selber siehst –
uns gehts schlecht. Ich schlafe nicht mehr
und wache vor einem toten – so schwach wie er atmet liegt er
bereits im sterben – während du die wunderbar glückliche frau
eines glücklichen wunderbaren mannes bist.
Du hast uns an einem schlechten tag erwischt.

Helena

Wie lange ist er schon in diesem zustand?

Elektra

Seit er das blut seiner mutter vergossen hat.

Helena

Der arme. Und die arme die so sterben musste.

ELEKTRA

Es ist wie es ist. Und daran ist er zerbrochen.

HELENA

Mein liebe – kannst du mir einen gefallen tun?

ELEKTRA

Du siehst doch – ich muss hier Orestes pflegen.

HELENA

Könntest du zum grab meiner schwester gehen –

ELEKTRA

Wieso um alles in der welt soll ich zu mutter gehen?

HELENA

Um ihr opfergeschenke zu bringen – grabbeigaben!

ELEKTRA

Wäre das denn nicht deine pflicht und aufgabe?

HELENA

Du weisst dass ich mich hier nicht zeigen darf –
ich hab angst davor – und schäme mich.

ELEKTRA

Für scham ist es etwas spät – und angst hattest du
keine als du damals frech davonranntest.

HELENA

Das ist wahr – aber auch sehr unfreundlich von dir.

ELEKTRA

Wovor fürchtest du dich denn?

HELENA

Vor den vätern deren söhne tot vor Troja liegen.

ELEKTRA

Dazu hast du jeden grund – alle reden über dich.

HELENA

Tust du es also für mich?

ELEKTRA

Ich brächte es nicht fertig an mutters grab zu stehen.

HELENA

Bitte – es sähe schlecht aus einen diener zu schicken.

ELEKTRA

Warum schickst du nicht deine tochter Hermione?

HELENA

Ein unverheiratetes mädchen sollte nicht allein
auf die strasse gehen.

ELEKTRA

Aber es steht ihr zu das grab der frau zu besuchen
die sie aufgezogen hat.

HELENA

Da hast du recht. Daran hab ich gar nicht gedacht –
ein guter vorschlag – Hermione, mein kind! Kommst du?

HERMIONE
tritt auf

Geh mit diesem opferkrug und meiner abgeschnittenen strähne
zu Klytaimestras grab – lass den honig darauf rinnen – giess
den wein darüber aus – und dann stell dich auf den grabhügel
und sag: ›deine schwester Helena bringt dir diese gaben dar
sie selbst kann nicht kommen – aus angst vor dem zorn der stadt.‹
Bitte sie mir gewogen zu sein und dir und meinem mann –
und diesen zwei armen seelen die ein gott zerstört hat.
Versprich ihr dass ich ihr geben werde was immer man
den toten geben kann – jetzt lauf. Und komm schnell zurück.

HERMIONE
geht ab;
HELENA
kehrt ins haus zurück

ELEKTRA
Man kommt seiner natur nicht aus – den einen ists ein fluch
den anderen ein segen – sie hilft ihnen offensichtlich durch alles.
Habt ihr gesehen dass sie nur die haarspitzen abgeschnitten hat
damit ihre schönheit nicht dabei leidet? Was ein meisterwerk!
Sie ist die frau geblieben die sie schon immer war – Helena!
Der hass der götter soll auf sie fallen: sie hat nicht nur mich –
sondern eine ganze generation von griechen auf dem gewissen.

CHOR
tritt von der seite auf
angeführt
von einem flötenspieler

Ah – und hier sind sie wieder – die freundinnen – die mit mir
die wehklagen singen. Sie werden Orestes wohl aufwecken
und dann muss ich erneut den wahn meines bruders ertragen.
Liebe frauen – bitte geht leise – macht bitte keinen lärm –
ich weiss ihr meint es nur gut – aber wenn er jetzt aufwacht …

Chor
tanzend und piano

Still still –
setzt die ferse leicht auf –
lasst der stimme nicht freien lauf.

Elektra

Geht ums bett herum –
bleibt stumm.

Chor

Seid stumm!

Elektra

Sch Sch –
seid der atem des windes
eure stimme die eines kindes.

Chor pianissimo

Sanft sanft
wie der wind im ried
sei unser lied.

Elektra

Schliesst den reigen.
Warum wollt ihr euch jetzt zeigen?
Lange her dass er so schlafen kann.

CHOR

Wie geht es ihm dann?

ELEKTRA

Er atmet noch – mit heiserem stöhnen.

CHOR

Um sich im traum an den tod zu gewöhnen.

ELEKTRA

Weckt ihn nicht auf.

CHOR

Das schicksal nimmt seinen lauf.

ELEKTRA

Falsch war der gott – falsch war die tat:
die mutter ob des vaters zu töten –
ein unheiliger verrat!

CHOR

Und jetzt liegt er in nöten.

ELEKTRA

Weil ihr nicht aufhört mit euren flöten!

CHOR

Er schläft – dass er nicht mehr aufwacht!

ELEKTRA

Oh herrin der nacht –
es ist in deiner macht
aus dem dunkel der erde heraufzugleiten

die schwingen über uns menschen zu breiten –
die wir zerbrochen sind schon zu lebzeiten
ohne uns je zu bewahrheiten.

Berührt nicht seinen haarschopf –
bleibt weg von seinem kopf!

CHOR

Womit wird wohl sein leben enden?

ELEKTRA

Er wird an der auszehrung verenden –
er isst ja nichts.

CHOR

Das liegt in des gottes händen –
beim gott des lichts.

ELEKTRA

Er machte uns zu seinem sündenbock –
und fesselt uns an einen pflock
wenn rat und stadt sich einigen
uns morgen zu steinigen.

CHOR

Das ist gerecht.

ELEKTRA

Und abgrundtief schlecht.
Mutter –
du hast getötet – wurdest getötet
und tötest nun
deine kinder

Mutter –
du hast uns zerstört.
Während dich in der unterwelt keiner mehr hört
bin ich ein lebender leichnam – völlig verstört
vor Orestes' sterbendem leben.
Nachts greinen und stöhnen –
nichts anderes ist mehr mein:
kein mann kein haus keine kinder –
eine ewigkeit mit mir allein.

musik und tanz enden

CHORFÜHRER

Dein bruder wacht allmählich: fahl ist er – und schlaff.

ORESTES

Hhh – wie der schlaf alles verwandelt – wie süss er ist
heilend auf die augen tropfend – wie er alles sehen betäubt
und das vergessen bringt. Wo bin ich? Wie kam ich hierher?
Ich weiss es nicht mehr – jede erinnerung ist wie verlöscht.

ELEKTRA

Mein lieber – wie froh war ich dass du schlafen konntest.
Lass dir helfen – ist dir schwindlig? Langsam mit dem kopf.

ORESTES

Bitte halt mich – halt mich fest – und wisch mir bitte
diesen klebrigen seim vom mund und von meinen augen.

ELEKTRA

Da – es ist das wenige was ich als schwester tun kann.

ORESTES

Stütz mich bitte – ich sehe nichts – sie sind ja schmierig
schweissnass – streif mir bitte diese haare aus dem gesicht.

ELEKTRA

Du hast dich lange nicht gewaschen – du stinkst richtig.

ORESTES

Leg mich wieder hin – sobald der wahn mich auslässt
werde ich kraftlos – ich spüre meine arme und beine nicht.

ELEKTRA

Ein kranker gehört ins bett – auch wenn er nicht will.

ORESTES

Nein – richt mir wieder auf – und dreh mich zur seite –
entschuldige dass ich dir zur last falle – und so unstet bin –
ich hasse es derart hilflos und ohnmächtig sein zu müssen.

ELEKTRA

Lass mich dir helfen die füsse auf den boden zu stellen
ein paar schritte gehen tut dir gut – veränderung ist wichtig.

ORESTES

Ja – tun wir als wär ich gesund – besser sich so zu geben
der anschein ist besser als das wirkliche – oder als das nichts.

ELEKTRA

Hör jetzt zu – hör zu solange du einen klaren kopf hast.

ORESTES

Gibts was neues? Ich will es nur hören wenn es gut ist –
für noch mehr schlechte nachrichten hab ich nicht den magen.

ELEKTRA

Menelaos ist gekommen – der bruder unseres vaters –
sein schiff hat gestern im hafen von Nauplion angelegt.

ORESTES

Wirklich? Dann gibt es noch hoffnung! Unser onkel
der Agamemnon so viel zu verdanken hat ist wirklich da?

ELEKTRA

Ja – aber nur um Helena aus Troja zurückzubringen.

ORESTES

Es wäre besser er hätte sie überlebt und wäre allein

zurückgekommen – wer die frau mit nach hause nimmt
zieht nur unheil im schlepptau hinter sich her: ah Helena!

Elektra

Alle frauen aus dieser familie sind eine katastrophe –
alle haben sie ihre männer hintergangen und betrogen.

Orestes

Schau zu dass du anders wirst – es liegt allein an dir:
schwör – nicht nur als lippenbekenntnis – ich will hören
dass du es auch so meinst.

verstört richtet er sich auf

Elektra

Was ist mit deinen augen? Kommt der wahn wieder?
Dir ging es doch gerade so gut! Lass dich jetzt nicht gehen!

Orestes

Mutter – bitte bitte bitte – schick mir nicht diese augen –
diese blutdurchschossenen augen – ihr sich windendes haar
gesichter voller gewürm – die am kopf züngelnden schlangen –
halte sie nicht hoch um sie über mich hin kriechen zu lassen –
sie kommen! sie kommen! wie sie zischen und zischeln …

Elektra

Beruhig dich doch! da ist nichts! leg dich wieder hin –

Orestes

Oh Apollon! sie bringen mich um – zu tode hetzen
werden mich diese hundeschnäuzigen hartäugigen furien –
wie ihre kiefer geifern um den zorn der toten zu rächen!

ELEKTRA

Ich lass dich nicht los – ich halte dich – still und fest
bis auch dieser anfall vorüber ist!

ORESTES

Fass mich nicht an – du furie! Bist eine dieser göttinnen
der unterwelt! Wirst mich nicht an der hüfte packen und mich
in die tiefen des Tartaros werfen!

springt auf

ELEKTRA

Was könnte ich nur tun? Wer kann ihm noch helfen wo alle
mächte und götter gegen uns sind?

ORESTES

Bring mir Apollons grossen bogen – den bogen mit dem er
selbst einmal die rachedämonen vertrieb – den bogen den er mir
geschenkt hat – er wird verhindern dass sie über mich kommen –
ich werde euch alle mit pfeilen durchbohren – ich ein mensch!
Ich werde euer göttliches blut herausschiessen lassen – hört ihr!
Ich werde euch die gefiederten schäfte in die flügel jagen –
ich höre euch schlagen rauschen – seid ihr noch immer da?
Auf was wartet ihr blutsauger? Dass Apollon kommt? Wollt ihr
euch wirklich gegen Apollo stellen?
O – o was – was tu ich hier?
Bleib doch! Warum krieg ich keine luft? Ich ersticke! Warum
bin ich so ausser atem? Was stehe ich hier vor meinem bett?
Schweissnass – als wäre ich unter eine brechende welle geraten –
aber ich sehe wieder ruhiges wasser.
Schwester warum weinst du
den kopf in deinem kleid vergraben? Ah – ich schäme mich so …
Ich muss dir eine unerträgliche last sein – opfere dich nicht auf

für mich – du hast eingewilligt ja – aber die tat war meine –
ich habe mutters blut an meinen händen – gewollt aber hat es
Apollon – er hat mich dazu angestiftet – und wo ist er nun?
Was würde unser vater sagen wenn er jetzt hier sein könnte?
Hätte er mich davon abgehalten? Ich fürchte er hätte mich
am kinn genommen und mich gebeten – ja fast angefleht
ihr nicht das schwert in die schulter zu stossen bis der griff
am schlüsselbein aufsass – ihm schloss sich deshalb der Hades
ja nicht mehr auf – was hat er von meinen seelenqualen jetzt?

Hör auf zu weinen Elektra – auch wenns schlimm um uns steht.
Du hast gesehen wie ich den mut verliere – mich herausgeholt
aus meinem wahn und alldem terror und mich wieder getröstet.
Lass mich nun dasselbe für dich tun – geh in haus leg dich hin –
schlaf und iss und wasch dich – wenn du deine kraft verlierst
oder dich von mir anstecken lässt bin ich endgültig verloren.
Alle haben sie uns im stich gelassen. Wir haben nur noch uns.

ELEKTRA

Alles was uns noch bleibt ist das unmögliche –
ob ich lebe oder mit dir sterbe – es kommt auf dasselbe heraus:
denn was bin ich ohne dich? Wie soll ich alleine weiterleben –
ohne bruder ohne vater ohne freunde.
Aber ich tu was du sagst – wenn auch du dich jetzt ins bett legst
und versprichst dich nicht wieder in den wahn hineinzusteigern.
Selbst wenn man nicht krank ist und nur vorstellungen erliegt
frisst sich der dämon ins fleisch und bringt einen um den verstand
bis man daran zugrunde geht

ELEKTRA geht ins haus
ORESTES legt sich auf sein lager

Chor

Ai Ai –
ihr im wind jagenden
flügelschlagenden
wild rasenden
dämonen
im dunklen wirbel
von geheul und klagen –
ihr schwarz gefiederten Eumeniden
die ihr am himmel kreist
um kreischend herabzustossen
rache heischend
auf dass blut fliesse
für jedes blutvergiessen –
wir beten zu euch:
wir bitten euch
holt den sohn des Agamemnon
aus seinen wirren
dem schwirren
seines wahns!
Was hat seine hand getan –
wonach hat er sie ausgestreckt?
Er hat sie in Apollons rachen gestreckt
als der seine prophezeiung ausstiess
dass blut fliesse
für jedes blutvergiessen
vor dem dreifuss
von delphi –

dort
wo der schlund der erde
zu ihrem mund wird.
O Zeus
welche wahl hatte er?
Welche qual –
welche schatten
dieser mord hervorbringt
im dunkel.
Welcher gott zwingt
so viel unglück in ein haus?
Welcher sinn
steckt in all diesem unheil?
Wo nur blut fliesst
und sich aufs neue vergiesst?
Und das schicksal nie vergisst
wes kindeskindes man ist?

Wir
beklagen dich Orestes!
Selbst das beste
im menschen
hält göttern nicht stand:
er setzt sein segel
gegen strömung und wogen –
und da kommt von oben
eine hand
reisst es entzwei
und lässt das schiff sinken oder stranden.

Wenn selbst das haus
von Zeus' sohn Tantalus jetzt untergeht –
wer wüsste da noch woher der wind weht –

wonach den göttern der sinn steht?
Was fände da vor ihnen applaus?

MENELAOS
samt dienern reihen sich
an der rampe auf

CHOR
Aber seht – hier kommt unser neuer herrscher – Menelaos!
Auch er aus Tantalus' haus – willkommen daheim – oh herr!
Wer tausend schiffe gen Troja führte und heil zurückkehrt
dem braucht man kein glück wünschen: ihm steht es zur seite.
Er hat erreicht worum er die götter bat – und Helena erlangt.

MENELAOS

Endlich zuhaus! Keiner könnte glücklicher sein als ich
diese mauern wiederzusehen – und doch wird es mir vergällt:
wie alles hier in elend verfällt – welch unglückseliges haus!
Als wir vor Kap Malea in einer flaute lagen habe ich gehört
dass Agamemnon tot ist und seine frau seine leiche wäscht –
und kaum legen wir in Nauplion an – wo ich mich darauf freue
den bub meines bruders meinen neffen Orestes und seine mutter
in die arme schliessen zu können spricht die ganze stadt darüber
welch unheilvolles ende es mit Klytaimestra genommen hat.
Sagt ihr frauen – wo ist Agamemnons junge? Wie brachte er
eine solche wahnsinnstat nur fertig? Was trieb ihn nur dazu?
Als ich ihn das letzte mal sah versteckte er sich noch hinter
Klytaimestras kleid – ich werd ihn wohl kaum wiedererkennen.

ORESTES
*kriecht aus dem bett
und kniet vor* MENELAOS

ORESTES

Hier – onkel – ist der Orestes nach dem du gefragt hast.
Er erzählt dir alles was du wissen willst – all den horror hier.
Aber lass mich erst deine knie umschliessen dich anflehen:
rette mich – bitte! Du kommst gerade noch zur rechten zeit!

MENELAOS

Oh götter – wer ist das? Ein wiedergänger von den toten?

ORESTES

Ja – so ist es. Tot zu lebzeiten. Ein lebender leichnam.

MENELAOS

Wie du aussiehst! Ganz entstellt. Verwahrlost. Verdreckt.

ORESTES

Nicht wie ich aussehe – was ich getan habe entstellt mich.

MENELAOS

Du wirkst wie blind – deine augen sind völlig ausgebrannt

ORESTES

Wie ausgezehrt mein körper auch wirkt – ich bins: Orestes.

MENELAOS

Sein geist. Was für ein anblick. Das hab ich nicht erwartet.

ORESTES

Schau mich an – der mörder seiner mutter ein mörder wie sie.

MENELAOS

Das hab ich gehört. Je weniger darüber geredet desto besser.

ORESTES

Dafür hört das schicksal nicht auf immer mehr mitzureden.

MENELAOS

Was ist bloss los mit dir? Woran krankt es bei dir? Stirbst du?

ORESTES

An meinem gewissen – ich weiss ich habe kranke dinge getan.

MENELAOS

Wie meinst du das? Wenn du es weisst sprich nicht in rätseln.

ORESTES

Ich komme um vor angst – vor seelenpein – vor schmerz – ja –

MENELAOS

Das ist schlimm – aber heilbar. Dagegen gibt es mittel.

ORESTES

– ich habe anfälle – anfälle von mutterwahn – mutterblut.

MENELAOS

Womit hat dieser wahn begonnen? Vor wie vielen tagen?

ORESTES

An genau dem tag als ich ihr das grab geschaufelt habe.

MENELAOS

Zuhause? Bei ihrem scheiterhaufen? Am grabhügel?

ORESTES

Als ich in der nacht ihre knochen einsammeln wollte.

MENELAOS

Half dir jemand dabei? Oder hast du das nur geträumt?

ORESTES

Pylades war dabei   er half mir meine mutter umzubringen.

MENELAOS

Und was für visionen – halluzinationen – umnachten dich?

ORESTES

Drei frauen – gefiedert und schwarz – wie töchter der nacht.

MENELAOS

Ich weiss was du meinst – sie zu nennen machts schlimmer.

ORESTES

Schlimmer noch ist die macht die sie haben. Sch! Schweig!

MENELAOS

Und sie haben dich zu diesem wahnsinnigen mord getrieben?

ORESTES

Nein – sie haben mich nach dem mord in diesen wahn getrieben.

MENELAOS

Das ist nach allem abnormalen das geschehen ist völlig normal.

ORESTES

Ich kann ihnen noch entgehen. Es gibt einen ausweg für mich –

MENELAOS

Ich hoffe nicht selbstmord. Das wäre nur feig. Noch abnormer.

ORESTES

– Apollon. Er hat mir diesen mord erst prophezeit dann befohlen.

MENELAOS

Ein etwas altmodischer gott in seiner ansicht was recht und gut ist.

ORESTES

Wir sind die sklaven der götter – was immer ›die götter‹ auch sind.

MENELAOS

Wenn er dein herr ist – warum kümmert er sich da nicht um dich?

ORESTES

Er lässt sich eben zeit – der wille der götter ist unergründlich.

MENELAOS

Wie lange ist es denn her seit deine mutter gestorben ist?

ORESTES

Sechs tage – die glut ihres scheiterhaufens ist noch warm.

MENELAOS

Dagegen sind die rachegeister ja schnell blutrünstig geworden.

ORESTES

Ob untätig oder nicht – er wird mir schon noch zur seite stehen.

MENELAOS

Du hast für ihn deinen vater gerächt – aber was hats dir gebracht?

ORESTES

Nichts – und hilfe die erst kommen wird ist mir so gut wie keine.

MENELAOS

Und wie steht jetzt die stadt zu dem was du getan hast?

ORESTES

Ich bin wie ein aussätziger den man nicht mal mehr anredet.

MENELAOS

Aber es will dich keiner aus der stadt jagen – oder?

ORESTES

Doch – Aigisthos' gefolgsleute und ihr strohmann Oeax.

MENELAOS

Sie rechnen sich wohl gute chancen auf den thron aus.

ORESTES

Aigisthos' leute geben jedenfalls in der stadt jetzt den ton an.

MENELAOS

Und auch das volk will dich nicht mehr als thronfolger sehen?

ORESTES

Ja wie denn? Wenn sie uns allesamt das leben nehmen wollen?

MENELAOS

Wie wollen sie das bewerkstelligen? Weisst du was konkretes?

ORESTES

Man will heute am platz über uns ein scherbengericht abhalten.

MENELAOS

Darüber dass du ins exil gehen sollst? Oder über leben und tod?

ORESTES

Tod durch steinigung – die ganze stadt soll uns steinigen.

MENELAOS

Warum bist du dann nicht längst über die grenze geflüchtet?

ORESTES

Weil wir in der falle sitzen – überall stehen bewaffnete wachen.

MENELAOS

Soldaten? Wer stellt sie denn ab – Aigisthos' alte gefolgsleute?

ORESTES

Die ganze stadt – alle wollen uns tot sehen: so einfach ist das.

MENELAOS

Dann steckst du wirklich in der klemme – schlimmer gehts nicht.

ORESTES

Aber du – du kannst mich retten – du bist meine letzte hoffnung.
Du kehrst als strahlender sieger zurück – und mit deinem renommee
kannst du dich für uns einsetzen – wir sind deine nächsten verwandten.
Denk doch wie viel du meinem vater verdankst – ohne ihn hättest du
Troja nie einnehmen und deine Helena nicht zurückerobern können.
Oder gehörst auch du zu diesen schönwetterfreunden die nur da sind
wenn man sie nicht braucht – einen aber bei sturm im stich lassen?

MENELAOS

Hier kommt mein schwiegervater – im trauerkleid. Tyndareos!

TYNDAREOS
*tritt auf aus der richtung
von* KLYTAIMESTRAS *grab kommend*

Orestes

Dann bin ich verloren Menelaos. Tyndareos ist der allerletzte
dem ich begegnen will – vor ihm vergehe ich vor scham und schande.
Wie oft hat er sich um mich gekümmert als ich klein war – mich geherzt
und mit mir gespielt – ich war der erklärte liebling von ihm und Leda
seiner frau – und wie habe ich grossvater nun all seine liebe vergolten?
Am liebsten möchte ich mich vor ihm verkriechen – würde sich die erde
doch auftun und mich verschlingen bevor ich ihm unter die augen trete!

Menelaos

Was für eine freude dich wiederzusehen – mein alter Tyndareos!
Wie gehts dem mann der seine frau im bett mit Zeus teilen durfte?

Tyndareos

Welche freude dich wiederzusehen! Bist alt geworden – Menelaos
Wie gehts dem mann der seine frau mit einem Trojaner teilen durfte?
Ich hab am grab gehört dass du mit ihr wieder zurück bist – wie lang?
Bitte bleib – ich bin froh dass du wieder hier bist!

sieht Orestes

Was macht der da?
Diese muttermordende schlange schleicht wieder ums haus herum –
wie seine krank verschlagenen augen glitzern! Mir graust vor ihm.
Gibst du dich etwa mit ihm ab? Redest du gar mit diesem … monster?

Menelaos

Warum sollte ich nicht? Er ist der sohn meines geliebten bruders.

Tyndareos

Mit alldem blut an seinen händen willst du sagen dass er der sohn
seines vaters ist? Seines vaters blut hat? Der ist aus der art geschlagen!

MENELAOS

Er ist Agamemnons junge – auch wenn er in schwierigkeiten steckt
bin und bleibe ich seinem vater verpflichtet – er ist blut von meinem blut.

TYNDAREOS

Deine zeit im osten hat dich wohl zu einem barbaren gemacht.

MENELAOS

Es war immer etwas griechisches zu seiner familie zu halten.

TYNDAREOS

Ja – sich an die gesetze zu halten – nicht aber sie an sich zu reissen!

MENELAOS

Das heisst nicht dass man sich ihnen sklavisch zu unterwerfen hat –
das gilt zumindest für aufgeklärte menschen.

TYNDAREOS

Du kannst deine neumodischen ansichten gern für dich behalten.

MENELAOS

Du bist reizbar geworden im alter. Du warst einmal klüger.

TYNDAREOS

Klugheit? Was brauchts hier klugheit – wo recht und unrecht
klar auf der hand liegen? Und keiner dümmer handeln hätte können
als der da? Den weder das recht noch griechische gesetze kümmern?
Klytaimestra hätte dafür dass sie Agamemnons schädel mit der axt
gespalten hat – eine grauenvolle tat die ich nicht entschuldigen will –
von Orestes gerecht bestraft gehört: und zwar wie es bei uns sitte ist
und religiöser brauch – nämlich verbannung aus dem haus und exil.
Das steht bei uns auf mord: das wäre angemessen und richtig gewesen.
Dann hätte er sich als kühler kopf erwiesen der die gesetze anwendet

auch in einer situation wo er selbst betroffen ist – und er stünde jetzt
als moralische instanz da – als ein mann von vernunft und anstand.
Stattdessen gab er sich dem gleichen dämon hin wie seine mutter.
Er hatte recht damit sie zu verdammen – aber indem er sie tötete
ist er nicht nur nicht besser als sie – sondern weit schlimmer noch.
Nehmen wir einfach an – Menelaos – Orestes wird eines schönen tages
von der frau umgebracht die noch bereit ist sein bett mit ihm zu teilen
und dann bringt sein sohn die mutter um – und deren sohn wiederum ihn:
Wann und womit endet das alles? Wie kann da jemals frieden einkehren?
Unsere vorväter haben dies durchgemacht – und es dann gut durchdacht:
sie haben beschlossen dass man jemanden der blut an seinen händen hat
schneidet indem man jeden kontakt zu ihm vermeidet – ihn weder ansieht
noch mit ihm redet. Nicht indem man einem die kehle durchschneidet
sondern indem man ihn verstösst kehrt eine gesellschaft wieder zurück
in die gunst des himmels – anders wird eine hand blutig von der anderen
wird das böse blut von einer generation an die nächste weitergegeben.
Was mich betrifft so verabscheue ich frauen die sich damit befleckt haben –
zuallererst diejenige meiner töchter die ihren ehemann umgebracht hat.
Und was die andere betrifft – deine frau Helena – so geht es mir gleich:
ich werde mit ihr kein wort mehr sprechen. Was sie getan hat kann ich
ebenso wenig gutheissen wie dass du so eine wie sie zurückgeholt hast.
Dennoch werde ich versuchen das gesetz zu verteidigen soweit es
in meiner macht steht um gegen diese blutlust vorzugehen
die menschen in tiere verwandelt und stadt und land korrumpiert.

wendet sich an Orestes

Was hast du unmensch gefühlt als deine mutter um ihr leben bettelte
dir ihre brust entblössend?? Was für ein herz schlägt denn in dir??
Schon bei der vorstellung davon rinnen mir die augen über …
Eines jedenfalls murmelt mir in meiner denkweise zustimmung zu:
dass die götter dich hassen und dich die strafe dafür bezahlen lassen
was du ihr angetan hast indem sie dich nun in den wahnsinn treiben –

mehr muss ich gar nicht sehen. Deine anfälle sind beweis genug
dass du ein verbrechen begangen hast.

wendet sich wieder MENELAOS *zu*

Es muss also auch dir klar sein –
Menelaos – dass du dich gegen die götter stellst wenn du dem da hilfst.
Lass die bewohner unserer stadt ihn zu tode steinigen.
Meine tochter hat durch ihren tod ihren preis bezahlt –
aber dass sie durch seine hand starb war nicht rechtens.
Ich habe alles in allem ein glückliches leben gehabt –
ausser was meine töchter betrifft: mit ihnen bin ich wahrlich geschlagen.

CHOR

Glücklich der mann
der gute kinder haben kann –
unglücklich jedermann
dessen kind bloss unheil ersann.

Grossvater – ich schrecke zurück dich auch nur anzusprechen.
Was immer ich sagen kann – es wird dich verletzen und verärgern –
und die achtung vor deinem alter hindert mich offen zu reden:
aber ich muss es – ich kann nicht länger alles in mir zurückhalten.
Wie ich die sache sehe hat mich Klytaimestras hinrichtung ausserhalb
des gesetzes gestellt – und zugleich stehe ich doch in seinem rahmen
weil ich mich darauf berufen kann meinen vater gerächt zu haben.
Was hätte ich tun sollen? Denn da stehen zwei dinge in widerspruch
zu zwei anderen – wiegen wir sie also ab. Mein vater hat mich gezeugt
Klytaimestra mich ausgetragen: da ist der same – da die ackerfurche:
ohne einen vater aber hätte es kein kind gegeben – gäbe es mich nicht.
Mein vater kommt zuerst – daher muss ich mich ihm gegenüber stets
als sohn erweisen – während Klytaimestra mich bloss aufgezogen hat.
Deine tochter – sie ›mutter‹ zu nennen kommt mir nicht über die lippen –
hat Agamemnon hintergangen – sie hat sich einen anderen genommen
und mit ihm nach lust und laune gevögelt. Indem ich das offen sage
ziehe ich den guten namen meiner eigenen familie in den schmutz –
ich weiss – ja – aber es muss einmal offen ausgesprochen werden.
Aigisthos war mehr als nur ein hausfreund – er war auch der mann
der dieses haus beherrschte: deswegen habe ich ihn umgebracht
wie das gesetz es verlangt – und dann auch meine mutter geopfert:
in einer unheiligen tat – ja: aber ich trat als rächer meines vaters auf!
Was die begründung betrifft weshalb ich nun gesteinigt werden soll
plädiere ich darauf dass ich zum wohltäter Griechenlands wurde:
ich meine wenn die frauen die die skrupellosigkeit an den tag legen
ihre männer umzubringen sich zu ihren kindern flüchten schamlos
mit ihren brüsten gnade erbetteln und straflos ausgehen können –
dann bringen bald alle frauen die männer um die ihnen nicht passen –
es kostet sie ja nichts als einen vorwand.
Mein ›verbrechen‹ aber wie du es nennst hat einen solchen präzedenzfall
nicht erst aufkommen lassen und dem einen riegel vorgeschoben.
Du sprichst von selbstjustiz – aber der hass auf meine mutter war gerecht.

Sie hat ihren mann betrogen kaum dass er aus dem haus war
um die streitmacht der Griechen gegen die Trojaner anzuführen
und das ehebett mit schande befleckt – und als sie merkte
wohin das alles führt da hat sich ihr gewissen nicht gerührt – oh nein:
um ihrer gerechten strafe zu entgehen bestrafte sie ihren ehemann
richtete meinen vater und brachte ihn kaltherzig um.
Um himmels willen – obwohl man nicht vom himmel sprechen kann
sobald man über mord und totschlag befindet – nimm doch einfach an
ich hätte das verhalten meiner mutter stillgeschwiegen –
dann käme neben den rachegöttinnen auch Agamemnons geist über mich
um zusammen mit ihnen ihren kalten tanz zu veranstalten –
oder meint ihr etwa sie hören nur auf Klytaimestra?
Und was schuld betrifft – die trifft euch ganz allein:
ihr habt meinen niedergang ausgelöst indem ihr ein solches weibsbild
einen so anstandslosen selbstsüchtigen mensch als tochter gezeugt habt!
Musste Telemach vielleicht seine mutter umbringen?
Hat Penelope etwa ihren Odysseus nach seiner rückkehr abgeschlachtet?
Nein – sie ist nicht von einem bett ins andere gezogen.

Chor

Frauen stellen sich den männern
immer in den weg –
und beginnt es ihnen zu dämmern
sind sie bereits am falschen weg.

ORESTES

Vor allem aber berufe ich mich auf den gott Apollon
der seinen sitz am nabel der erde in Delphi hat um da
den menschen mit sicherer stimme wahrheiten zu verkünden
an die wir uns alle zu halten haben – ihm gehorchend
habe ich meine mutter umgebracht – wie der gott es befahl.
Ihn musst du des verbrechens anklagen ausserhalb jedes gesetzes stellen
verurteilen und steinigen: *er* trägt die schuld – nicht ich.
Hätte ich einem gott keinen glauben schenken sollen?
Was könnte ich jetzt anderes tun als ihn zu bitten mich reinzusprechen?
Doch an wen und wohin soll ich mich noch wenden
wenn der gott der mir das töten befahl mich nun nicht vor dem tod rettet?
Nein – keiner soll behaupten dass meine tat unheilig war –
ich tat was ich tun musste: zu meinem eigenen unglück.
Ich bin es der mit einem solchen gott geschlagen ist!

TYNDAREOS

Du ketzer! Du bist ohne jede scham und moral.
Statt die zunge im zaum zu halten soll deine anstössige art mich offenbar
vollends gegen dich aufbringen – das kannst du haben:
ich werde nur umso heftiger für deinen tod plädieren.
Als ich zum grab meiner tochter ging wusste ich nicht
dass ich Klytaimestra mit dir noch eine weitere grabbeigabe machen kann:
ich gehe zur stadtversammlung und bringe selbst die letzten zauderer dazu
sich auf dich und deine schwester zu stürzen damit ihr den preis dafür zahlt.
Sie verdient die steinigung sogar noch mehr als du –
sie hat dich ja gegen deine mutter aufgehetzt mit all ihren einflüsterungen
über Klytaimestras seitensprung mit Aigisthos
und vorgeblichen träumen über Agamemnon
um öl ins feuer zu giessen – bis das ganze herrscherhaus in flammen stand!
Und was dich betrifft – Menelaos – lass dir gesagt sein:
falls dir an meiner gunst und mir als deinem schwiegervater etwas liegt
dann stelle dich ja nicht gegen ihre steinigung!

Sonst sorge ich dafür dass du keinen fuss mehr in das Sparta setzen wirst
wo ich dich mit Helena in meinem haus herrschen lasse.
Ich warne dich – ergreif nicht die partei eines gottlosen
um damit deine gesetzestreuen gottesfürchtigen freunde beiseitezustossen.
Und jetzt – meine diener – führt mich weg von diesem haus.

Tyndareos
geht mit seinem anhang ab.
Menelaos geht hin und her.

Orestes

Ab mit dir – damit ich ungestört mit Menelaos reden kann
frei von dieser hochherrschaftlichen präsenz …
Aber was drehst du dich im kreis – Menelaos?
Wir sind hier am punkt wo sich der weg gabelt.

Menelaos

Lass mich jetzt nachdenken – ich weiss noch nicht was tun
wie vorgehen: ich bin mir nicht sicher.

Orestes

Entscheid nicht voreilig – hör erst an was ich zu sagen habe.

Menelaos

Manchmal ist schweigen besser als reden – und dann wieder
ist reden besser als schweigen.

Orestes

Und eine lange rede ist manchmal besser als ein kurzer sinn:
hört jemand zu lässt er sich überzeugen.
Ich selbst will nichts von dir Menelaos – ich möchte nur dass du
die schuld begleichst in der du noch bei deinem bruder stehst.
Damit meine ich nicht etwa geld oder sonst irgendein hab und gut

das leben ist das höchste gut – und wenn du jetzt meines rettest
hast du bei Agamemnon alles bezahlt.
                           Ja: ich hab die schmale linie
zwischen gut und böse überschritten – ich hab das recht gebrochen.
Dieses unrecht lässt sich nur ausgleichen wenn du jetzt unrecht tust.
Deine frau hat damals unrecht getan dich einfach sitzen zu lassen.
Um das wieder geradezurücken war Agamemnon damals bereit
ein anderes unrecht zu begehen: nämlich der ganzen stadt Troja –
die ja nichts für Helenas ehebruch konnte – den krieg zu erklären
und dafür überall im land griechische söhne zu den waffen zu rufen.
Er stand für dich ein – und deshalb musst du nun für mich einstehen.
Wahrer bruder der er für dich war setzte er für dich sein leben ein.
Er kämpfte seite an seite mit dir deckte dir rücken und flanke
damit du dir deine frau zurückholen kannst.
                                     Erweise mir jetzt
den gleichen dienst den er dir erwies – zehn bittere jahre lang –
und steh an meiner seite und kämpfe für mich: bloss einen tag.
Hat er nicht etwa in Aulis als die götter es forderten Iphigeneia
meine schwester geopfert damit eure flotte überhaupt nach Troja
segeln konnte? Ich fordere diese blutschuld gar nicht von dir ein –
Du brauchst mir dafür deine Hermione nicht als opfer darbringen.
So wie die dinge liegen sind mir ohnehin die hände gebunden:
ich kann nichts tun – während du viel zu billig damit aussteigst.
Dafür gewähre meinem vater aber *mein* leben – sonst ist dies haus
ohne einen stammhalter die nachfolge auf seinem thron verwaist.

›Unmöglich‹ sagst du – aber gerade deshalb musst du mir helfen:
gerade wenn alles unmöglich und hoffnunglos erscheint muss man
zusammenstehen – wer braucht schon seine freunde und familie
wenn einem die götter lächeln? Mir aber steht kein gott mehr bei.
Ganz Griechenland weiss wie sehr du deine frau Helena liebst –
und ich will weder untergriffig werden noch dir schmeicheln
wenn ich dich in ihrem namen um hilfe anflehe – anbetteln muss:

ja – so weit ist es gekommen – so tief bin ich schon gesunken.
Aber was solls? Ich muss und werde das aushalten – denn ich
spreche diese bitte ja im namen unseres herrscherhauses aus.
Du bist blut von seinem blut: stell dir den toten Agamemnon
unten vor wie er dies mitanhören muss -- schwebte seine seele
jetzt über deinem kopf würde sie dir genau das gleiche sagen.
Dabei plädiere ich nur für mein leben wie das jeder tun würde.

Chor

Auch wir frauen
bitten dich um dies leben:
du kannst es ihm zurückgeben
du musst auf seine not schauen!

Menelaos

Es ist nicht so dass ich dich geringschätzen würde – Orestes.
Mir ist deine not alles andere als gleichgültig – und geteiltes leid
ist halbes leid. Es ist eine frage der ehre. Eine familie sollte stets
zusammenhalten und für die ihren und gegen alle feinde kämpfen
bis zum bitteren ende: solange die götter einem die mittel dafür
in die hand geben!

    Was das betrifft so müssten wunder geschehen:
ich verfüge nur über wenige wirklich schlagkräftige speerkämpfer.
Zehn jahre krieg haben uns hart zugesetzt und die reihen gelichtet –
in einer offen ausgetragenen schlacht würden wir Argos unterliegen.
Ich hoffe eher dass verhandlungen und überredung etwas bewirken –
dann haben wir vielleicht noch spielraum. Mit meiner kleinen truppe
grosses bewirken zu wollen – schon der gedanke daran ist lächerlich.
Denn ist die menge einmal aufgebracht und lodert der volkszorn auf
ist es als wollte man einen waldbrand mit blossen händen löschen
oder einen sturm besänftigen – besser man reitet die brandung aus
lässt das segel etwas aus und gibt leine – besser man gibt dort nach
wo sich der grösste druck aufbaut wartet bis der wind wieder abflaut
und harrt der dinge – es ist alles eine frage des richtigen zeitpunkts:
haben sich die wogen erst gelegt und ist der zorn einmal verraucht
kann man von den wählern einer polis alles was man will erreichen.
Man muss politisch denken – die menge ist zu mitleid ebenso fähig
wie zu leidenschaft – mit leidigen problemen geht der am besten um
der abzuwarten und die menge zu beobachten versteht um alles dann
in seine richtung zu steuern.

    Ich werde deshalb diplomatisch bleiben
und versuchen Tyndareos und die stadtversammlung zu überreden –
um ihre erregung für dich geschickt in eine andere richtung zu lenken.
Ein schiff unter vollem prallem segel taucht mit dem bug in die wellen:
lässt man es aber etwas aus richtet es sich wieder auf – drum ist es zeit
für uns unser segel zu raffen. Götter wie rechtschaffene bürger hassen
eiferer und extremismus. Soll ich dich retten – das will ich glaub mir –

muss ich klug und geschickt sein – mit gewalt richte ich gar nichts aus
umso weniger mit meiner handvoll männer. Es ist keine frage des muts
wie du meinst – mit einem speer lässt sich ein feld schwer behaupten
und all die sorgen die dich überfallen haben in die flucht zu schlagen.
Sicher – Argos ist der letzte ort wo man mit feingefühl etwas erreicht.
Aber taktisch gesprochen – was hätten wir noch für eine andere wahl?
Ein intelligenter mensch erkennt wann er zum sklaven des zufalls wird
und richtet sich nach dem was möglich ist

Menelaos
geht ab

Orestes

Was für ein schlappschwanz – ein maulheld der nur dazu taugt
andere für ihn in den krieg um ein dummes weibsstück zu schicken –
aber wenn es darum geht sich für die eigene familie einzusetzen
dann hängt er sein fähnchen in den wind und rennt schnell davon.
Ja – gilt denn was Agamemnon für ihn getan hat gar nichts mehr?
Siehst du vater wie dich selbst der eigene bruder jetzt im stich lässt?
Verkauft und verraten bin ich: alle hoffnung dahin irgendwo noch
rettung vor dem tod zu finden. Menelaos war meine letzte zuflucht.

Pylades
tritt atemlos auf

Kann das sein? Pylades? Da kommt mein bester freund gelaufen –
Jemand der einem in der not beisteht und durch dick und dünn geht
ist ein schönerer anblick als ein leerer windbeutel wie Menealos.

Pylades

Ich lief so schnell ich konnte – ich kam kaum durch die menge!
Ganz Argos ist in aufruhr – man redet davon euch steinigen zu wollen
und das noch heute! Was ist passiert? Wie geht es dir – und Elektra?

Gut dass du wieder auf bist – mein cousin freund und waffenbruder!
Wie stehts um euch? Du siehst schlecht aus – fiebrig und verhetzt.

> ORESTES

Wir sind – ums mit einem wort zu sagen – verloren. Hoffnungslos.

> PYLADES

Dann bins auch ich. Freunde teilen alles. Bis zum bitteren ende.

> ORESTES

Menelaos lässt Elektra und mich einfach sitzen – völlig im stich!

> PYLADES

Kein wunder. Denk an die frau: wie soll ihr mann da was taugen?

> ORESTES

Dass er jetzt auftaucht ist so gut als wäre er gar nicht gekommen.

> PYLADES

Was – Menelaos ist wirklich heil aus Troja zurückgekommen?

> ORESTES

Ja – endlich. Dafür brauchte er nicht lange um uns fallen zu lassen.

> PYLADES

Und hat er seine verhurte ehefrau auf seinem schiff zurückgebracht?

> ORESTES

Weniger er sie als sie ihn. Die hat ja bei ihm das ruder in der hand.

> PYLADES

Wo ist sie denn – die frau die halb Griechenland am gewissen hat?

ORESTES

Einquartiert in meinem haus – wenn ich es so noch nennen kann.

PYLADES

Und was hast du zu deinem onkel diesbezüglich denn gesagt?

ORESTES

Nur dass er uns beistehen und vor dem sicheren tod retten soll.

PYLADES

Um himmels willen! Und was hat er dir darauf geantwortet?

ORESTES

Er hat sich rausgeredet – wie das schlechte freunde eben tun.

PYLADES

Mit welcher entschuldigung? Wie er dazu steht sagt wohl alles.

ORESTES

Sein schwiegervater hat ihm dazu alles was nötig war gesagt.

PYLADES

Tyndareos hat sich eingemischt? Der hat es auf dich abgesehen.

ORESTES

Ja. Menelaos hält sich an ihn statt an sein eigen fleisch und blut.

PYLADES

Er hat sich geweigert dir in Agamemnons namen beizustehen?

ORESTES

Ja. Der ist bei gott kein kämpfer – sein speer taugt nur bei frauen.

PYLADES

Dann bist du erledigt. Gibt es denn wirklich keinen ausweg mehr?

ORESTES

Über die anklage entscheidet die stadt mit einem scherbengericht.

PYLADES

Und was kritzeln sie dann auf ihre scherben? Ich kanns mir denken.

ORESTES

Ob ich sterben soll. Ein kleines zeichen nur – für das ewige ende.

PYLADES

Dann nimm deine schwester und flieh! Was machst du noch hier?

ORESTES

Wir sind hier eingeschlossen – die stadt hat überall wachen postiert.

PYLADES

Ah – deswegen standen also bewaffnete an jeder strassenecke …

ORESTES

Sie belagern unser haus – als wäre es Priamos' palast in Troja.

PYLADES

Du musst wissen wie es um mich steht – auch ich bin am ende.

ORESTES

Wer hat da seine hand im spiel um mich noch mehr zu zermalmen?

PYLADES

Mein vater Strophius. Der mann der dich nach Agamemnons tod
eine zeit lang bei uns aufnahm hat mich nun aus seinem haus verbannt.

ORESTES

Warum? Weil er so wollte? Oder weil seine stadt es verlangte?

PYLADES

Ich wurde ausgestossen weil ich dir half die mutter umzubringen.

ORESTES

Nicht auch das! Jetzt wendet meine schuld sich noch auf dich.

PYLADES

Ich bin kein wendehals wie Menelaos. Ich stehe meinen mann.

ORESTES

Hast du keine angst Argos könnte auch dich zum tod verurteilen?

PYLADES

Argos kann mich nicht aburteilen – nur Delphi hat das recht darauf.

ORESTES

Meinst du solche feinheiten interessieren eine aufgehetzte menge?

PYLADES

Das hängt von ihren führern ab – ob sie demagogisch und korrupt sind.

ORESTES

Meinst du hier geht es gerecht zu? Lass uns überlegen was wir überhaupt noch tun können.

PYLADES

Also gut. Was können wir unternehmen?

ORESTES

Was ist wenn ich zur versammlung gehe –

PYLADES

Um zu sagen dass du gerecht gehandelt hast?

ORESTES

Ja – indem ich meinen vater gerächt habe.

PYLADES

Sie werden dich dort nur gefangen setzen.

ORESTES

Soll ich hier still sitzend auf den tod warten?

PYLADES

Dann hielte man dich ganz zu recht für feig.

ORESTES

Was kann ich denn dann bloss tun – sag dus!

PYLADES

Bringt es dir etwas wenn du nichts tust?

ORESTES

Nein.

PYLADES

Siehst du eine hoffnung wenn du gehst?

ORESTES

Vielleicht. Mit viel viel glück.

PYLADES

Dann ist das besser als bleiben.

ORESTES

Du meinst also ich soll gehen?

PYLADES

Du stirbst dann wenigstens ehrenhaft.

ORESTES

Dann kann keiner sagen ich wäre feig.

PYLADES

Wenn du gehst zeigst du mut.

ORESTES

Dazu ist meine sache gerecht.

PYLADES

Du kannst nur beten dass man es so sieht.

ORESTES

Und vielleicht zeigt man mitleid mit mir –

PYLADES

Schliesslich bist du Agamemnons sohn

ORESTES

– aus zorn über den mord an meinem vater.

PYLADES

Das wird sich alles zeigen.

ORESTES

Ich gehe. Hier zu sterben ist unmännlich.

PYLADES

Da stimm ich dir zu.

ORESTES

Wollen wir es meiner schwester sagen?

PYLADES

Um himmels willen – nein!

ORESTES

Ja – das würde eine szene geben.

PYLADES

Das wäre ein schlechtes omen.

ORESTES

Besser also wir sagen ihr nichts.

PYLADES

Je schneller du gehst desto besser.

ORESTES

Da ist nur eines das mir sorgen macht.

PYLADES

Was meinst du?

ORESTES

Was wenn die rachegöttinnen wieder über mich kommen?

PYLADES

Ich bin ja bei dir. Ich passe auf dich auf.

ORESTES

Mich in meiner epilepsie zu halten ist wenig angenehm.

PYLADES

Das macht mir nichts aus. Ich tus für dich.

ORESTES

Ich weiss nicht ob das nicht ansteckend ist.

PYLADES

Jetzt hör schon auf. Das ist mir egal.

ORESTES

Dann geh mit mir jetzt zu vaters grab.

PYLADES

Was willst du denn da jetzt plötzlich?

ORESTES

Zu ihm beten – um hilfe und erlösung.

PYLADES

Ja – das ist in deiner lage angebracht.
Jetzt aber beeil dich – sonst hat Argos schon gewählt: komm!
Ich stütze dich auf deiner lahmen seite: leg den arm um mich.
Ich helfe dir durch die stadt – die menge kümmert mich nicht.
Wann soll man sonst freundschaft zeigen – wenn nicht in der not?

ORESTES

Da hast du recht – nur gefährten gehen mit einem durch dick
und dünn – und ein guter freund ist zehntausend verwandte wert.

CHOR

Der schier unerschöpfliche wohlstand
das ansehen das er an dies haus band
sind zerflossen –
zu viel blut wurde vergossen.
Unter der grellen sonne schmolz
der eisige stolz
von Tantalus' nachkommen:
sie haben sich die ehre genommen.
Seit zwischen Atreus
und dem bruder des Atreus
der streit um das goldene lamm entbrannte –
der eine die frau des anderen sein eigen nannte –
gab es hier nur tragische feste
zerstückelte kinder als bratenreste
einen grotesken handel von blut
händel aus eifersucht und wut
die erneut die familien spalten
bis sie nichts mehr in händen halten.

Ihr gutes ist nicht gut –
grausamkeit nennen sie edelmut
um das fleisch ihrer eltern zu zerschneiden
ihre eingeweide auszuwaiden
und das schwert schwarz überronnen
in die gleissende sonne
zu halten
als wollten sie auch die noch spalten.

Ein gerechtes verbrechen
ist der vorwand um sich zu rächen:
das böse ist ihre tugend –
in dem wahn steht selbst ihre jugend.
Schrie nicht Klytaimestra auf:
›Mein kind – lass dem blutfluss keinen lauf!
Rette nicht die ehre deines vaters
indem du dich verdammst!‹
Dennoch tat ers:
Du – der du im blut schwammst.

Was ist elender auf dieser erde
was eine tragischere gebärde
als vor der leiche seiner mutter zu stehen
ihr blut von seiner hand tropfen zu sehen?
Seitdem rinnt es ihm aus den augen –
die rachegöttinnen saugen
an seinem kopf seinem herzen
dass er sich krümmt vor schmerzen.
Klytaimestra hat sich vor ihm verneigt
und ihm die mutterbrust gezeigt –
doch Orestes ihr eigener junge
stiess ihr das schwert in die lunge
der silberne griff am goldenen kleid:
der tod seines vaters für ihren leib.

ELEKTRA
kommt aus dem haus
und sucht ORESTES

ELEKTRA

Wo ist Orestes? Frauen – hat er wieder einen anfall gehabt
und ist aus dem haus gelaufen?

CHOR

Nein – er will seinen fall der stadtversammlung vortragen.

ELEKTRA

Oh nein! Warum denn bloss? Wer hat ihn dazu überredet?

CHOR

Pylades. Aber da kommt einer der uns erzählen kann
wie es deinem bruder dort erging!

BAUER
tritt aufgeregt auf

BAUER

Oh du unglückliche – Agamemnons arme tochter – Elektra
meine herrin – ich habe leider nur schlimme nachricht für dich.

ELEKTRA

Dann sind wir verloren – du musst gar nicht weiterreden …

BAUER

Argos hat gerade die lose geworfen: die stadt hat entschieden
dass dein bruder und du – armes kind – sterben müsst. Heute noch.

Elektra

OIMOI! Ich wusste dass es so kommt – das was ich solange
befürchtet habe – mich beim warten darauf in tränen auflösend.
Sag mir – doch: erzähl vom prozess. Wer – welche reden haben
unser todesurteil herbeigeführt? Und: werden sie mich steinigen?
Oder sterbe ich durch das schwert? Lieber stürze ich mich selbst
ins schwert ... Und was ist mit Orestes? Wie wird er hingerichtet?

Bauer

Ich ging von meinem feld nur in die stadt um herauszufinden
wie es um euch und Orestes steht. Eure familie war stets gut zu mir:
ich mochte euren vater – er half mir öfter über ein schlechtes jahr
hinwegzukommen – deshalb stand ich ja dir in der not selbstlos bei.
Ich bin zwar ein armer bauer – aber ehrlich und ehrenhaft und halt
zu meinen freunden. Als ich die menge auf den hügel strömen sah
wo man seit jeher gericht hält und auf den sitzen da platz nehmen
fragte ich den nächstbesten: Was ist los? Wozu der volksauflauf?
Marschiert der feind ein? Ist krieg ausgebrochen? Oder gehts jetzt
wieder zurück nach Troja? Und er zeigte mit dem finger und sagte:
Bist du blind? Siehst du nicht Orestes da drüben? Der kommt
offenbar um den vorsitz bei seinem todesgericht einzunehmen!
Ich wünschte der anblick wäre mir erspart geblieben – es war
wie eine erscheinung – er wirkte wie sein eigener geist: krank
und totenbleich und hinkend – nur aufrechtgehalten von Pylades
der sich wie ein grosser bruder um ihn kümmerte – wie ein lehrer
der einen jungen mit scharlach aus der schule nach hause bringt.
Als alle sitze eingenommen waren und gespannte ruhe einkehrte
trat der vorsteher in die mitte und forderte die anwesenden auf
nun der reihe nach zu sprechen – wer dafür oder dagegen ist
dass Orestes als muttermörder verurteilt wird.
                                                     Talthybios stand
als erster auf – Agamemnons laufbursche und waffengefährte
der sich vor Troja eigentlich einen guten namen gemacht hat –

aber gewohnt wie er ist den herrschenden alles nachzuplappern
und ihnen honig ums maul zu schmieren tat der sein allerbestes
um nicht stellung beziehen zu müssen. Dieser speichellecker
gab zwar ein lippenbekenntnis zur grösse deines vaters ab –
deinen bruder aber zog er in den dreck – er wechselte dauernd
zwischen dem hohen ton den er als herold beruflich so pflegt
um dazwischen wieder in seine ordinäre sprache zu verfallen –
und dabei nur vorzubringen dass seine tat allen eltern gegenüber
ein nicht zu duldendes verhalten darstellen würde – so im sinne:
wenn alle das machen … Und die ganze zeit schielte er hinüber
zum gefolge des Aigisthos – der doch an allem die schuld trägt.
Aber so sind sie die herolde: als sprecher der herrschenden partei
schlagen sie sich immer auf seiten der machthaber – sie schleimen
sich bei jedem ein der einfluss hat und kriechen ihm in den hintern.

Nach ihm trat Diomedes auf – herrscher über das nahe Mykene
auch er waffenbruder deines vaters der vor Troja seinen mann stand.
Und trotz seiner jugend fand er die richtigen worte wie mir schien:
er war dagegen euch und euren bruder hinzurichten – er hatte moral
und forderte die stadt auf euch beide mit verbannung zu bestrafen –
da ging ein murmeln durch die menge   die einen meinten er sehe
die sache richtig und habe überzeugt – andere schüttelten den kopf.

Danach machte sich einer wichtig der keine tür vor dem maul hat
wie wir sagen: ein sprücheklopfer der seine mutter verkaufen würd
wenn es ihm einen vorteil brächte und sich einen ›patrioten‹ nannte –
aber von dem jeder wusste dass – und vom wem – er gekauft war:
um die leute mit einer hassrede aufzuwiegeln: und er schaffte es –
ha – er hetzte sie auf Orestes und dich zu steinigen – und es war
Tyndareos der ihm die argumente dafür in den mund gelegt hatte.

Da stand endlich einer auf und hielt dagegen – keiner der laffen
die auf dem marktplatz herumflanieren – nicht so ein feiner pinkel

sondern ein mann von echtem schrot und korn – aufrecht und gerade wie ich ein bauer der durch seine arbeit alle hier ringsum ernährt und mit seinem gesunden hausverstand aufzuräumen versuchte mit all den vorurteilen und vorverurteilungen von rechts und noch weiter rechts – man sah dass er nicht korrumpierbar war. Und er meinte dass die stadt Orestes den sohn des Agamemnon dafür dekorieren und einen goldkranz auf den kopf setzen sollte weil er sich traute seinen vater zu rächen indem er eine gottlose selbstherrliche herrscherin beiseiteschaffte die unserem land nur zur last gefallen war und in der zurschaustellung ihrer lebensweise ein katastrophales vorbild abgab – oder wollen wir dass egoismus amoral und gefallsucht sich breitmachen? Oder gar dass die frauen nach gutdünken schalten und walten? Kein mann leistet dann mehr dienst an der stadt oder zieht in den krieg wenn er fürchten muss dass zuhause alles drunter und drüber geht und sich sein nachbar über seine frau hermachen kann. Die anständigen leute zumindest die nickten wissend – fanden ihn überzeugend – riefen: hört hört!

Darauf fiel keinem anderen mehr etwas dafür oder dagegen ein: alle blickten auf Menelaos – aber von ihm war kein wort zu hören. Und da trat Orestes in die mitte und sagte: Männer! Unsere stadt gibt viel auf ihre lange geschichte – auf sitte brauch und anstand. Ich habe – genauso wie mein vater vor Troja – dafür gekämpft: für euch. Verurteilt ihr mich jetzt dann heisst ihr gattenmord gut; lasst ihr das den frauen einmal durchgehen dann könnt ihr ihnen gar nicht schnell genug sterben damit sie eure besitztümer erben oder euch sonst als sklaven halten. Ihr erreicht das gegenteil dessen worum es euch geht. Meine mutter musste sterben weil sie recht und gesetz verletzt hat – bringt ihr mich deswegen um wird hier anarchie ausbrechen. Wo bleibt da der anstand auf den ihr pocht? Ihr verspottet damit das gesetz – und eure frauen machen euch dann zum gespött von ganz Griechenland! Das hat er gut gesagt – die menge aber brachte er damit trotzdem nicht auf seine seite.

Die scherben einmal ausgezählt merkte man dass der volksredner –
dieser st. rache der sich von geldsäckeln hat schmieren lassen
um eure todesstrafe zu fordern – bei ihnen angekommen war.
Das einzige was Orestes erreichte war eine strafmilderung –
man steinigt euch nicht wenn ihr euch heute das leben nehmt.
Pylades bringt ihn gerade zurück – gefolgt von einigen wenigen
die ihr mitleid bekunden – es ist ein bitteres spektakel – und ihn
so weinen und lamentieren zu sehen wird sicher unangenehm.
Du musst dich jetzt fassen und vorbereiten – und für deinen weg
aus dem licht an das schwert oder an eine schlinge denken …
Dein hoher rang dein geburtshaus halfen dir im leben nichts –
und selbst Apollon der orakelnde gott des lichts in Delphi –
auch er hat nur eines bewirkt: den untergang eures hauses.

BAUER
geht ab

Chor

Lasst uns – lasst das ganze land klagen
die fingernägel weisse wangen zerkratzen
und das blut unterm gesicht herauskratzen.
Lasst uns an kopf und stirne schlagen
wie es der göttin der unterwelt zusteht
wenn man zu ihr geht.

Lasst uns – lasst das ganze land klagen
unser haar mit scharfem eisen scheren
und asche über den kahlen schädel leeren.
Lasst uns dies herrscherhaus beklagen
dem nur unser mitleid noch zusteht
weil es jetzt untergeht.

Die zeit der heroen ist vorbei:
am gipfel des glücks gleicht der mensch einem gott.
Doch der duldet keinen neben sich und übergiesst uns mit spott –
den rest besorgen niedertracht und heuchelei.

Lasst uns den menschen beklagen
der nur von einem tag auf den anderen lebt
während das schicksal all seine hoffnungen zerschlägt:
er hat nur schmerz zu ertragen.
Alles kann geschehen – wir werden hin- und hergerissen
und leben im ewig ungewissen.

Elektra

Ach – könnt ich doch zu dem felsen fliegen
der aus dem Olymp herausbrach
um seither zwischen himmel und erde zu liegen
schwebend über Tantalus' ungemach
an goldene ketten gefesselt alle zwei
götter wie menschen umkreisend
unser mond blendend hell aufgleissend:
niemand ist gut – keiner ist frei.

Ach – könnt ich doch Tantalus mein leid klagen
aus der schwarzen tiefe meiner seele
all die untaten die über mir zusammenschlagen
dass ich mich sterbend mit ihm vermähle.
Er zeugte ein haus von rach- und eifersucht
generationen in qual und pein
verstrickt in un- und inzucht:
niemand ist gut – nur der tod ist frei.

Selbst die götter waren so von uns entsetzt
dass sie den lauf der sonne wandten:
sie haben ihren aufgang in den blutigen osten gesetzt
während ihre untergänge im westen schamrot brannten.
Unheil ist das einzige das bei uns sein heim sucht
und mir in die augen starrt.
So blutet die vergangenheit in die gegenwart:
wir sind auf immer verflucht.

*Orestes
trifft auf,
geführt von Pylades*

Elektra

Oimoi! Dich bruder vor dem tor zur unterwelt stehen zu sehen –
sehe ich dich jetzt zum letzten mal? Es zersprengt mir den schädel!

Orestes

Scht! Still – jetzt bloss nicht all dieses weinen und wehklagen!
Find dich ab. Es ist schrecklich genug – trotzdem: stellen wir uns.

Elektra

Wie könnte ich still sein? Wir werden nie mehr die sonne sehen
niemals mehr in ihrem göttlichen licht stehen – weder du noch ich.

Orestes

Dein theater bringt mich noch um. Ist es nicht genug dass man
uns zum tod verurteilt hat? Deine tragödie macht es noch schlimmer.

Elektra

Du bist zu jung für so viel unglück Orestes – das schicksal kommt
für dich viel zu früh – leben solltest du – und kannst doch nur sterben!

Orestes

Hör endlich auf – bring mich bloss nicht zum weinen! Willst du
dass ich mich wie ein mädchen aufführe? Mich nicht als mann zeige?

Elektra

Wir werden sterben: wie soll man da nicht in tränen ausbrechen?
Das leben zu lieben mag erbärmlich sein – aber so sind wir menschen.

Orestes

Dann ist das eben unser letzter tag. Bleibt nur noch die frage
ob wir eine schlinge zum aufhängen knüpfen oder ein schwert schärfen.

Elektra

Ich will dass du mich umbringst – bruder. Keiner aus der stadt hier
soll es tun und mit gemeinen händen Agamemnons tochter entehren.

Orestes

Ich hab schon das blut meiner mutter an den händen – ich will
nicht auch noch deins. Such dir deinen eigenen tod – und stirb selbst.

Elektra

Gut. Ich werd dir nicht nachstehen und mit dem schwert nicht
langsamer sein als du. Nur lass mich dich jetzt in den arm nehmen.

Orestes

Wenn dir ein solch leeres vergnügen freude macht … wenn freude
überhaupt noch möglich ist für jemand der weiss dass er gleich stirbt.

Elektra

Für deine schwester bist du alles was für sie im leben gezählt hat.
Wir sind ein herz und eine seele – wir werden auch im tod eins sein.

Orestes

Verdammt – jetzt werde ich doch weich. Ah – was soll es? Wozu
sich noch zurückhalten? Deinen warmen körper an mich zu drücken
muss uns das hochzeitsbett ersetzen – und unsere kinder im arm …

Elektra

Könnten wir uns doch in ein und dasselbe schwert stürzen –
und dann in ein und demselben aus zeder gezimmerten sarg liegen!

Orestes

Das wäre das schönste – ja. Aber wie du siehst ist keiner mehr
von unserer familie übrig der uns beide zusammen bestatten könnte.

ELEKTRA

Ist Menelaos wirklich nicht aufgestanden und für dich eingetreten?
Der unsägliche feigling – nichts als ein verräter an unserem vater ist er!

ORESTES

Der hat lieber stillschweigend mit an meinem grab geschaufelt –
er liebäugelt mit dem thron hier – deswegen hat er uns fallengelassen.
Komm – gehen wir aufrecht in den tod – beweisen wir unseren mut
und dass wir des namens und der taten unseres vaters würdig sind –
ich zeige ganz Argos noch einmal meinen stolz – und stosse mir
das schwert in die leber – direkt da in die seite wo die seele sitzt –
und du tust das gleiche

zu PYLADES

Und du Pylades – wach über unseren tod –
und sei unser totengräber – bahre bitte unsere beiden leichen auf
und bestatte sie in einem grab – neben dem grabmal Agamemnons.
Nun – leb wohl mein freund mein gefährte guter du – ich gehe jetzt
in den tod.

PYLADES

Warte – von ›leb wohl‹ kann keine rede sein – oder glaubst du
dass ich nach deinem tod noch so weiterleben kann? Leben will?

ORESTES

Es gibt keinen grund für dich in einen solchen tod zu gehen.

PYLADES

Haben wir uns nicht freundschaft bis in den tod geschworen?

ORESTES

Die hebt der tod an meiner mutter auf. Du warst freund genug.

PYLADES

Wir brachten deine mutter gemeinsam um. Das trifft auch mich.

ORESTES

Geh zurück zu deinem vater. Du hast dort einen sicheren hafen
dein haus und ein reiches erbe das du antreten wirst – deine stadt
und dein volk über das du bald einmal herrschen kannst – und sicher
bald eine frau: auch wenn du jetzt Elektra nicht mehr heiraten wirst –
wie ich es dir versprochen habe um unsere freundschaft zu besiegeln.
Eine andere wird das bett mit dir teilen und deine kinder austragen –
Und jetzt – mein freund und weggefährte – leb wohl. Mach es gut:
wir lebendigen toten können nur noch lebwohl sagen und gut sterben.

PYLADES

Da irrst du dich. Und dazu: wie wenig du mich kennst – Orestes!
Die erde soll mein blut nicht aufsaugen und die lichte luft den atem
meiner seele nicht aufnehmen wenn ich unsere freundschaft verrate
und frei davonkomme – während du den preis für uns beide bezahlst.
Ich habe deine mutter nicht nur mit euch getötet – ich war auch dabei
als ihr euch den plan dafür ausgedacht habt. Und ich habe geschworen
Elektra zu heiraten so werden wir nun im tod unsere häuser vereinen
und mann und frau. Oder glaubst du ich gehe zurück nach Delphi
um mir anzuhören dass ich nur dein freund war solange das glück reichte
dich im unglück aber stehen liess? Unmöglich. Wir haben mit unserer tat
dasselbe schicksal herausgefordert. Da wir nun beide sterben werden
lass uns doch überlegen wie wir Menelaos dafür büssen lassen können.

ORESTES

Ah – Pylades! Wenn ich das noch erleben könnte würde ich
als glücklicher mann sterben.

PYLADES

Dann tu was ich sage. Und warte noch
bevor du ins schwert läufst.

ORESTES

Ich höre dir zu – auch ich will rache.

PYLADES

Red leise – ich traue diesem chor da nicht über den weg.

ORESTES

Mach dir keine sorgen – diese frauen sind unsere freunde.

PYLADES

Lass uns Helena umbringen – das trifft ihn am härtesten.

ORESTES

Nur wie? Wenn es zu machen ist bin ich für alles bereit.

PYLADES

Wir schneiden ihr die kehle durch. Ist sie nicht im haus?

ORESTES

Ha! Sie bringt gerade im ganzen palast Menelaos' siegel an –
in der schatzkammer auf allen truhen – als gehörte es bereits ihr.

PYLADES

Sie wird bald Hades gehören – und sich bei ihm einrichten.

ORESTES

Aber wie gehen wir vor? Sie hat viele fremde diener um sich.

PYLADES

Was für diener? Trojaner etwa? Vor denen hab ich keine angst.

ORESTES

Solche die sich um ihre parfööns kremen und spiegel kümmern.

PYLADES

Die hat jetzt wohl auch noch den importhandel von orientalischen luxusartikeln übernommen.

ORESTES

Ja – Griechenland war ihr immer schon viel zu provinziell – die hält uns für engstirnig – darum will sie jetzt alles mit kosmetik übertünchen.

PYLADES

Egal – ihre sklaven stellen für uns freie männer keinen ernsthaften gegner dar.

ORESTES

Ja   bringen wir sie um – wir gehen dabei ja kein risiko ein – zweimal kann man nicht sterben.

PYLADES

Wir gehen ins haus – und tun als wollten wir uns dort umbringen.

ORESTES

Das hab ich mir auch gedacht – aber wie geht es dann weiter?

PYLADES

Wir jammern und weinen ihr was vor –

ORESTES

dann kommt sie auf uns zu
um uns zu trösten – innerlich aber wird sie vor schadenfreude jubilieren.

PYLADES

Genau wie wir. Und unsere schwerter verstecken wir im gewand.

ORESTES

Aber wie werden wir ihre diener los? Die stehen sicher daneben.

PYLADES

Wir schliessen sie einfach vorher heimlich in ihren zimmern ein.

ORESTES

Und wer sich nicht still verhält an dem schärfen wir unsere schneid.

PYLADES

Richtig. Aber begreifst du auch die ganze schönheit meines plans?
Brächten wir irgendeine respektable und rechtschaffene frau so um
wäre das eine unehrenhafte tat – für die man uns ganz gewiss steinigt.
So jedoch liefern wir sie ans schwert für das was sie verbrochen hat –
ihretwegen ist halb Griechenland vor Troja gefallen – väter wie söhne –
und jetzt voller waisen und witwen. Alle wollen die hure ja tot sehen.
Die werden unseretwegen hurra schreien – ein hallelujah anstimmen
und freudenfeuer für die götter anzünden um unsere häupter zu segnen
weil wir sie dafür mit blut bezahlen lassen. Dann wird dich keiner mehr
›muttermörder‹ schimpfen – du wirst eher in die geschichte eingehen
als der mann der das ganze land von einer massenmörderin erlöst hat:
als helden werden wir gelten! Und dazu verhindern wir auch noch
dass Menelaos vom tod deines vaters deiner mutter deiner schwester
und dir profitiert – in den palast einzieht und deinen thron besteigt –
wo er nur durch Agamemnons speer seine frau zurückerobern konnte.
Verdammt will ich sein wenn ich ihr nicht das schwert in den leib bohre.

Sollte sie uns aber wider erwarten davonkommen zünden wir eben
den palast an und gehen in den flammen unter. So oder so haben wir
einen abgang in glanz und glorie – entweder werden wir
für einen solchen feuertod notorisch – oder als lichtgestalten gekrönt.

Chor

Helena hat sich den hass zu recht zugezogen:
sie hat uns alle belogen und betrogen –
keine frau ist ihr mehr gewogen.

ORESTES

Es gibt nichts besseres als einen guten und wahren freund –
er ist mehr wert als aller reichtum und alle macht über die welt –
seine treue ist durch nichts zu vergelten. Erst hast du Aigisthos
der unserer familie hörner aufsetzte in die tödliche falle gelockt –
dann bist du mir in meiner not beigestanden – und jetzt hilfst du
auch noch mich an meinen feinden zu rächen – selbstlos wie du bist.
Aber ich sehe dass dich dies verlegen macht – ich hör schon auf –
zu viel lob klingt immer falsch. Da ich weiss dass ich sterben muss
will ich zumindest meine feinde mit mir in diesen tod reissen –
die verräter verraten – ihnen das antun was sie mir angetan haben.
Ich bin schliesslich auch der sohn Agamemnons – den man allein
aufgrund seiner verdienste zum heerführer der Griechen ernannte
ohne dass er darauf einen anspruch gehabt hätte – ihm verliehen
die götter macht und stärke. Ich will seinen namen nicht entehren
indem ich einen feigen tod sterbe der nur eines sklaven würdig ist –
ich will als freier mann sterben: und Menelaos dafür zahlen lassen.
Dann habe ich wenigstens einmal im leben gutes für alle getan –
eine gute tat die das andere aufzuwiegen vermag – und uns erlöst –
so als wäre wider erwarten noch irgendein heil möglich: unverhofft
wie ein lichtstrahl in diesem grauen himmel. Aber es fällt uns nichts
vor die füsse – es werden einem stets nur steine in den weg gelegt –
den göttern ausgeliefert wie wir sind. Das ist mein gebet an sie –
man kann zumindest träumen – und die sehnsucht in worte kleiden
auch wenn wir vor den göttern nackt sind. Zu hoffen ist hoffnungslos –
aber süss – und hebt das herz – selbst wenn die götter darüber lachen.

ELEKTRA

Bruder – ich glaube ich weiss einen weg – ich weiss wie wir uns
von alldem unausweichlichen erlösen können: du und ich und Pylades.

ORESTES

Ach – Elektra: göttliche vorsehung! Ich weiss du bist klüger als das.

ELEKTRA

Hör zu – und auch du Pylades hör dir an was ich zu sagen habe.

ORESTES

Gerede ... es ist das einzige was uns in unserer lage trost spendet.

ELEKTRA

Helenas tochter – Hermione – du kennst sie ja gut. Du und sie –

ORESTES

– natürlich kenne ich sie. Unsere mutter hat sie ja aufgezogen.

ELEKTRA

Nun – sie ist doch zu Klytaimestras grab gegangen – nicht?

ORESTES

Und? Sie bringt ihr opfer dar. Was hat das mit uns zu tun?

ELEKTRA

Wenn sie zurückkommt nehmt ihr sie gefangen. Als geisel.

ORESTES

Wie soll uns dreien das helfen?

ELEKTRA

Wenn Helena einmal tot ist wird Menelaos sich an dir und mir – an uns allen rächen wollen: dann drohst du ihm Hermione umzubringen. Halt dein schwert an ihre kehle. Er hat gerade seine frau in ihrem blut liegen sehen und will nicht auch noch seine tochter verlieren. Lass dir darauf sein wort geben dass er uns rettet – und darauf das mädchen gehen. Überkommt ihn trotzdem die blinde wut tu so als würdest du ihr den hals aufschlitzen – er wird sicher herumbrüllen – aber bald

klein beigeben – der ist ja zu nichts manns genug der weichling.
Das ist die vorsehung die ich im sinne habe. Ende des geredes.

Orestes

Ah! Du denkst wie ein mann – und das im schönsten körper
den man sich denken kann: wie würdest du das leben verdienen!
Das ist die frau – Pylades – die du verloren hast – oder mit der du
glücklicher das bett teilen würdest – wenn ihr überleben könntet.

Pylades

Ich wollt es wär wahr – man würd uns hochzeitslieder singen.

Orestes

Doch wann wird Hermione in unseren palast zurückkehren?
Ich meine – alles was du gesagt hast klingt gut – aber nur falls es
uns gelingt diesen frischling eines unsäglichen vaters abzufangen.

Elektra

Sie müsste längst schon zurück sein. Sie kommt sicher bald.

Orestes

Gut. Dann stellst du dich – Elektra – vor den palasteingang
und empfängst sie da. Du wirst uns dort dann auch wache stehn:
falls Menelaos oder einer seiner waffenbrüder auftauchen sollte
bevor wir das töten hinter uns gebracht haben klopfst du – schickst
uns eine deiner freundinnen hier herein – warn uns nur irgendwie.

Oh vater – Agamemnon – du unten in der halle der ewigen nacht
dein sohn Orestes ruft dich und bittet dich ihm nun beizustehen!

Elektra

Oh vater komm – wenn du uns hörst – in der erde unten – wir
deine kinder – die deinetwegen in den tod gehen – sie rufen dich!

PYLADES

Hör auch mein gebet – o Agamemnon: erlöse deine kinder!

ORESTES

Ich tötete deine frau –

ELEKTRA

Ich gab ihm das schwert –

PYLADES

Und ich bestärkte ihn – und drängte als er zögern wollte.

ORESTES

Ich tat es für dich – vater!

ELEKTRA

Auch ich verriet dich nicht!

PYLADES

Sie bitten dich deshalb um beistand – rette deine kinder!

ORESTES

Meine tränen waren dein opfertrank!

ELEKTRA

Ich brachte dir meine wehklagen dar!

PYLADES

Genug jetzt. Es ist zeit zu handeln. Wenn gebete wie speere
in das innere der erde dringen dann hat Agamemnon uns gehört.

O Zeus unser aller ahn – und du – göttin der heiligen gerechtigkeit
schenkt Orestes mir und Elektra eure gunst: gewährt uns erfolg.

Wir drei stellen uns nun eurem gericht und eurem urteil allein:
sprecht uns frei oder verurteilt uns drei: zum leben oder zum tod.

O<small>RESTES</small> und P<small>YLADES</small>
gehen ins haus.
musik zum tanzenden <small>CHOR</small> *und*
zum zwiegespräch E<small>LEKTRAS</small> mit dem <small>CHOR</small>

Elektra

Ihr frauen –
erste der stadt –
und freundinnen mir –

Chor

Elektra –
unsere herrin –
wir stehen zu dir.

Elektra

Verteilt euch frauen:
die einen auf dem weg um nach Hermione zu schauen
die anderen um sich vor dem palast aufzubauen.

Chor

Wir sind mit dir im bund:
aber sag uns den grund.

Elektra

Mein bruder ist aus auf Helenas blut –
drum seid für mich auf der hut.
Vielleicht wird alles gut!

Chor 1 nach rechts

Wir wachen am weg der da endet
wo die sonne speere des lichts aussendet.

Chor 2 nach links

Und wir am weg der da beginnt
wo die sonne blutig in den abend rinnt.

Elektra

Lasst euch nicht ergreifen –
nur die blicke hin und her schweifen –
von hier nach dort
immerfort!

Chor

Wir bewachen diesen ort.

Elektra

Schaut nach rechts links und hinter euch –
und versteckt euch im gesträuch.

Chor 1

Achtung – da kommt jemand: ein bauer –
was schleicht der um die palastmauer?

Elektra

Wir sind verloren! Der soll uns ausspähen.
Er wird Orestes und Pylades sehen
und uns verraten gehen!

Chor 1

Keine angst! Der ging nur sein feld mähen.

Elektra

Und bei euch – ist da auch alles leer?
Oder kommt einer zum palasttor her?

Chor 2

Da ist keiner – hier ist alles klar.

Chor 1

Auch von unserer seite droht keine gefahr.

Elektra

Ich gehe besser und horch an der tür.
Da läuft etwas schief – ich spürs!

Chor 1 und Chor 2

Ihr da drinnen – was lasst ihr euch so viel zeit?
Werdet ihr nicht fertig mit dem weib?

Elektra

Die hören euch nicht – und ich kann nichts machen
ausser den palast bewachen.
Hat ihnen Helenas schönheit die schneid abgekauft?
Stehen die nur da – hände am schwertknauf?

Chor 1 und Chor 2

Wenn die nicht weitertun
steht hier bald die stadt in waffen
und ein volkstribun
um sie zur steinigung fortzuschaffen!

Elektra

Steht hier nicht herum!
Noch ist es nicht da – das hinrichtungspublikum.
Schaut euch weiter nach allen seiten um.

Chor

Jede minute kann jemand kommen!

Hermione *von innen*

Argos! Argos! Verrat und mord!

Elektra

Habt auch ihr das vernommen?

Chor

Der stimme nach war es Helena.

Elektra

O göttervater Zeus: gib ihnen stamina!
Mach ihre arme stark für eine gerechte tat!

Hermione von innen

Menelaos – ich sterbe! Wo bist du?

Elektra und Chor

Schlachtet sie ab – haut sie in stücke!
Schlitzt sie auf – und rächt ihre tücke!
Schneidet ihr mit beiden schwertern
den kopf ab – den vielbegehrten –
und schändet ihren leib:
der lust an diesem weib
wurden abertausende geopfert zu Troja.
Für die schönheit der Helena
wurden unsere männer zerhauen
von bronze und eisen:
verwitwet nun sind wir frauen
und unsere kinder waisen.

Chor 2

Still! Still! Ich höre etwas – da kommt jemand zum haus!

man sieht
HERMIONE

ELEKTRA

Ah – meine lieben: da kommt Hermione! Sie läuft mitten
in dieses morden hinein – hört auf mit euren schlachtschreien!
Sie geht in die falle – wir machen mit ihr einen schönen fang.
Stellt euch wieder so auf als ob ihr trauern würdet – bleich und
gefasst – lasst eure geröteten gesichter jetzt bloss nicht verraten
dass ihr ahnt was im palast gerade vor sich geht – und ich werde
meine augen zu boden schlagen – so als wüsste ich von nichts.

zu HERMIONE

Mein mädchen – kommst du zurück von Klytaimestras grab?
Hast du da den göttern der unterwelt ihren trank dargebracht?

HERMIONE

Ja – und ich habe für meine gebete ihren segen erhalten –
aber da ist mich die furcht überkommen was für ein aufschrei
das war den ich von weitem aus unserem haus dringen hörte.

ELEKTRA

Ja – was da auf uns zukommt rechtfertigt jeden aufschrei.

HERMIONE

Nein – verschrei bloss nichts! Oder gibt es etwas neues?

ELEKTRA

Nur dass Orestes und ich nun zum tod verurteilt wurden.

HERMIONE

Nein – das darf nicht sein! Wir sind doch von einem blut!

Elektra

Die stadt hat gesprochen – und uns ihr joch aufgezwungen.

Hermione

War das der grund für all dieses schreien in unserem haus?

Elektra

Ja – er fiel klagend vor Helena auf die knie und flehte sie an.

Hermione

Wer fiel in die knie und flehte? Ich kann dir nicht folgen …

Elektra

Orestes – er bettelte sie an uns beide vor dem tod zu retten.

Hermione

Jetzt versteh ich warum schreie im haus ausgebrochen sind.

Elektra

Weshalb sonst sollte der palast auch von klagen widerhallen?
Darum komm und schliess dich unserem flehen an – knie auch du
vor deiner mutter Helena die von göttern so geliebt wird damit sie
Menelaos dazu bringt nicht tatenlos zuzusehen wie man uns tötet.
So wie unsere mutter dich aufzog zeig nun auch mitleid mit uns –
setz dich ein für uns – kämpf auch du um unser leben – komm
ich geleite dich ins haus: in dir allein liegt unsere letzte rettung!

Hermione

Schnell – gehen wir! Wenns nur an mir liegt bist du gerettet!

beide am bühnenrand
am tor

Elektra

He – meine waffenbrüder! Da kommt das opfer – greift sie!

Hermione

Wie? Was soll das?? Hilfe! Lasst mich los! Was tut ihr da?

Elektra

Sei still! Du bist nur da um uns zu retten – nicht wir dich.
Haltet sie fest! Nehmt sie und haltet ihr das schwert an die kehle –
Menelaos soll sehen dass er es mit richtigen männern zu tun hat
nicht mit trojanischen feiglingen! Er soll *seine* feigheit bezahlen!

Elektra
geht ab und schliesst das tor.
Chor
tritt auf.

CHOR

Io! Io!
Stampft auf – stimmt an
euren gesang:
tanzt die palastmauer entlang
übertönt mit eurem klang
den blutigen untergang
eines königshauses!
Wir sind die stimme des applauses.
Lasst die stadt nicht hören
wie sie drinnen alles zerstören:
niemand darf kommen sie zu retten!
Helena wird keinen mehr betören:
auf eine bahre wird man sie betten –
die frau deretwegen unsere söhne starben
deretwegen unsere männer verdarben
vor Troja – ja:
wir sind der chor.
Wir tragen alle einen trauerflor –
wir leihen der gerechtigkeit das ohr –
und bewachen das palasttor.

CHORFÜHRER

Scht – am tor wird der riegel zurückgeschoben.
Schaut: da kommt einer von Helenas Trojanischen sklaven heraus!
Er wird uns sagen wie diese hure den tod als letzten freier empfing!

SKLAVE tritt auf
im Singsang, ohne Musik

Den armen des todes bin ich entronnen
in blossen pantoffeln argeischen schwertern entkommen –
erst unter der kommode liegend
dann auf dem teppich fliegend
über schwellen und füsse
zur tür hinaus – auf der flucht
und einer der nun vergeblich seine heimat sucht.
Werte damen – ich entbiete euch meine besten grüsse!
Zeigt mir bitte wo der ausgang ist –
Wo geht es hier nach Troja?
Ich bin bloss Helenas visagist
und ihr oberster koiffeur – oh ja!
Aber jetzt hat man mir wohl die arbeit genommen:
bitte sagt mir – wie soll ich wieder nach hause kommen?
Ist auch der himmel hoch und das meer breit:
ich bin zur abreise bereit!

CHORFÜHRER

Wohin? Drück dich klar aus – es folgt dir keiner!

SKLAVE
schlägt sich auf die stirn

Ah ja! Ah –
meine stadt ist untergegangen: Troja!
Was bin ich für eine flasche –
hab wohl zu viel parfüm getrunken:
Troja liegt in schutt und asche –
all das wegen ein paar griechischen halunken
und einer launischen alternden diva – Helena:
jedes graue haar musste ich ihr einzeln färben mit henna!
Helena ist an allem schuld!

Was hatte ich für eine engelsgeduld!
Sie ist eine eitle herrische zicke –
wollte dauernd dass man sie f… für die schönste halte:
hundert verschiedene cremes für jede falte!
Helena hat uns alle zerstört –
was sie aufführte war un-er-hört!

CHORFÜHRER

Jetzt beruhig dich doch! Eines nach dem anderen –
sag schon was passiert ist! Wir können uns keinen reim drauf machen.

SKLAVE

Was seid ihr doch für barbaren!
Keine höflichkeit – keine manieren:
umgangsweisen wie von raubtieren!
Soll ich euch nicht wenigstens kurz durch die haare fahren?
Schon gut – also da kommen zwei grusslos herein
ohne die schuhe auszuziehen als wären sie im palast daheim:
der eine – oh mein gott! wie war er muskulös gebaut
doch ungepflegt und was für eine schlechte haut –
der andere hingegen – dürr und hart wie ein strassenjunge
leckte sich dauernd die lippen mit seiner schmalen zunge
die augen kalt und stechend wie eine schlange –
und beide nehmen sie Helena in die zange.
Plötzlich ganz unterwürfig – knickfuss und kniefall –
kriechen sie auf sie zu in einem jammernden wortschwall
während Helenas leibwächter nicht wissen was sie tun sollen –
der intelligenz wegen hat Helena sie ja nicht um sich haben wollen:
die spielen lieber mit ihren sch… speeren herum –
für alles andere sind die zu dumm.

CHORFÜHRER

Und wo standst du? Hattest du die beine schon in der hand?

SKLAVE

Nun meine damen – während sie unverbindlich lächelt
hab ich ihr mit einer straussenfeder kühlung zugefächelt
sonst verrinnt ihr bei der hitze die schminke schnell –
und eigentlich sass sie ja vor einem webgestell
um kostbare stickereien zusammenzunähen –
sie waren sozusagen die mitgift für die wilde ehe
mit Paris meinem einstmaligen arbeitgeber –
wir hatten ein herz und sprachen zueinander frei weg von der leber ...
Wo war ich? Ah – diese tapisserie sollte eine grabbeigabe sein
für eine mutter die sich wie Helena gern hingab einem kurzen stelldichein
dafür aber ermordet wurde – von ihrem eigenen fleisch und blut!
Was habt ihr hier bloss für sitten – aber nun gut:
der eine – ein verzogener halbstarker offenbar aber ihr neffe –
bittet und bettelt und zupft an ihrem kleidersaum:
dabei aber seh ich wie sein gesicht sie nachäfft –
sie solle doch mit ihm kommen in den thronraum
es gehe um die übergabe von seines vaters erbe –
während der andere – der verschlagene kerl – oh ich dachte dass ich sterbe!
danach mit gezogenem schwert auf uns zuschiesst
›ihr trojanischen scheisser! los marsch –
sonst hab ich euch alle am arsch!‹
so reden die hier! – und uns der reihe nach einschliesst:
mich samt den eunuchen im ankleidezimmer.
Doch von dort sehe ich durch einen spalt
in den thronsaal und seinen purpurschimmer –
ah – wir wird mir noch jetzt davon kalt!

CHORFÜHRER

Und was ist da schlimmes passiert? Komm zum punkt!

Sklave

Nun – an dem punkt: der reinste horror!
Was ich mitansehen musste! Blutigsten terror!
Helena sass still und gerade
wie nur eine königin das kann – kerzengerade.
Ihr eigener neffe hielt ihr das schwert an den hals –
ich sah das eisige glitzern seines metalls –
da stürmt der andere herein
schaut sich um – sie sind mutterseelenallein
und brüllen: Stirb – frau! Stirb für einen mann
der die eigene familie in den tod treibt –
Ein gewissenloser tyrann –
ihm sei dafür sein weib entleibt!
Bei den worten rieselt es mir über den rücken –
obwohls jetzt klingt als hätten sies vom theater geklaut –
aber was tut Helena als beide sich über sie bücken?
Nichts! Sie hat ihnen nur hart in die augen geschaut
und die arme über der brust verschränkt.
Und da reisst der andere sie an den haaren
nimmt sein schwert – setzt es an – und senkt …
Ach – ich will euch die beschreibung lieber ersparen!

Chorführer

Hat denn keiner der leibwächter etwas zu unternehmen versucht?

Sklave

Wir hörten ihr brüllen und schreien –
einige konnten sich mit brechstangen befreien
und so kamen wir aus den kammern gelaufen
wild durcheinander in einem haufen
hinein in den thronsaal
ziegel in der hand – einer mit einem türpfahl
ich mit meinem schal

um die verbrecher zu erwürgen – aber sie waren in der überzahl:
der andere rannte mit schwert und helm gegen uns an
ein berserker – blutrünstig wie ein bataillon von tausend mann
um uns die klinge in den leib zu bohren:
und da haben wir den trojanischen krieg das zweite mal verloren
am schlachtfeld niedergestreckt oder bettelnd ums leben –
und in dem augenblick wo wir uns dem schicksal ergeben
steht miteins Hermione im raum –
erschrockener geht es kaum.
Beiden stürzen auf sie zu um sie zu fangen
und hand an sie zu langen
und sie zu ihrer mutter zu schleifen –
aber als sie sich umdrehen – ich kann es selber nicht begreifen –
ist Helena plötzlich verschwunden
in luft aufgelöst – als hätte die szene nie stattgefunden:
da ist zauberei im spiel – oder irgendein gott!
Jedenfalls ist das alles für mich ein undurchschaubares komplott.
Und was danach geschah ist nicht zu sagen –
ich habe mich wacker geschlagen
mich dann aber in der hitze der schlacht
lieber in sicherheit gebracht
damit wenigstens einer bericht geben kann.
Klar ist nur – Helenas ehemann
ist ganz umsonst gegen Troja gezogen
um sich seine frau zurückzuholen –
denn die ist ihm nun endgültig davongerannt
während ich nun vor euch stehe – als ihr repräsentant!

CHORFÜHRER

Es wird immer irrer – wann findet denn diese wirrnis ein ende?
Und jetzt kommt auch noch Orestes gelaufen – das blanke schwert in der hand!

ORESTES
tritt auf

ORESTES

Wo hat sich der kerl verkrochen der uns entlaufen konnte?

SKLAVE

Er kriecht vor euch untertänigst auf dem bauch – mein herr!

ORESTES

Hier ist nicht Troja – bei uns geht man aufrecht in den tod.

SKLAVE

Wo auch immer – solange man am leben bleibt ist es recht.

ORESTES

Hast du deswegen hier um hilfe für Menelaos geschrien?

SKLAVE

Ich? Nein – ich bin nicht so dumm: ich bin auf eurer seite!

ORESTES

Dann denkst du also auch dass Helenas tod gerecht wäre?

SKLAVE

Mehr als recht – und wenn ihr sie dreimal umgebracht hättet!

ORESTES

Das sagst du speichellecker um dich bei mir einzuschleimen – insgeheim denkst du was anderes!

hält ihm das schwert an den hals

SKLAVE

Was soll ich anderes denken
als dass Helena Troja *und* Griechenland am gewissen hat? *Bitte*!

ORESTES

Schwöre dass du das nicht sagst um dich einzuschmeicheln.

SKLAVE

Ich schwöre bei dem was mir am kostbarsten ist: meinem leben!

ORESTES

War das so vor Troja – seid ihr alle vor uns am bauch gelegen?

SKLAVE

Bitte nimm das schwert weg – von so nahe spiegelt es den tod.

ORESTES

Angst dich in stein zu verwandeln? Wie bei Medusas anblick?

SKLAVE

Angst mich in eine leiche zu verwandeln? Wer ist Medusa?

ORESTES

Interessant – ein sklave und angst vor dem tod – obwohl nur
der ihn von seinem elend erlöst.

SKLAVE

Noch im grössten elend sieht man
lieber das licht der sonne statt Hades' dunkel. Das gilt wohl für alle.

ORESTES

Oh – ein philosoph! Gescheit genug um sich den hals zu retten –
und jetzt zurück mit dir ins haus.

SKLAVE

Du wirst mich also nicht töten?

ORESTES

Es gefällt mir gerade dich am leben zu lassen.

SKLAVE

Das gefällt mir.

ORESTES

Nein – ich hab es mir anders überlegt.

SKLAVE

Das gefällt mir weniger.

ORESTES

Sei kein idiot. Glaubst du etwa ich lasse mich so weit herunter
mich mit so etwas wie dir zu beschmutzen? Du bist ja kein mann –
bestenfalls einer in frauenkleidern – und wahrscheinlich von Helena
gleich kastriert wie die anderen. Ich bin nur aus dem haus gelaufen
um zu verhindern dass du um hilfe schreist: die stadt hat gute ohren
und wenn sich alle da um den palast versammeln sind wir verloren.
Vor Menelaos jedoch fürchte ich mich nicht – er soll mir endlich
vor das schwert kommen! Geh ihn jetzt holen – dem schönling
werd ich die blonden locken scheren! Denn wenn er die bürger
von Argos holt um aus rache für Helena den palast zu stürmen
und mich meine schwester und Pylades nicht vor dem tod rettet
findet er hier zwei leichen – die seiner frau und die seiner tochter!

der SKLAVE *geht*
MENELAOS *suchen;*
ORESTES
ab in den palast

CHOR

Io io –
schaut wie es fällt –
wie alles in agonie verfällt.
Das haus des Tantalus stürzt in den abgrund –
all seine söhne und töchter wund
verschlungen vom selben schlund
der rache rachen.
Was sollen wir nun machen?
Trotzdem die stadt warnen –
oder uns Orestes' erbarmen?
Schweigen ist sicherer
stille feierlicher.

Schaut wie es über dem haus graut:
rauch steigt auf in die luft –
er ist der götter opferduft.
Fackeln sind angezündet
das haus niederzubrennen –
der rauch verkündet
dass Tantalus' kinder in den untergang rennen.
Das ende liegt stets in der götter händen –
sie drehen es so wie sie es wenden.
Doch ebenso mächtig ist der rachedämon –
ihm kommt kaum einer davon.

Seht diese hallen
wie sie fallen!

Der stein der sonne der über Tantalus schwebt
ist es nun der seine kinder erschlägt!

Chorführer

Seht wie nun auch Menelaos auf den palast zurennt:
er muss wind davon bekommen haben was im haus alles vor sich geht.
Orestes – Elektra: schnell! Schiebt den riegel vor – verbarrikadiert das tor.
Ein mann der auf dem hohen ross des sieges sitzt ist immer gefährlich –
er will alle die am boden liegen – wie du Orestes jetzt – zertrampeln.

MENELAOS
tritt auf,
begleitet von bewaffneten

MENELAOS

Ich hab gehört was hier geschehen ist – man hat mir berichtet
vom terror und horror hier – alles was diese verbrecher getan haben:
unmenschen sind sie – monster! Und es heisst sie hätten – meine frau
sie wäre nicht tot sondern verschwunden – das muss ein gerücht sein
das gerede von einem aus dem kein klares wort herauszubringen war
eine lügengeschichte die diese muttermörder in ihrer not verbreiten!

Öffnet das tor! Macht auf – sofort!

zu seinen männern

Los – schnell: brecht das tor auf:
wir müssen zumindest meine tochter noch vor diesen mördern retten!

ORESTES
taucht am dach auf,
HERMIONE haltend,
sein schwert
an ihrer kehle,
PYLADES und ELEKTRA neben ihm,
fackeln in der hand

ORESTES

Du da – geh vom tor weg! ja – du da – Menelaos: zurück mit dir!
Sonst reiss ich die steinquadern aus der alten brustwehr und schmeiss
sie dir auf den kopf – du eingebildeter pantoffelheld! du kommst hier
sowieso nicht rein – das tor ist verriegelt – also überlegs dir zweimal!

MENELAOS

Da ist Hermione! Sie hat ein schwert an ihrem hals!! Und fackeln die brennen – was soll das? Was wollt ihr?

ORESTES

Willst du lang fragen stellen – oder zuhören?

MENELAOS

Keins von beiden – aber ich muss dich wohl reden lassen.

ORESTES

Vielleicht interessiert es dich dass ich vorhabe Hermione zu töten.

MENELAOS

Du hast Helena umgebracht und willst auch noch sie jetzt töten?

ORESTES

Ich wünschte ich hätte – stattdessen haben die götter sie geschnappt.

MENELAOS

Du tötest sie – nur um es zu leugnen? Du bist irrer als ich dachte.

ORESTES

Leider nicht. Ich bereue es aus ganzem herzen …

MENELAOS

Was bereust du?

ORESTES

Die hure Griechenlands nicht in Hades' arme getrieben zu haben.

MENELAOS

Hat dir das blut deiner hure von einer mutter dafür nicht genügt?

ORESTES

Frauen die ihr land und ihren mann verraten bring ich gerne um.

MENELAOS

Bitte gib mir den leichnam meiner frau damit ich sie begraben kann.

ORESTES

Richt dein bittgesuch an die götter – derweil bring ich Hermione um.

MENELAOS

Nur ein muttermörder zu sein das war dir wohl nicht genug –
jetzt willst du auch noch als serienmörder in die geschichte eingehen?

ORESTES

Ich räche meinen vater – den du noch nach seinem tod verraten hast.

MENELAOS

Und du – Pylades – willst du wirklich sein komplize dabei sein?

ORESTES

Er redet nicht mit einem wie dir. Es genügt wenn ich das tun muss.

MENELAOS

Denkst du, du kommst damit davon? Da müssten dir flügel wachsen.

ORESTES

Keiner wird entkommen – wir werden den palast in brand setzen.

MENELAOS

Du rächst deinen vater – um sein haus in schutt und asche zu legen?

ORESTES

Damit du es nicht in die finger kriegst – genauso wenig wie Hermione:

ich bringe deine tochter um – und werfe ihre leiche dann in die flammen.

MENELAOS

Dann los – bring sie um. Ich werde dich dafür in die finger kriegen.

ORESTES

Ganz wie du willst.

MENELAOS

Nein – nein: tus nicht!

ORESTES

Halts maul – du kriegst nur was du verdienst.

MENELAOS

Und du denkst du verdienst es am leben zu bleiben??

ORESTES

Und das land zu regieren.

MENELAOS

Welches land?

ORESTES

Dieses hier. Ganz Argos.

MENELAOS

Wer glaubst du denn will mit dir noch etwas zu tun haben?

Orestes

　　　　　　　　　　　　　　　Jeder der seinen vater liebt und achtet.

Menelaos

　　　　　Und die ihre mütter lieben und achten?

Orestes

Haben glück.

Menelaos

　　Was du nicht hast.

Orestes

　　　　　　　Weil ich nichts für huren übrig hab.

Menelaos

Dann dreh dein schwert von meiner tochter weg!

Orestes

　　　　　　　　　　　Du verdrehst einem das wort im mund.

Menelaos

　　Du willst ihr den hals umdrehen.

Orestes

　　　　　　　　　　　　Auf den kopf getroffen.

Menelaos

Was soll ich nur tun?

ORESTES

In die stadt hinuntergehen die bürger überreden.

MENELAOS

Wozu überreden?

ORESTES

Uns nicht zu töten.

MENELAOS

Denn sonst tötest du mein kind?

ORESTES

Genau.

MENELAOS

O Helena – arme Helena!

ORESTES

Warum nicht Orestes – armer Orest.

MENELAOS

Hab ich sie denn bloss aus Troja zurückgeholt damit sie hier stirbt?

ORESTES

Wärs doch so!

MENELAOS

Nachdem ich so hart gekämpft hab –

ORESTES

Nur nicht für uns.

MENELAOS

– verliere ich jetzt alles.

ORESTES

Weil du uns allen die grube gegraben hast –

MENELAOS

Stellst du mir nun diese falle.

ORESTES

– fällst du selbst hinein. Du taugst
eben nichts – sonst wär dir Helena nicht davongelaufen.
Elektra – geh
und zünd unten das haus an. Und du Pylades steck das dach in brand.

MENELAOS

Wo seid ihr – bürger von Argos? Beeilt euch – bringt eure waffen:
der mann – der da will euch alle mit gewalt seine herrschaft aufzwingen
nur um ein leben zu retten das er mit dem blut seiner mutter besudelt hat.

Ex machina werden
APOLLON und HELENA
als puppen herabgelassen

Apollon

Sei weniger scharf Menelaos – lass deiner wut nicht freien lauf –
ich bin es: Apollon sohn der Leto der hier spricht – und du Orestes
schieb deine klinge in die scheide und lass das mädchen jetzt laufen.
Was ich zu sagen habe ist:

              Helena die du in deinem zorn auf Menelaos
töten wolltest aber nicht konntest – sie ist hier – ihr seht sie in der luft.
Ich habe sie vor deinem schwert gerettet wie es Zeus' wille war: Zeus
zeugte sie – sie ist unsterblich – und wird neben Kastor und Polydeukes
nun am himmel sitzen um seemännern den weg nach hause zu zeigen.
Nimm dir eine andere frau Menelaos: ihre schönheit diente den göttern
die Griechen und die Trojaner gegeneinander aufzubringen auf dass
all die toten dieses krieges die Erde erleichtern von dem gewimmel
allzu vieler menschen die sie erdrückten.

                        Was dich betrifft Orestes
ist bestimmt dass das mädchen der du dein schwert an den hals hältst –
Hermione – deine frau wird. Deine schwester Elektra wird die frau
des Pylades – wie du es versprochen hast: das leben das ihn erwartet
wird ein glückliches werden.

                    Was Argos angeht – Menelaos – so lass
Orestes über die stadt herrschen: du selbst wirst herrscher von Sparta
und kannst dafür auf Helenas mitgift zurückgreifen derentwegen du
dir genügend schwierigkeiten eingehandelt hast – sie gehört jetzt dir.
Orestes' verhältnis mit der stadt werde ich in das rechte licht rücken:
es war in meinem namen dass er seine mutter zu tode gebracht hat.

Orestes

Oh gott des lichts – du warst also keine trügerische erscheinung!
Dein orakel hat wahres verkündet! Ich hatte eine falsche angst davor
als ich glaubte deine stimme als die eines rächenden dämons zu hören:
nun geht doch alles gut aus. Ich erfülle auch jetzt deinen befehl: schau –
ich nehme das schwert von Hermione und stimme der heirat mit ihr zu
sobald ihr vater mir seinen segen gibt.

Menelaos

Helena – tochter des Zeus – du: leb wohl. Ich beneide dich darum dass du zu den göttern heimgehst. Und dir Orestes gebe ich meine tochter Hermione zur frau auf dass du sie in dein haus führst – sie heiratet damit in eine alte familie ein: es möge dir in deren reichtum wohl ergehen – ich hoffe es für dich!

Apollon

Nun geht – schlagt den weg ein den ich euch vorgezeichnet habe.

Menelaos

Es bleibt uns nur zu gehorchen.

Orestes

Ja – so ist es. Ich werde mich – Menelaos – meinem schicksal fügen – und den orakeln des Apollon.

Orestes, Elektra, Hermione und Pylades
steigen vom dach herunter
Menelaos
geht mit seinem anhang ab,
gefolgt vom chor. *Musik*

Apollon

Geht eurer wege.
Huldigt von nun an der schönsten gottheit
dem frieden.
Helena gebe ich geleit
hinauf zur bestirnten kuppel des himmels –
ihre rolle auf erden hat sie gespielt.
Doch hinieden
inmitten dieses menschengewimmels
da huldigt dem frieden.
Geht nun meiner wege.

Die Modernität der Tragödie: Raoul Schrotts Euripides

Von Oliver Lubrich

>»Was wolltest du, frevelnder Euripides …?«
>Friedrich Nietzsche

Euripides, der letzte der drei großen griechischen Tragiker, ist sehr unterschiedlich bewertet worden. Friedrich Schlegel betrachtet in seiner Abhandlung *Ueber das Studium der griechischen Poesie* (1797) den mittleren Autor, Sophokles, als klassischen Höhepunkt. Friedrich Nietzsche schreibt in seiner *Geburt der Tragödie* (1872) eine Geschichte des Niedergangs, die mit Euripides ihren Tiefpunkt erreicht. Mit Raoul Schrott ist dagegen eine Modernisierung nachzuvollziehen, in deren Verlauf Euripides seine Vorgänger, Aischylos und Sophokles, übertrifft. Was Nietzsche beklagte, die Tendenz zum Realismus, lässt uns seine Stücke fast zeitgenössisch erscheinen, indem *Alkestis* von der Unterdrückung der Frau, *Elektra* von Gewalt in der Familie, *Orestes* von Terror und Populismus und die *Bakchen* vom Widerstand gegen eine fremde Religion handeln.

Von den 31 Tragödien, die uns erhalten sind, stammen je sieben von Aischylos und Sophokles, siebzehn jedoch von Euripides. (Hinzu kommen zwei Satyrspiele: *Die Spürhunde* des Sophokles und *Der Kyklop* des Euripides.) Euripides ist also der mit Abstand bestüberlieferte klassische Tragiker. Als Ergebnis einer jahrhundertelangen Selektion handschriftlicher Fassungen zeugt diese Quellenlage von einer historischen Wertschätzung in unterschiedlichen Epochen. Der *Orestes* von Euripides war, Martin West zufolge, die meistgespielte Tragödie des Altertums überhaupt.

An den vier ausgewählten Dramen des vorliegenden Bandes können wir die Entwicklung des Dramatikers Euripides (ca. 485–406 v. Chr.) beispielhaft nachvollziehen: *Alkestis* gilt als sein frühestes erhaltenes Stück (438 v. Chr.), die *Bakchen* als seine letzte Tragödie (406 v. Chr.). *Elektra* (ca. 420/413 v. Chr.) und *Orestes* (408 v. Chr.) stehen in einem motivischen Zusammenhang und werden von Raoul Schrott hier neu als Einheit konstituiert.

KRIEG UND KULT

Die meisten Dramen des Euripides entstanden vor dem Hintergrund des Peloponnesischen Krieges (431–404 v. Chr.). Sie handeln nicht mehr, wie die des Aischylos, von der Durchsetzung der attischen Demokratie und von der Behauptung der Griechen gegen das übermächtige Perserreich, sondern zeugen vom Verfall einer militarisierten Gesellschaft in einem innergriechischen Kampf, der mit der Kapitulation von Athen enden wird.

Ihre eigene Zeit haben die Griechen im Rückgriff auf den Mythos verhandelt. Als Folie für den gegenwärtigen Krieg dient ein vergangener, der Trojanische Krieg wird anspielungsreich auf den Peloponnesischen projiziert. In mehreren Dramen hat Euripides das Leid der versklavten Frauen von Troja vor Augen geführt: *Andromache*, *Hekabe*, *Troerinnen*. Die *Troerinnen* (415 v. Chr.) sind dabei ganz konkret als Reaktion auf die Zerstörung einer anderen Stadt durch Athen zu verstehen, nämlich auf die des neutralen Melos (416 v. Chr.). Im Anschluss an seinen berühmten »Melier-Dialog«, der die Verhandlung mit den Belagerten in Szene setzt, beschreibt Thukydides lapidar die grausamen Folgen der Strafexpedition, die Athen ohne Anlass während einer Friedenszeit ausgeschickt hatte: »Die Athener richteten alle erwachsenen Melier hin, soweit sie in ihre Hand fielen, die Frauen und Kinder verkauften sie in die Sklaverei.« Im Theater warnt Euripides seine Mitbürger vor der Fortsetzung ihrer verhängnisvollen Aggressionspolitik, die sie selbst in den Untergang führte. Die Parallelen waren offensichtlich. »Die Athener von 415 konnten die *Troerinnen* nur aus der Perspektive von Melos verstehen«, erklärt der Historiker Wolfgang Will. »Das Drama spielte auf drei Zeitebenen und trug gleichsam drei

Titel. Die ›Troerinnen‹ waren die Vergangenheit, die ›Melierinnen‹ die Gegenwart, die ›Athenerinnen‹ die Zukunft.«

Auch die *Orestie* spielt im Schatten des Trojanischen Krieges, dem anschließend sogar seine Sieger zum Opfer fallen. Der Blick des Dramatikers ist pessimistisch. Der Krieg war ungerecht. Und um seine Sinnlosigkeit auf die Spitze zu treiben, erklärt Euripides in seinem *Helena*-Drama (412 v. Chr.), die schöne Helena sei bloß als Phantom erschienen, die wahre Helena sei gar nicht in Troja gewesen. Griechen und Trojaner kämpften, töteten und starben für eine Illusion. Am Ende des *Orestes* scheint Apollon diese Idee in göttlichem Zynismus anzudeuten: »ihre schönheit diente den göttern / die Griechen und die Trojaner gegeneinander aufzubringen auf dass / all die toten dieses krieges die Erde erleichtern von dem gewimmel / allzuvieler menschen die sie erdrückten.« Die griechische Tragödie diente der innenpolitischen Selbstverständigung und der außenpolitischen Selbstdarstellung der attischen Polis, aber auch ihrer Selbstkritik.

Die Dramen sind damals wie heute lesbar vor einem zeitgeschichtlichen Hintergrund. Um zu verstehen, wie Euripides die Tragödie erneuerte, müssen wir uns aber auch die Fremdheit des griechischen Theaters vergegenwärtigen, das er vorgefunden und verändert hat. Der Ursprung der Tragödie liegt, nach Walter Burkert, im Opferritual. Der Mensch schuf seine Kultur nicht intellektuell, als *Homo sapiens*, sondern gewaltsam, als *Homo necans*, als gemeinschaftlich tötende Spezies.

Kulturanthropologisch verläuft die Entwicklung von der Jagd über das Opfer zum Theater. In einem archaischen Stammesverband bedeutet die Jagd, dass sich eine Gruppe von Männern in Gefahr begibt und gemeinsam ein Tier tötet. Kollektive Gewalt richtet sich somit auf ein äußeres Objekt, Aggressionen werden abgeführt, der Zusammenhalt der Gemeinschaft gestärkt. Was aber geschah, als die Menschen sesshaft wurden und an die Stelle der Jagd nunmehr Ackerbau und Viehzucht traten? Das Erlebnis gemeinsamer Tötung wurde ersetzt: es wurde ritualisiert. Man opferte ein Tier – oder, primitiver noch, einen Menschen. Es gab einen Priester, der die Tötung vollzog; einen Chor, der sie singend begleitete; beziehungsweise eine Gemeinde, die dem Akt ergriffen beiwohnte. Gemeinsam erlebten sie den gleichen Schauder wie ihre Vorfahren, die ein Tier bei der Jagd erlegt hatten. Eine Gemeinschaft bedarf solcher Rituale, damit Aggressionen sich nicht anstauen und ungeregelt entladen. Kain war Ackerbauer, Abel war Hirte, und der jüdische Gott hat *sein* Opfer vorgezogen. Auch im christlichen Gottesdienst wird immer wieder ein Opfer gefeiert: *Agnus Dei* – Christus, Lamm Gottes.

Der entscheidende Schritt im Prozess der Zivilisation besteht nun darin, dass ein Ablauf entwickelt wurde, der die gleichen Funktionen erfüllt, *ohne* Blut zu vergießen. Diese symbolische Form eines Opferrituals ist die Tragödie. Darin liegt die Leistung der griechischen Kultur – und die ungeheure Bedeutung ihres frühen Theaters. In diesem Sinn hat Burkert die Etymologie des Wortes *Tragödie* gedeutet: *trágos* ist der Bock, *oidía* der Gesang, *tragoidía* der Bocksgesang, der Gesang beim Bocksopfer. Die Tragödie ist eine Ersatzhandlung: die Übersetzung des Opferrituals, die Symbolisierung der Gewalt. Entsprechend haben Tragödien die Struktur eines Kultes. Der tragische Held wird geopfert. Sein Gegenspieler, der ihn tötet, übernimmt die Rolle des Opferpriesters. Und der Chor begleitet das Geschehen mit seinen Gesängen wie die Gemeinde beim Gottesdienst. Die Tragödie ist ein Medium der Gewalt.

Das Theater übernimmt dabei psychologisch, physiologisch und sozial die Funktionen des Opferrituals: Erfahrung des Todes, Abbau von Aggressionen, Festigung des Zusammenhalts. All dies ohne wirkliche Gewalt, ohne tatsächliches Blutvergießen. Aristoteles hat in diesem Sinn seine Theorie der tragischen *Katharsis* entwickelt. Die Tragödie befreit die Zuschauer von gefährlichen Affekten: als »Reinigung derartiger Erregungszustände« beziehungsweise »von derartigen Erregungszuständen«. Je nachdem, wie der Genitiv aufzufassen ist (*tón toioúton pathemáton*), als *genitivus obiectivus* oder *genitivus separativus*, bedeutet dies: Die Affekte werden entgiftet oder sie werden abgeführt. In jedem Fall werden die Zuschauer von ihrem Sprengpotential befreit.

Diese Ritualität der Tragödie, wie sie bei Aischylos und Sophokles zu beobachten war, hat Euripides formal zurückgenommen. Gleichwohl ist in seinen Stücken immer wieder von Opfern die Rede, allein in den vier vorliegenden Dramen in der Fassung von Raoul Schrott fällt das Wort siebzigmal. Und immer wieder werden Opfer vollzogen. Die Handlung der *Alkestis* entspricht insgesamt einem Opferritus: Alkestis stirbt als Opfer. Sie akzeptiert einen stellvertretenden Tod, der die Überlebenden affektiv läutert. In den *Bakchen* schließlich hat Euripides die kultische Struktur und Funktion der Tragödie noch einmal eindrucksvoll vor Augen geführt und dabei zugleich zum Thema gemacht. Hier geht es um nichts Geringeres als um den Gott des Theaters und seinen Kult selbst.

Fremde und Stoffe

Die *Bakchen* schildern die Einführung einer neuen Religion und eine Invasion aus dem Orient. Überhaupt verhandeln die Tragödien immer wieder das Verhältnis der Griechen zum Fremden. So spielen Aischylos' *Perser* in der Hauptstadt der Feinde und vermitteln deren Trauer nach der Schlacht, seine *Hiketiden* fliehen aus Nordafrika vor ihrer Zwangsverheiratung, und *Der gefesselte Prometheus* versetzt uns in den Kaukasus.

Euripides wiederum führt uns mit *Iphigenie bei den Taurern* ans Schwarze Meer, abseits der griechischen Zivilisation, seine *Medeia* ist eine Fremde aus Kolchis, die in Korinth ihre Katastrophe erlebt, die *Phönizierinnen* stammen aus der Levante, die *Troerinnen* werden aus Kleinasien verschleppt, und in *Orestes* hat einer ihrer Schicksalsgenossen einen spektakulären Auftritt: Ein versklavter Trojaner versucht, dem Gemetzel zu entkommen. Dabei erscheint er als lächerlicher »Barbar«, der Helena Luft zufächern musste, aber auch als mitleidbedürftiger Mensch, der um sein Leben fürchtet. »Noch im grössten elend sieht man lieber das licht der sonne statt Hades' dunkel«, klagt er in der Version von Raoul Schrott.

Ausgerechnet der ›verweichlichte‹ Orientale, ein verächtlicher Sklave, vertritt hier eine allgemeine Menschlichkeit – »Das gilt wohl für alle« –, wie sie sonst in der *Odyssee* dem tapfersten aller Helden in den Mund gelegt war. Gegenüber Odysseus bekannte der tote Achilleus in der Unterwelt, dass das Leben doch der Güter höchstes ist: »Lieber möcht ich fürwahr dem unbegüterten Meier, / Der nur kümmerlich lebt, als Tagelöhner das Feld baun, / Als die ganze Schar vermoderter Toten beherrschen.« (XI. Gesang, Verse 489–491, in der Übersetzung von Johann Heinrich Voß.)

Die Tragödien von Aischylos, Sophokles und Euripides beruhen, wie die Dramen Shakespeares, auf bekannten Stoffen. Sie variieren Motive aus den Perserkriegen (*Perser*) und vom Trojanischen Krieg (*Philoktet, Aias, Helena, Troerinnen, Hekabe, Andromache*), aus den Sagen von Theben (*Ödipus, Ödipus auf Kolonos, Sieben gegen Theben, Phönizierinnen, Antigone, Die Schutzflehenden* des Euripides), von Argos (*Agamemnon, Choephoren, Eumeniden* des Aischylos, die *Elektra* des Sophokles sowie die des Euripides, dessen *Orestes, Iphigenie in Aulis* und *Iphigenie bei den Taurern*) sowie um Herakles (*Alkestis, Herakles, Herakliden, Trachinierinnen*). *Medea* gehört zur Sage der Argonauten, *Hippolytos* zu der von Theseus und Phaidra, die *Schutzflehenden* des Aischylos zu jener der Danaiden. *Ion* handelt vom Heiligtum in Delphi, *Der gefesselte Prometheus* von einem Titanen und die *Bakchen* vom Gott Dionysos. Ebenso wie seine Vorgänger hat Euripides Geschichten dramatisiert, die sein Publikum längst kannte, zum Teil sogar bereits aus den Tragödien von Aischylos und Sophokles, um mit ihnen Probleme seiner Gegenwart auf die Bühne zu bringen. Desto wichtiger war, *wie* er sie *neu* erzählte.

1. Das Opfer der Frau: Alkestis

Die Handlung um Alkestis steht motivisch am Anfang der euripideischen Herakles-Dramen. Die Gemahlin des Königs Admetos opfert sich für ihren Mann, aber der Heros rettet sie vor dem Tod. Das Stück, das den vierten Teil einer Tetralogie bildete und damit an der Stelle stand, die nach einer Trilogie traditionell ein Satyrspiel einnahm, ist doppelt lesbar: als Tragödie, die mit dem Leben der Alkestis auch das des Admetos zerstört, aber auch als eine Art Lustspiel, das märchenhaft auf eine glückliche Auflösung zuläuft.

Die Geschichte der Alkestis wurde immer wieder adaptiert, mehr oder weniger frei, um zeitgenössische Fragestellungen zu verhandeln und die Gegenwart in die Vergangenheit zu projizieren: von Hugo von Hofmannsthal (*Alkestis*, 1909), von T. S. Eliot (*The Cocktail Party*, 1949), von Thornton Wilder (*The Alcestiad*, 1955) und von Ted Hughes (*Alcestis*, 1999). Christoph Martin Wieland schrieb das Libretto für ein Singspiel (*Alceste*, 1773), Goethe antwortete darauf mit einer »Farce« (*Götter, Helden und Wieland*, 1774).

Gegenüber diesen Bearbeitungen können wir die Version von Raoul Schrott aus einer feministischen Perspektive lesen: als Tragödie der Frau in der Ehe. Ihr Leben soll weniger wichtig, weniger wert sein als das ihres Mannes, der als König aufgrund seines Berufs unersetzlich erscheint. Sie soll für ihn sterben, damit er leben und herrschen kann. Die Empathie des Publikums aber gilt der geopferten Frau. Am Ende kehrt sie zurück, weil der Heros Herakles sie dem Tod entrissen hat, aber sie bleibt verschleiert und stumm. Wie in den Legenden von Pygmalion und Galatea oder von Orpheus und Eurydike erscheint die Frau als Objekt männlicher Kunst.

Dramaturgisch stehen die handelnden Einzelnen im Mittelpunkt: die sterbende Frau, der überlebende Mann, der unheroische Vater und der heroische Freund. Den Anteil des Chores, der die Gemeinschaft des Stammes oder der Polis sowie die Gemeinde beim Kultus verkörpert, hat Euripides zurückgenommen. Lag der Anteil des Chores am Text der Tragödie in den *Hiketiden* des Aischylos noch bei 60 Prozent, ist er bei Euripides unter 20 Prozent gesunken. Diesen ohnehin verringerten Anteil hat Raoul Schrott noch weiter verdichtet. Bei den Chören nimmt er sich die größte Freiheit in seiner Bearbeitung, da sie mit großem Anspielungsreichtum von einer genauen Kenntnis der Mythen ausgehen. Sie bilden gleichsam die tiefste Schicht der Tragödie, die den Gesängen der Gemeinde beim religiösen Ritus entspricht. Das macht die Chöre ungleich schwerer verständlich als die Konflikte der Charaktere, da sich dieser Hintergrund bei einem heutigen Publikum kaum mehr voraussetzen lässt. Um die Stücke nicht mit verblasstem Wissen zu überladen, hat Raoul Schrott behutsam gestrichen oder erläuternd ergänzt. Wenn zum Beispiel der Chor davon spricht, für Alkestis sei auch in den entferntesten Heiligtümern keine Erlösung zu finden, weder in »Lykien« noch in den »wasserarmen Sitzen Ammons«, dann kommentiert er dies im Text selbst, indem er dafür den »Apollontempel in Lykien« und »Zeus Ammon in der oase Siwa« einsetzt. Um den Chor der *Alkestis* zu strukturieren, hat er ihn auf drei Sprecher verteilt und das Stück, das vergleichsweise lose aus drei Teilen mit je zwei Episoden besteht, in zwölf Auftritte gegliedert.

Das Drama wirft schwierige Fragen auf, die in Raoul Schrotts klarer Sprache noch dringlicher werden: Opfert sich Alkestis aus Liebe oder aus Zwang? Bereut sie ihr Versprechen, bevor sie stirbt? Durfte Admetos das Opfer seiner Frau überhaupt annehmen? Gibt es lebenswerteres und weniger lebenswertes Leben? Die Tragödie handelt von den Rollen der Geschlechter und von der Macht des Patriarchats, aber auch von der Problematik der Sterbehilfe und von jener der Euthanasie. Der phantastische, glückliche Ausgang kann dies nicht vergessen machen.

2. Die Logik der Gewalt: *Elektra*

Die griechischen Tragödien waren keine Einzelstücke, sondern sie standen im Zusammenhang eines Zyklus. Sie wurden in Athen klassischerweise als Trilogien aufgeführt, ergänzt durch ein Satyrspiel. Die einzige Trilogie, die uns vollständig überliefert wurde, ist die *Orestie* des Aischylos (458 v. Chr.). Sie zeigt, wie eine Geschichte von Gewalt und Vergeltung zu einem versöhnlichen Abschluss gebracht wird: Klytaim(n)estra erschlägt ihren Mann Agamemnon, als dieser siegreich aus Troja heimkehrt (Teil I: *Agamemnon*); sein Sohn Orestes rächt die Ermordung des Vaters, indem er die eigene Mutter tötet (Teil II: *Choephoren*); die Dämonen der Toten verfolgen ihn, richten ihn aber nicht, denn er wird einem Verfahren unterworfen, das mit seinem Freispruch endet und die Rachegeister in das Gemeinwesen aufnimmt (Teil III: *Eumeniden*). Als Zyklus betrachtet, beschreibt die Trilogie einen atemberaubenden Fortschrittsprozess: den

Übergang von der Blutrache zum Gerichtsverfahren, von der Adelsherrschaft zur Abstimmung und vom Opferkult zum Schauspiel.

Auch Aischylos spiegelt mit einem alten Stoff seine Gegenwart wider. Im Athen seiner Zeit wurde die frühere Selbstjustiz in Gerichtsverfahren überführt, für die sich jährlich zahlreiche Bürger als Geschworene zur Verfügung stellten. Das Theater – als Ort, wo ein Publikum über den Sieger eines künstlerischen Wettstreits abstimmte – trägt diesem juristischen Hintergrund Rechnung, indem es vor der ›öffentlichen Meinung‹ des Chores Ankläger und Angeklagte in Disputen auftreten lässt. Die Tetralogien entsprachen, wie Jennifer Wise argumentiert, dem Gericht, wo zu einem Fall vier Plädoyers gehalten wurden. Das Verb *agonízomai* bedeutet sowohl ›vor Gericht ziehen‹ wie ›am Wettbewerb um den Preis für das beste Stück teilnehmen‹. *Kátharsis* oder *katharós* bezeichnet auch die Reinigung, die man erwirkt, indem man vor Gericht einen Eid schwört. Und *Hybris* ist nicht allein eine Schwäche des Charakters, die einen tragischen Fall zur Folge hat, sondern auch ein Ausdruck für den schlechten Ausgang eines korrupten Verfahrens. Ihr Gegenteil ist nicht Bescheidenheit oder Güte, sondern Gerechtigkeit. Die zu erfahren Aischylos selbst Glück hatte, denn er war der erste Bürger, der angeklagt wurde, ein religiöses Vergehen begangen zu haben, weil er geheime Mysterien auf der Bühne enthüllt habe.

Vier der erhaltenen Tragödien des Euripides gelten der Sage von den Atriden, die Aischylos in seiner *Orestie* behandelt hatte, einem vererbten Verhängnis, das mit dem Urahn Tantalos seinen Anfang nahm und seither jede Generation von neuem belastet, Pelops, Atreus, Agamemnon, Orest, doch gehören sie bei ihm verschiedenen Zyklen an. In der Fassung von Raoul Schrott können wir *Elektra* und *Orestes* nun als Kernstück einer eigenen *Orestie* des Euripides betrachten. Er hat die beiden Tragödien zusammengefügt, so dass sie nahtlos aneinander anschließen und als Distichon lesbar und aufführbar werden. Dafür hat er den Schluss der *Elektra* angepasst, um zum *Orestes* überzuleiten, indem er den Auftritt der Dioskuren Kastor und Polydeukes als *dei ex machina* verkürzt und auf rund 50 Verse verzichtet. So entfallen die genauen Verfügungen, wonach Elektra Pylades heiraten und Orestes vor den Rachegeistern der Mutter nach

Athen fliehen soll, um dort entsühnt zu werden. Raoul Schrott nimmt damit heraus, was jedweden Übergang zum *Orestes* verhindert hätte. Denn hätten die Figuren diese Weisungen der Dioskuren befolgt, wären die Problematik und die Eskalation des zweiten Stücks gar nicht erst entstanden, in dem die Atriden-Mythologie vollends aus dem Ruder läuft.

Thematisch schließen die beiden Teile dieser euripideischen *Orestie* an den ersten Teil der aischyleischen an: Sie handeln vom Mord an der Mutter und von dessen Konsequenzen – doch ohne jede optimistische Aussicht. Es geht um die Rache und um die Folgen der Tat, das heißt: um die Eigenlogik der Gewalt. Ein hoffnungsvolles Bild der Geschichte und das Vertrauen in einen Fortschritt sind hier nicht mehr zu erkennen. Dass auch ein verbindlicher Glaube abhanden gekommen ist, macht bereits der Vorspruch des Chores deutlich, den Raoul Schrott seiner Fassung epigraphisch voranstellt. Er wirkt geradezu gottlos: »Wenn unrecht über gerechtigkeit triumphieren kann / müssen wir auch die götter nicht länger mehr anerkennen.«

Im Vergleich mit Aischylos hat Euripides den Stoff an entscheidenden Stellen verändert, um den Konflikt zuzuspitzen: Der Geliebte der Klytaim(n)estra, Aigisthos, tritt nicht mehr auf. Die Schuld liegt bei der Mutter, die ihren Mord mit seinem Schwert verübt hat. Die Schuld der Rache an ihr jedoch wird geteilt: Orest ist nun nicht mehr alleiniger Täter, sondern handelt durchweg im Bund mit der Schwester, Elektra. Die *Orestie* des Aischylos war rituell und theologisch, am Ende juristisch und politisch. Die des Euripides ersetzt den Kult durch Gewalt, die Religion durch Terror, das Gericht durch Populismus und die Demokratie durch Demagogie.

Elektra ist die einzige Tragödie, von der uns Versionen aller drei Autoren erhalten sind. Sie unterscheiden sich in bedeutenden Einzelheiten der Figurendarstellung, die verschiedenen Menschenbildern entsprechen. Indem sie die Szene der Wiedererkennung (*Anagnorisis*) der Geschwister anders gestalten, vermitteln sie unterschiedliche Vorstellungen menschlicher Identität. Waren es bei Aischylos (*Choephoren*, 458 v. Chr.) uneindeutige Indizien gewesen, Haare, Fußspuren, Gewebe, und bei Sophokles

(*Elektra*, 420 v. Chr.) ein zwar eindeutiges, aber manipulierbares Symbol, der Ring des Vaters, ist es bei Euripides (*Elektra*, ca. 418 v. Chr.) ein sowohl eindeutiges wie auch lesbares Merkmal: Orest wird durch das Stigma einer Narbe charakterisiert, »die narbe von einem sturz.« Dieses Zeichen ist zugleich physiognomisch und psychologisch zu verstehen: Was uns als Individuen auszeichnet, sind die Verletzungen, die wir empfangen. Sie machen uns zu dem, was wir sind. Der euripideische Mensch ist versehrt.

Die Tragödie der Atriden wurde auch nach Euripides und nach der Antike vielfach variiert – nicht zuletzt im bekanntesten Theaterstück überhaupt. Bei Shakespeare können wir nachvollziehen, wie sich im Rahmen des gleichen Handlungsmusters das Interesse historisch verlagerte. Aus Orest wird bei ihm Hamlet, aus Klytaim(n)estra Gertrude, aus Aigisthos Claudius, aus Pylades Horatio. Und aus vier Versen des Zögerns werden vier Akte. Der antike Held zweifelte einen Augenblick, ob er dem Befehl des Gottes, Apollon, wirklich Folge leisten und die Mutter umbringen soll. Der moderne Held zweifelt fast das gesamte Drama hindurch: ob die Instanz, die ihm den Befehl erteilt, der Geist seines Vaters, vielleicht trügerisch ist; ob der Schuldige überhaupt eindeutig feststeht; welchen Anteil die Mutter und welchen ihr Liebhaber hat; und ob die Tat, die von ihm verlangt wird, gewaltsam Gerechtigkeit bringen kann.

»Ob's edler im Gemüt, die Pfeil' und Schleudern
Des wütenden Geschicks erdulden, oder,
Sich waffnend gegen eine See von Plagen,
Durch Widerstand sie enden?«
(Übersetzung von August Wilhelm von Schlegel.)

Bei Aischylos ist es Pylades, der Orestes als Freund im entscheidenden Augenblick an den Auftrag des Gottes erinnert, indem er in drei Versen seine einzigen Worte spricht:

ORESTES: Soll ich das Blut der Mutter schonen, Pylades?
PYLADES: Wo bleiben künftig dann die Sprüche des Apoll,

Die Pythia kundgibt, wo die feste Kraft des Eids?
Kein Feind ist so gewaltig, wie die Götter sind.
(*Choephoren*, Verse 899–902, Übersetzung von Emil Staiger.)

Auch bei Euripides ist die Saat des Zweifels gesät. Im *Orestes* erklärt Pylades seine Rolle bei der Tat im aischyleischen Sinn: »ich bestärkte ihn – und drängte als er zögern wollte.« In *Elektra* hingegen ist es die Schwester, die ihren Bruder im Moment des Zögerns in einer dramatischen Wechselrede entscheidend zur Tat antreibt:

ORESTES: Was werden wir tun? Sollen wir unsere mutter wirklich töten?
ELEKTRA: Überkommt dich jetzt etwa mitleid? Wirst du vielleicht weich?
ORESTES: Gott – wie kann ich die töten die mich geboren und gestillt hat?
ELEKTRA: Genauso wie sie den getötet hat der dein vater war und meiner.

Die Geschichte der Nach- und Neudichtungen des Orestie-Stoffes führt über Shakespeare hinaus zu zahlreichen weiteren Ausgestaltungen: zu Jean Giraudoux' *Électre* (1937), Gerhart Hauptmanns *Atriden-Tetralogie* (1941–1948), Heiner Müllers »Elektratext« (1969) oder auch Colm Tóibíns *House of Names* (2017). Jede Zeit hat ihre eigene Orestie. Eugene O'Neill gab dem Thema in *Mourning Becomes Electra* (1931) eine psychoanalytische Deutung, Jean-Paul Sartre in *Les mouches* (1943) eine existentialistische, in deren Zentrum der Akt der Entscheidung des Helden steht. Für das Kino schufen Michael Roes mit *Timimoun* (2010, mit Laid Berkati und Nadir Yousfi) eine algerische Orestie und Giorgos Lanthimos mit *The Killing of a Sacred Deer* (2017, mit Nicole Kidman und Colin Farrell) ein modernes Drama um Opfer und Rache, das auf den Agamemnon-Iphigenie-Mythos zurückgeht. Indem er eine euripideische *Orestie* zusammenstellt und von der *Elektra* zum *Orestes* überleitet, arbeitet Raoul Schrott die Konsequenzen der Gewalt heraus, und er legt die Verfallserscheinungen einer Gesellschaft in der Krise bloß: Terror und Demagogie.

3. Terror und Demagogie: *Orestes*

Nietzsches Kritik an Euripides, dass dieser die Tragödie entzaubert habe, trifft besonders auf dessen *Orestes* zu. Wir sehen hier kein archaisches Ritual mehr, dessen Muster Aischylos mit choreographischer Strenge gefolgt war, sondern einen säkularen Konflikt. Die Dynamik dieses Konflikts ist eine psychische. Ihre Triebkräfte sind Wut und Angst, ihr Verlauf ist die Eskalation der Vergeltung.

Die Frage lautet: Durch welche Kränkung, durch welche Verzweiflung werden Menschen, die sich als Opfer verstehen, zu Tätern? Wie entstehen Terror und Terrorismus? Die tragischen Figuren werden im *Orestes* zu Attentätern, beinahe zu Selbstmordattentätern. Ganz anders hatte sich Orestes noch in Aischylos' *Eumeniden* verhalten, wo er unter seiner Tat dermaßen litt, dass er keine weitere mehr beging, von seinem Gewissen geplagt, den ihn verfolgenden Erinyen, die seine Alpträume bebildern. In Athen dann vor Gericht gestellt, wurde er freigesprochen.

Die Handlung bei Euripides wirkt dagegen wie ein *Thriller*: Flucht und Geiselnahme, Drohung mit Mord und Zerstörung. Die Königskinder benehmen sich wie zynische Gangster – beziehungsweise wie fundamentalistische Bombenleger. Raoul Schrott fühlte sich an Andreas Baader und Ulrike Meinhof erinnert und an die »Selbstgerechtigkeit des Terrors«. Am Ende geht es nicht mehr um Schuld und Sühne oder Verbrechen und Strafe, sondern um Gewalt und Gegengewalt und um das Überleben um jeden Preis. Denn wie kann man richten, wenn sich jeder auf die Anweisung eines anderen Gottes beruft? Wie richten, wenn ein Verbrechen das andere vergelten soll? Wenn unterschiedliche Verhaltensvorschriften einander gegenüberstehen? Wenn kein gerechter Richter entscheidet, sondern eine manipulierbare Masse, in der sich der Eigennutz und die Anfälligkeit der Menschen ebenso offenbaren wie in den Verbrechen selbst?

Die eigendynamische Handlung kann aus sich selbst heraus nicht aufgelöst werden. Sie kann nur durch eine willkürliche Weisung von außen aufgehalten werden: nämlich durch einen *deus ex machina*, der das Geschehen unvermittelt zum Abschluss bringt. Versöhnung, Verheiratung,

Vergöttlichung – hier wird alles dermaßen künstlich, von oben herab und im Handumdrehen geregelt, dass die Absurdität der Lösung kaum zu übersehen ist. Waren in *Elektra* noch die Dioskuren erschienen, um (in dem ausgesparten Finale) ein halbwegs nachvollziehbares *Happy End* herbeizuführen, so ist es im *Orestes* Apollon, der in höchster Not die Situation auktorial klärt: Hermione wird vor Orestes gerettet und soll den, der sie umbringen will, heiraten. Ebenso wie Elektra seinen Freund Pylades. Helena hat der Gott zu den Sternen entrückt. Dem Sohn des Agamemnon verheißt er den Freispruch vom Muttermord. »Geht meiner wege.« Ende gut, alles gut – aber vollkommen unglaubwürdig.

Euripides greift indes nicht aus dramaturgischem Unvermögen zu einer handwerklichen Notlösung. Durch ein durchschaubares Mittel der Theatermechanik, das Aristophanes in seiner Komödie vom *Frieden* längst lächerlich gemacht hatte, desavouiert er vielmehr den glücklichen Ausgang. Er bedient ein Bedürfnis des Publikums, aber er tut dies ironisch. Denn eigentlich ist die Situation hoffnungslos, die Triebe, die sie herbeigeführt haben, sind unrettbar. Der Mensch bleibt ein widersprüchliches, abgründiges Wesen.

Anstatt aus *Elektra* und *Orestes* einen Zweiteiler zusammenzustellen, hätte Raoul Schrott auch eine Tetralogie bilden können. Denn für den Konflikt, von dem Euripides' *Orestie* handelt, wären seine beiden Iphigenie-Dramen als Prolog und als Epilog zu verstehen: *Iphigenie in Aulis* (406 v. Chr.) und *Iphigenie bei den Taurern* (412 v. Chr.). Sie erzählen die Vor- und die Nachgeschichte der Handlung von Agamemnon und Klytaim(n)estra, Orest und Elektra, und zwar jeweils als vereitelte Kulthandlung. Das Opfer der eigenen Tochter, das Agamemnon auf dem Kriegszug nach Troja in Aulis vollzieht, wird durch göttliches Eingreifen aufgehoben – wie das biblische Opfer des Abraham an seinem Sohn Isaak. Iphigenie wird nach Tauris entrückt, an die Peripherie der griechischen Welt. Dorthin wird später Orestes fliehen, nachdem er die Mutter, Klytaim(n)estra, getötet hat. Aber das Opfer an dem Fremden, das wiederum Iphigenie nunmehr als taurische Priesterin an ihrem Bruder hätte vollziehen müssen, wird durch eine Intrige der Griechen und das Eingreifen Athenes am Ende abgewendet. In seiner Version der *Iphigenie auf Tauris* hat Goethe den Gegensatz von ›Barbaren‹ und ›Zivilisierten‹ in Frage gestellt. Während die Griechen ihn tückisch zu hintergehen versuchen, zeigt der Taurerkönig Thoas seine Humanität. Adorno hat in seiner bekannten Lektüre dieses Stücks eine Dialektik der Aufklärung erkannt: Eine berechnende Zivilisation schlägt um in Barbarei, eine mitfühlende Barbarei umgekehrt in Zivilisation.

Die Tat des griechischen Helden, der Muttermord des Orestes, ist bei Euripides von Anfang bis Ende problematisch. Ihre Begründung ist prekär, ihre Ausführung ist heimtückisch, ihre Folgen sind katastrophal. Indem er dem Auftrag des Gottes gehorcht, beruft sich der Täter auf einen Befehlsnotstand. Die Verhandlung findet nicht mehr vor einem Gericht statt, wie bei Aischylos, wo Apollon als Strafverteidiger und Athene als Richterin auftreten und das Urteil allgemein anerkannt wird, sondern in einer Volksversammlung. Das Rechtssystem, das sich zur Zeit des Aischylos demokratisch herausbildete, ist inzwischen verkommen. Wir befinden uns in einer spätdemokratischen, postjuristischen Welt. Es gewinnen nicht mehr die Kraft der Vernunft oder das bessere Argument, sondern Rhetorik und Agitation. Die populistische Verfallsdemokratie sorgt nicht mehr dafür, dass Unschuldige geschützt werden, sondern dass sich der Stärkere durchsetzt: »ist die menge einmal aufgebracht und lodert der volkszorn auf / ist es als wollte man einen waldbrand mit blossen händen löschen / oder einen sturm besänftigen«. Diese politische Diagnose erklärt, warum das Stück so populär wurde, in Griechenland nach Euripides' Tod und später in Rom; und warum es 2001, 2016 oder 2021 aktueller wirkt als zwei Jahrzehnte zuvor.

4. Religion und Migration: *Bakchen*

In seinem letzten Stück hat Euripides, Nietzsche zufolge, seine Entzauberung der Tragödie doch noch rückgängig zu machen versucht. Aber dieser »Widerruf« kam zu spät. Schon der Titel kündigt an, dass es hier um nichts

Geringeres als um einen Kult und um das Theater geht. Denn die *Bakchen* sind die Anhängerinnen des Gottes Bakchos: Dionysos. Und Dionysos ist der Gott des Theaters.

Ein halbes Jahrhundert nach Goethes klassischer Beschäftigung mit den *Bacchantinnen des Euripides* (1826) verkörperten sie für Nietzsche das »Dionysische«: den Rausch, der zur Gewalt führen kann, den Blick in die Abgründe menschlicher Existenz, der durch den »apollinischen« Schleier der Kunst erträglich gemacht wird.

Nachdem Euripides die Tragödie in seinen früheren Stücken vom Kultus entfernt hatte, näherten die *Bakchen* sich diesem wieder an. Das Opfer ist hier der König, wie in Aischylos' *Agamemnon* oder in Sophokles' *Ödipus*. Und es wird sogar in seiner primitivsten Form vollstreckt, nämlich als *sparagmós*, als Zerfleischung mit bloßen Händen durch die ekstatischen Dienerinnen des Gottes. Diese urgewaltige Tat der Frauen wirkt fast so, als würden sie Rache für Alkestis nehmen. Schockierend sichtbar wird der Ursprung der Tragödie in der kollektiven Jagd auf ein (menschliches) Beutetier, das von den Mänaden zerrissen und womöglich verschlungen wird.

Euripides scheint dabei westliche Vernunft und orientalische Ausschweifung einander entgegenzusetzen: Disziplin und Emotion, Ordnung und Überschwang, Staat und Religion. Der Kampf gegen den Kult wirkt indes ebenso einseitig wie der Kult selbst. Denn der Gegensatz ist nicht so klar, wie es auf den ersten Blick scheinen mag. Das verdrängte Verlangen des Pentheus, die Bakchen zu sehen, kommt zum Vorschein, als er sich für den Kult schmücken, verhüllen und, ohne es zu merken, einnehmen lässt.

Mit der religiösen Zeremonie und ihrem voyeuristischen Publikum hat Euripides ein Theater im Theater vorgeführt. Die Tragödie wird selbstreferentiell. Der Theatergott tritt auf und handelt als Regisseur, der dem Protagonisten Anweisungen gibt. Dieser wiederum wird vom Zuschauer zum Akteur – und zum tragischen Helden, der an seiner eigenen Blindheit zugrunde geht. Der Schauspieler verkleidet sich auf offener Bühne, um dort als die Figur, die er darstellt, vernichtet zu werden. Der neue Kult erscheint, religionskritisch betrachtet, als Inszenierung, als Fiktion, als Manipulation. Das Schauspiel fällt zurück in die Gewalt eines Opfers, die es eigentlich hätte ersetzen sollen.

Auch in diesem jüngsten und zugleich archaischsten seiner Stücke bietet Euripides Anhaltspunkte für moderne Auffassungen. Die Gewalt der Bakchen erinnert heute an die von religiösen Fanatikern, politischen Extremisten oder Verschwörungstheoretikern. Man denkt an Charles Manson, Scientology oder QAnon, die Taliban, al-Qaeda oder den »Islamischen Staat«. Aber es fragt sich auch, wie solchen Bedrohungen angemessen zu begegnen ist, ohne selbst in Autoritarismus zu verfallen. Auf eine gefährliche Sekte, so scheint das Stück nahezulegen, sollen wir nicht unsererseits mit Fanatismus reagieren, auf Islamismus nicht mit Islamophobie antworten.

Das Eindringen der Fremden, die einen Kult aus dem Orient einführen, ist zudem ein Drama der Migration. Es beschreibt einen Konflikt der Kulturen und wirft die Frage auf, wie eine Gesellschaft Fremde aufnehmen und ihre Praktiken aushalten kann. In den *Bakchen* übersetzt Raoul Schrott die »Binde« beziehungsweise das »Haarband« (*mítra*), das der Gott den König, der heimlich die Mänaden beobachten will, zur Verkleidung anlegen lässt, als »kopftuch«.

In seinen Studien über die Musen (1997), zu Hesiod (2014) und zu Homer (2008) ist Raoul Schrott als Dichter, Übersetzer und Komparatist den orientalischen Einflüssen auf das antike Griechenland nachgegangen. Die Griechen selbst, so zeigte bereits Martin Bernal, waren sich bewusst, dass sie vieles aus dem Osten empfangen und übernommen hatten. Erst später wurde dieses Wissen eurozentrisch und imperial wieder verdrängt. Mit Raoul Schrott können wir es heute wiedergewinnen.

Euripides heute

Die Geschichte des Theaters kennt zahlreiche Aktualisierungen antiker Tragödien. Jean Anouilh begriff die *Antigone* des Sophokles (1942, 1944) als Konflikt zwischen Individuum und Staat vor dem Hintergrund des Faschismus, Elfriede Jelinek las *Die Schutzbefohlenen* des Aischylos (2014) als Flüchtlingsdrama im Kontext der gegenwärtigen Globalisierung. Die aristotelische Bestimmung des tragischen Fehlers (*hamartía*) erscheint uns heute aktueller denn je: Menschen, die ihren eigenen Untergang herbeiführen – was wäre moderner?

Raoul Schrott interessiert sich für die Modernität der Tragödien des Euripides. Und er findet Mittel, sie sprachlich herauszuarbeiten. Eines dieser Mittel ist die stilistische Auffächerung. Regie-Anweisungen kündigen »Tonwechsel« an. Vom poetischen Pathos wechselt der Text in die Umgangssprache, die Schrott bereits bei Euripides selbst ausmacht, etwa indem er Herakles mit einem unbekümmerten »Hallo!« grüßen oder den empörten Diener, der ihn während der Trauerzeit zu bewirten hat, ausrufen lässt: »ich kündige!« Die Figuren siezen einander. Sie sprechen in Sentenzen, aber auch in Redensarten (»ins bockshorn jagen«). Der erhabene Stil wird durch die Wechsel in den einfachen umso deutlicher profiliert.

Die Tragödie war von jeher ein Genre mit unterschiedlichen Stilformen. Die Sprache des Chores, als Sprache des Gottesdienstes, lyrisch, gesungen, musikalisch begleitet und wahrscheinlich getanzt, gehört einer älteren Sprachschicht an als die Interaktion der Figuren auf der Bühne. Bei ihnen reicht das Repertoire der Ausdrucksformen von lapidaren, verweise im Wechsel vorgebrachten Repliken (*Stichomythie*) bis zu ausgefeilten, ausführlichen Rededuellen (*Agon*). Die dramatische Darstellung wiederum ergänzen die epischen Einlagen der spannungsvollen Schilderung einer Mauerschau (*Teichoskopie*) oder der gehetzten Mitteilung eines Botenberichts (*Angelos*). Das Personal besteht aus Göttern, Aristokraten und Bürgern, Alten und Jungen, Männern und Frauen, Griechen und Fremden. Euripides lässt in *Elektra* einen Bauern mitwirken. Im *Orestes* gibt der phrygische Sklave eine emotionale Einlage, die sich zwischen exotischer Extravaganz und bedauernswerter Burleske bewegt – und zur tragischen Gewalt den Gegensatz eines komischen Zwischenspiels bildet. Der Botenbericht gerät zum Klamauk. Die Tragödie wird satirisch. Sie tendiert zur Tragikomödie und zum Melodrama.

Diese Vielfalt der Tragödie verdeutlicht Raoul Schrott, indem er ihre Stilhöhen variiert und dabei auch die Ausdrucksweise der verschiedenen Figuren unterscheidet: vom poetischen Pathos bis zur dreisten Direktheit. So nennt Pentheus den unerkannten Dionysos nicht »weise«, »klug« oder »schlau« (*sophós*), sondern er sagt bei Raoul Schrott in kalkulierter Drastik: »Was für ein klugscheisser.«

Diesem Konzept der ausdifferenzierten Register folgte bereits Raoul Schrotts Übertragung der *Ilias* (2008). Seine deutende Vermittlung beschreibt er hier eingangs als eine »rhapsodische« Darstellung, wie sie der Vortragskünstler Ion in Platons gleichnamigem Dialog für sich in Anspruch genommen hat. Ideengetreu soll die Übertragung sein, nicht wortgetreu; nicht streng archivalisch, aber auch nicht mutwillig ikonoklastisch. Ebenso wie Homer wird Euripides lesbar als aktueller Autor – mit gezielter Modernisierung.

In der Übertragung entstehen neue Assoziationen. Die Anspielungen beziehen sich auf Goethes letzte Worte (»mehr licht!«) oder Hamlets Monolog des Zweifels (»sein und nicht sein«); auf die Geschichte der Blutrache bei Gabriel García Márquez, wenn die Dienerin von Alkestis und dem »tag ihres angekündigten todes« spricht; oder auf das sozialkritische Anliegen des Theaters bei Bertolt Brecht, wenn der Bauer in *Elektra* erklärt: »der bauch eines armen ist genausoschnell satt wie der eines reichen.« Anachronismen verweisen auf die Räume der Entdeckungsgeschichte (»aus deinem stillen ozean«) und die Vorstellungen des Christentums (»das jüngste gericht«); sie machen die Handlung sozial und politisch neu anschlussfähig mit Schlagwörtern wie »spiesser«, »populist« und »fremdenfeindlich«. Ted Hughes hatte in seiner *Alcestis* sogar technologieskeptische Begriffe gewählt, indem er Apollon von den Titanen als »electro-technocrats« sprechen und den Tod, Thanatos, ein mögliches Ende des Königs, Admetos, als »nationale Katastrophe« von atomkrieghaftem Ausmaß beschreiben ließ: »A nuclear bomb spewing a long cloud / Of consequences.«

Weil seine *Orestie* als Oper gedacht ist, die das antike Gesamtkunstwerk neu erschafft, mit Dialog, Gesang, Musik und Choreographie, arbeitet Raoul Schrott mit Formen des Endreims, den die griechische Dichtung nicht kannte, die Rhetorik jedoch als klangliches Stilmittel einsetzte (*Homoioteleuton*). Auf diese Weise entstehen Bezüge zwischen den Reimwörtern, die Gemeinsamkeiten verstärken oder Gegensätze hervorheben. Etwa in der lakonischen Bemerkung Elektras zur naiven Aussage des Chores: »Das ist gerecht.« – »Und abgrundtief schlecht.«

In *Alkestis* verfällt der betrunkene Herakles ins Singen – »*(singt)*« – und sogar – »*(skandiert)*« – ins vierfache Reimen:

»Keiner kann sagen, ob er den morgigen tag noch erlebt
weil über uns allen das schwert des damokles schwebt.
Egal, wonach man auch strebt –
das schicksal hat muster gewebt.«

Dieses schlichte Singen und Reimen hebt den burlesken Charakter des grobschlächtigen Rauf- und Saufbolds hervor. Zugleich jedoch wird damit die regelmäßige Unausweichlichkeit des schicksalshaften Sterbens auch formal vermittelt.

Im Druck erhält der Text bei Raoul Schrott eine neue Anschaulichkeit, eine neue Sinnlichkeit. Chorlieder sind in Strophenform angeordnet. Schriftbildlich gestaltet, je nach Versmaß im Block- oder im Flattersatz, links- oder auch rechtsbündig sowie gelegentlich axial gesetzt, erscheint die Schrift monumentaler. Sie wirkt materieller. Ihre Form erhält eine eigene Bedeutung. Die Tragödie wird zur konkreten Poesie. Tragische oder auch epische Dichtung war in der Antike Gehör und Inszenierung, heute ist sie nicht zuletzt Layout und Typographie – was Raoul Schrott durch unterschiedliche Systeme der Interpunktion jedesmal anders andeutet. So wie altgriechische Manuskripte kaum interpunktiert waren, hat Raoul Schrott nur sparsam Satzzeichen gesetzt, was einen gewissen Spielraum eröffnet. Die theatralische Rede ist nicht eindeutig vorgegeben, so dass sie sich einfach vom Blatt lesen ließe, sie muss erst angeeignet, gewonnen und in Szene gesetzt werden.

Zäsuren werden durch Gedankenstriche markiert. Doppelte Frage- und Ausrufezeichen, die Mitteilungen in den Social Media entnommen zu sein scheinen, erzeugen eine andere Form des Nachdrucks. Und indem er eine weitgehende Kleinschreibung wählt, die neue Verbindungen (»deine stimme« – »ich stimme«) erzeugt, verweist Raoul Schrott sowohl auf antike Handschriften wie auf digitale Kommunikation. Raoul Schrotts Text wirkt im Detail wie sein Euripides insgesamt: zugleich klassisch und modern.

Kippfiguren

Immer wieder prallen bei Euripides unversöhnliche Haltungen aufeinander. Admetos und sein Vater Pheres debattieren die Frage, ob es wertvolleres und weniger wertvolles Leben gibt und ein älterer Mensch für einen jüngeren sterben sollte; Elektra streitet mit ihrer Mutter Klytaim(n)estra darüber, ob der Mord an Agamemnon gerechtfertigt war; Orestes verteidigt sich nach der Tötung seiner Mutter gegen Tyndareos, seinen Großvater, der ihn scharf anklagt. Das Theater wird zum Gericht. Die Tragödie wird zur Gerichtsverhandlung. Wenn die Figuren ihre Standpunkte darlegen, handeln sie als Anwälte in eigener Sache. Aber bei Euripides gibt es kein Vertrauen mehr in den Rechtsstaat, keine Richter und keine Gerechtigkeit.

Die Tragödien des Euripides durchzieht ein Pessimismus, der sie auch heute zeitgenössisch macht. Die Götter sind zweifelhaft geworden oder gar lächerlich. Apollon muss in *Alkestis* zur Strafe als Knecht dienen. In *Elektra* befiehlt er den Muttermord, in *Orestes* räumt er die Kollateralschäden auf. In den *Bakchen* wird Dionysos zu einer Art Sektenführer und zum listigen Impresario. Der einzige Gott, an den jeder noch glauben muss, ist der Tod.

Und die Menschen sind nicht weniger problematisch. Es scheint fast nur widersprüchliche Charaktere zu geben, vertrauenswürdig sind allenfalls die lebensweisen Alten und die ohnmächtigen Randfiguren, die kein Gehör finden: der Bauer und der Greis in *Elektra*, Teiresias in den *Bakchen*, Diener und Boten. Herakles ist ein tapferer Retter und zugleich ein alberner Trunkenbold. Alkestis ist selbstlos und todesmutig und verlangt von ihrem Mann doch sehr streng ein Gelübde. Menelaos ist der Sieger von Troja und dennoch ein feiger Opportunist. Klytaim(n)estra trauert um ihre Tochter und ermordet heimtückisch ihren Ehemann. Orestes und Elektra ziehen eine Mörderin zur Rechenschaft und bedrohen anschließend Unschuldige. Es ist diese zeitlose Mehrdeutigkeit, die Raoul Schrott als Dramatiker an Euripides fasziniert, bei dem »jede Figur vom Positiven ins Negative und umgekehrt kippt«.

Quellen

1. Literatur

Aischylos, *Tragödien und Fragmente*, griechisch/deutsch, herausgegeben und übersetzt von Oskar Werner, München: Ernst Heimeran 1959.
– *Die Orestie*, übersetzt von Emil Staiger, Stuttgart: Reclam 1958.
– *Die Orestie*, übersetzt von Peter Stein, München: C. H. Beck 1997.
– *Die Orestie*, übersetzt von Kurt Steinmann, Stuttgart: Reclam 2016.
Jean Anouilh, *Antigone* (1942, 1944), Paris: La Table Ronde 1946.
Aristoteles, *Poetik*, griechisch/deutsch, übersetzt und herausgegeben von Manfred Fuhrmann, Stuttgart: Reclam 1982.
T. S. Eliot, *The Cocktail Party* (1949), London: faber & faber 1988.
Euripides, *Tragödien*, griechisch/deutsch, übersetzt von Dietrich Ebener, 6 Bände, Berlin: Akademie 1972–1980.
– *Sämtliche Tragödien*, nach der Übersetzung von J. J. Donner bearbeitet von Richard Kannicht, Anmerkungen von Bolko Hagen, Einleitung von Walter Jens, 2 Bände, Stuttgart: Alfred Kröner 1958.
– *Tragödien des Euripides*, übersetzt von Hans von Arnim und Franz Werfel, J. J. C. Donner, Friedrich von Schiller und Adolf von Wildbrandt, bearbeitet von Siegfried Müller, 2 Bände, Hamburg: Standard 1958, hier übersetzt jeweils von Hans von Arnim: *Alkestis*, Band I, S. 5–41; *Orestes*, Band II, S. 127–179; *Die Bakchen*, Band II, S. 181–225.
Zwölf Tragödien des Euripides, übersetzt von Hans von Arnim, 2 Bände, Wien/Leipzig: Hölder – Pichler – Tempsky 1931.
– *Alkestis*, griechisch/deutsch, übersetzt von Kurt Steinmann, Stuttgart: Reclam 1981.
– *Alcestis*, griechisch, herausgegeben und kommentiert von L. P. E. Parker, Oxford: Oxford University Press 2007.
– *Electra*, griechisch/englisch, übersetzt und kommentiert von M. J. Cropp, Oxford: Aris & Phillips 1997.
– *Electra*, griechisch, Kommentar von H. M. Roisman und C. A. E. Luschnig, Norman: University of Oklahoma Press 2011.
– *Orestes*, griechisch/englisch, herausgegeben, übersetzt und kommentiert von Martin L. West, Warminster: Aris & Phillips 1990.
– *Die Bakchen*, übersetzt von Oskar Werner, Stuttgart: Reclam 1968.
– *Die Bakchen*, übersetzt von Kurt Steinmann, Frankfurt: Insel 1999.
– *Bacchae*, griechisch/englisch, übersetzt, kommentiert und herausgegeben von Richard Seaford, Warminster: Aris & Phillips 1997.

Jean Giraudoux, *Électre*, Paris: Grasset 1937.

Johann Wolfgang von Goethe, »Die Bacchantinnen des Euripides« (1826), in: *Goethes Werke*, Weimar: Hermann Böhlau 1903, Band 41, S. 237–242 (Anhang: S. 541–549).

– *Götter, Helden und Wieland. Eine Farce* (1774), in: *Goethes Werke*, Weimar: Hermann Böhlau 1897, Band 38, S. 11–36 (Anhang: S. 426–433).

– *Iphigenie auf Tauris* (1779), in: *Goethes Werke*, Weimar: Hermann Böhlau 1889, Band 11, S. 1–95 (Anhang: S. 387–405).

Gerhart Hauptmann, *Die Atriden-Tetralogie* (1941–1948), Berlin: Suhrkamp, vormals S. Fischer 1949.

Hesiod, *Theogonie*, übersetzt von Raoul Schrott, München: Carl Hanser 2014.

Hugo von Hofmannsthal, *Alkestis. Ein Trauerspiel nach Euripides* (1909), Leipzig: Insel 1959.

– *Elektra* (1908), Frankfurt: S. Fischer 1994.

Homer, *Ilias*, übertragen von Raoul Schrott, München: Carl Hanser 2008. (Hier: »Zur Ilias«, S. V–XXX; »Zu dieser Fassung«, S. XXXI–XL.)

Ted Hughes, *Alcestis*, London: faber & faber 1999.

Elfriede Jelinek, *Die Schutzbefohlenen*, in: *Theater heute* 55:7 (Juli 2014), S. 3–19.

Heiner Müller, »Elektratext« (1969), in: *Theaterarbeit*, Berlin: Rotbuch 1975, S. 119–120.

Eugene O'Neill, *Mourning Becomes Electra* (1931), in: *Three Plays*, New York: Vintage 1959, S. 223–376.

Pier Paolo Pasolini, *Pilade*, in: *Affabulazione, Pilade*, Mailand: Garzanti 1977, S. 115–239 (Anmerkungen: S. 241–244).

Jean Racine, *Iphigénie* (1675), in: *Théâtre*, 2 Bände, Paris: Flammarion 1964/1965, Band 2, S. 127–193.

Milo Rau, *Orestes in Mosul*, Berlin: Verbrecher Verlag/NTGent [2019].

Jean-Paul Sartre, *Les mouches* (1943), Paris: Gallimard 1947.

Raoul Schrott, *Bakchen. Nach Euripides*, München: Carl Hanser 1999.

– *Erste Erde Epos*, München: Carl Hanser 2016.

William Shakespeare, *Hamlet* (Arden Edition), herausgegeben von Harold Jenkins, London 1997.

Sophokles, *Tragödien und Fragmente*, griechisch/deutsch, herausgegeben und übersetzt von Wilhelm Willige, überarbeitet von Karl Bayer, München: Ernst Heimeran 1966.

– *Elektra*, übersetzt von Wolfgang Schadewaldt, herausgegeben von Hellmut Flashar, Frankfurt: Insel 1999.

Colm Tóibín, *House of Names*, New York: Viking 2017.

Christoph Martin Wieland, *Alceste. Ein Singspiel in fünf Aufzügen*, Leipzig: Weidmanns Erben und Reich 1773.

Thornton Wilder, *The Alcestiad* (1955), in: *The Alcestiad. With a Satyr Play. The Drunken Sisters*, New York: Harper & Row 1977, S. 1–105.

2. Forschung

Theodor W. Adorno, »Zum Klassizismus von Goethes Iphigenie« (1967), in: *Noten zur Literatur*, herausgegeben von Rolf Tiedemann, Frankfurt: Suhrkamp 1981, S. 495–514.

Helen H. Bacon, *Barbarians in Greek Tragedy*, New Haven: Yale University Press 1961.

Shirley A. Barlow, *The Imagery of Euripides. A study in the dramatic use of pictorial language* (1986), London: Bristol Classical Press 2008.

Martin Bernal, *Black Athena. The Afroasiatic Roots of Classical Civilization*, 3 Bände, New Brunswick: Rutgers University Press 1994/1996/2006.

Anton F. Harald Bierl, *Dionysos und die griechische Tragödie*, Tübingen: Gunter Narr 1991, insbesondere: S. 177–226 (»Der Theatergott in den *Bakchen* des Euripides«).

Walter Burkert, *Homo Necans. Interpretation altgriechischer Opferriten und Mythen*, Berlin/New York: Walter de Gruyter 1997.

– *Wilder Ursprung. Opferritual und Mythos bei den Griechen*, Berlin: Klaus Wagenbach 1991.

– *Die Griechen und der Orient. Von Homer bis zu den Magiern* [1999], München: C. H. Beck 2004.

The Cambridge Companion to Greek Tragedy, herausgegeben von P. E. Easterling, Cambridge: Cambridge University Press 2005.

Georges Devereux, *Dreams in Greek Tragedy. An Ethno-Psycho-Analytical Study*, Oxford: Basil Blackwell 1976.

E. R. Dodds, *The Greeks and the Irrational*, Berkeley/Los Angeles: University of California Press 1951, insbesondere: S. 270–282 (»Maenadism«).

Manfred Frank, *Der kommende Gott. Vorlesungen über die Neue Mythologie*, Frankfurt: Suhrkamp 1982, insbesondere: S. 9–44 (1. Vorlesung).

– *Gott im Exil. Vorlesungen über die Neue Mythologie*, Frankfurt: Suhrkamp 1988, insbesondere: S. 9–104 (»Dionysos und die Renaissance des kultischen Dramas (Nietzsche, Wagner, Johst)«).

René Girard, *La violence et le sacré*, Paris: Hachette 1972.

Giulio Guidorizzi, *Io, Agamennone. Gli eroi di Omero*, Turin: Giulio Einaudi 2016.

Edith Hall, *Inventing the Barbarian. Greek Self-Definition through Tragedy*, Oxford: Clarendon Press 1989.

Käte Hamburger, *Von Sophokles zu Sartre. Griechische Dramenfiguren antik und modern*, Stuttgart: Kohlhammer 1964.

Martin Hose, *Euripides. Der Dichter der Leidenschaften*, München: C. H. Beck 2008.

Hans Thies Lehmann, *Theater und Mythos. Die Konstitution des Subjekts im Diskurs der antiken Tragödie*, Stuttgart: J. B. Metzler 1991.

Christian Meier, *Die politische Kunst der griechischen Tragödie*, München: C. H. Beck 1988.

V. Y. Mudimbe, »The Power of the Greek Paradigm«, in: *The Idea of Africa*, Bloomington: Indiana University Press 1994, S. 71–104.

Friedrich Nietzsche, *Die Geburt der Tragödie aus dem Geiste der Musik* (1872), Stuttgart: Reclam 1953.

Thomas Paulsen, »Die Funktion des Chores in der Attischen Tragödie«, in: *Das antike Theater. Aspekte seiner Geschichte, Rezeption und Aktualität*, herausgegeben von Gerhard Binder und Bernd Effe, Trier: Wissenschaftlicher Verlag 1998, S. 69–92.

H. M. Roisman und C. A. E. Luschnig, *Euripides' Electra. A Commentary*, Norman: University of Oklahoma Press 2011.

Wolfgang Schadewaldt, *Die griechische Tragödie* (Tübinger Vorlesungen), Frankfurt: Suhrkamp 1991, S. 366–385 (*Alkestis*), S. 420–422 (*Elektra*), S. 428–432 (*Orestes*), S. 422–424 (*Bakchen*).

Heinz Schafroth, »Nachwort«, in: Raoul Schrott, *Bakchen. Nach Euripides*, München: Carl Hanser 1999, S. 95–106.

Friedrich Schiller, »Über den Gebrauch des Chors in der Tragödie«, in: *Sämtliche Werke*, herausgegeben von Gerhard Fricke und Herbert G. Göpfert, 5 Bände, Darmstadt: Wissenschaftliche Buchgesellschaft 1981, Band 2, S. 815–823 (Anhang: S. 1275, S. 1278–1279).

Friedrich Schlegel, *Ueber das Studium der griechischen Poesie* (1797), in: *Sämmtliche Werke*, 10 Bände, Wien: Jakob Mayer 1822–1825, Band V.

Raoul Schrott, *Die Musen. Fragmente einer Sprache der Dichtung*, München: Belleville 1997.

– *Homers Heimat. Der Kampf um Troia und seine realen Hintergründe*, München: Carl Hanser 2008.

– »Der Ursprung der Musen bei Hesiod und Homer. Ein Beispiel des Kulturtransfers von Ost nach West«, in: Hesiod, *Theogonie*, übersetzt von Raoul Schrott, München: Carl Hanser 2014, S. 51–186.

Charles Segal, *Dionysiac Poetics and Euripides' Bacchae*, Princeton: Princeton University Press 1982.

– »Euripides' *Bakchen*. Die Sprache des Selbst und die Sprache der Mysterien«, übersetzt von Christoph Groffy, in: *Die wilde Seele. Zur Ethnopsychoanalyse von Georges Devereux*, herausgegeben von Hans Peter Duerr, Frankfurt: Suhrkamp 1987, S. 140–162.

Peter Szondi, *Theorie des modernen Dramas (1880–1950)*, Frankfurt: Suhrkamp 1963, insbesondere: S. 14–19 (»Das Drama«).

Jean-Pierre Vernant, »Le Dionysos masqué des *Bacchantes* d'Euripide«, in: Jean-Pierre Vernant und Pierre Vidal-Naquet, *La Grèce ancienne*, 3 Bände, Band 3: *Rites de passage et transgressions*, Paris: Seuil 1992, S. 253–287.

Wolfgang Will, *Athen oder Sparta. Eine Geschichte des Peloponnesischen Krieges*, München: C. H. Beck 2019, zu Euripides: S. 152–156.

John R. Wilson (Herausgeber), *Twentieth Century Interpretations of Euripides' Alcestis*, Englewood Cliffs: Prentice-Hall 1968.
Jennifer Wise, *Dionysus Writes. The Invention of Theatre in Ancient Greece*, Ithaca: Cornell University Press 2000.

3. Filme

Timimoun, Regie: Michael Roes, mit Laid Berkati und Nadir Yousfi, Deutschland/Algerien 2010.
The Killing of a Sacred Deer, Regie: Giorgos Lanthimos, mit Nicole Kidman und Colin Farrell, USA 2017.

4. Aufführungen

Euripides, *Bakchen*, übertragen von Raoul Schrott, Regie: Silviu Purcarete, Burgtheater, Wien 1999.
– *Alkestis*, übertragen von Raoul Schrott, Regie: Dieter Dorn, Bayerisches Staatsschauspiel, München 2009.
– *Orestie*, übertragen von Raoul Schrott, Regie: Michael Farin, Deutschlandfunk, 2021.

Übersetzung der Passagen aus den Bakchen

S. 7, Motto
1. als die Hand siegreich auf dem Scheitel des Feindes niederzudrücken
2. als die Hand, die zuschlagen könnte, über dem Kopf des Feindes zurückzuhalten

S. 10, Vers 1–2
Da bin ich, zurückgekehrt in dieses thebanische Land, ich, Dionysos,
der Sohn des Zeus, den einst (des Kadmos) Tochter hier zur Welt gebracht hat.

S. 12, Vers 23–24
Hier, dieses Theben, erfüllte ich als erste Stadt in Griechenland
mit meinen Jubelrufen.

S. 15, Vers 72–75
O selig alle, die das Glück haben, um die Mysterien
der Götter zu wissen und ein den Göttern gefälliges
Leben zu führen und tanzend mitzuziehen
in den Bakchosfestzügen.

S. 17/S. 42
Süß ist er, im Gebirge, jedes Mal wenn er
mitten aus dem rasenden Reigen heraus
sich niederwirft, zu Boden,
bekleidet mit dem heiligen Hirschkalbfell,
lechzend nach dem Blut des geopferten Bockes,
voller Lust auf sein rohes Fleisch,
rastlos unterwegs in den Bergen Phrygiens,
Lydiens, er, der Vortänzer, Vorsänger Bakchios.

S. 31, Vers 370
Hosia (Heilige Satzung), Herrin der Götter

S. 32, Vers 386–388
Zügellosen Geredes,
gesetzeswidriger Unbesonnenheit
Ende ist das Unglück.

S. 40, Vers 528–529
Ich offenbare dich Theben, mein Bakchios,
dass er dies beim Namen nenne.

S. 43, Vers 574–575
I-o! hört mich rufen, ihr Bakchen!
I-o! hört mich, den Sohn des Zeus und der Semele, rufen.

S. 61, Vers 877–878
Was ist Klugheit? Oder was ist das bessere Geschenk
von den Göttern an die Sterblichen.

S. 80, Vers 1163–1164
Schönes Kampfspiel, Hand anzulegen ans eigene Kind,
bis sie von Blute trieft.